독일 「형사소송법」

STRAFPROZESSRECHT

STRAFPROZESSRECHT
BY DIETHELM KLESCZEWSKI

ⓒ Verlag Franz Vahlen GmbH, München(2007)
All rights reserved.

Korean Translation Copyright ⓒ 2012 by Sungkyunkwan University Press

This Korean Edition was published by arrangement with Verlag Franz Vahlen GmbH,
München through Bruecke Agency, Seoul.

독일「형사소송법」

STRAFPROZESSRECHT

디텔름 클레스제브스키 지음 ― 김성돈 옮김

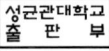
성균관대학교
출 판 부

독일 형사소송법

4

이 책은 학생들에게 제1차 국가시험에서 요구하는 형사소송법에 관한 필수 지식을 전달하기 위해 씌어졌다. 제1차 국가시험에서 형사소송법 과목은 내용적으로 형사소송법의 지도 원리에 관한 이해정도를 묻는 물음과 구체적인 형사소송법적 쟁점에 관한 물음으로 대별되는데, 전자는 구술시험에서 즐겨 묻는 물음이고, 후자는 형법의 사례해결문제의 일부로 구성되어 있다. 이 때문에 이 책의 앞부분의 개요는 형사소송의 원칙들, 그 원칙들의 근거, 그리고 이들의 체계화에 치중하고 있다. 형사소송법적 개별 쟁점을 다룰 경우에도 항상 이러한 기본원칙들과의 관련성을 염두에 두어 논증을 보다 일관성 있게 만들려고 했을 뿐 아니라 학습에 도움이 되도록 이들의 내적 연관성을 밝혀내려고 하였다. 이러한 과정에서 이 책에서 지도적 관점으로 내세우고 있는 근본사상은 범죄혐의에 의해 위태롭게 된 법을 불확실한 조건하에서 회복시키는 일이 형사절차의 목표라는 점이다. 이러한 형사절차의 목표는 형사소송법뿐 아니라 형법과도 관련성을 가지는데, 특히 형사소송법에 대해서는 법원과 검찰뿐 아니라 피의자(또는 피고인)와 피해자도 소송주체로서 사건의 실체관계를 규명하는 일에 적극적으로 협력하는 형식적인 틀을 제공하는 독자적인 역할을 부여한다.

이 책은 2004년 Luchterhand 출판사에서 Christian Schoessling과 공동으로 출간했던 수험준비서를 토대로 하여 새롭게 구성되었다. 이 때문에 이 책은 특히 초보학생용이 아니라 예비 시보용에 가깝다.

이 책의 출간에 도움을 준 많은 손길이 있었다. 특히 조교 Stephan Schlegel은 목차를 새로 만들거나 내용을 보다 낫게 만들도록 제안을 주었고 이 책

의 몇몇 부분은 직접 집필하기까지 하였다. 최종 원고를 손질하는 데 도움을
준 본인의 형사법팀 멤버인 Steffi Mueller, Katbrin Bach, Thomas Giering
와 Michael Stahn 등에게도 깊은 감사의 마음을 전한다.

Leipzig, im Juli 2007
Diethelm Klesczewski

이 책은 독일 형사소송법 및 독일 형사절차에 관한 압축서이다. 하지만 이 책은 단순한 개설서가 아니다. 이 책에는 독일 형사소송법의 중요한 내용이 입체적으로 스케치되어 있으면서도 실무상 문제가 있거나 적용상 견해의 대립이 있는 부분에 대해서까지 심층적인 분석이 이루어진 후 그에 대한 저자의 독자적 시각과 주장이 곳곳에 배치되어 있기 때문이다. 따라서 이 책은 저자의 의중대로 국가시험을 준비하는 독자들뿐 아니라, 독일의 형사절차에 관한 기초지식을 얻고 싶은 연구자에게도 유용할 수 있다. 이 책의 활용도를 높이기 위해 저자는 이 책의 전반부에서 독일 형사절차에 기초되어 있는 일반원칙의 대강을 형사절차의 목표 및 과제와 연관 지으면서 설명한 후에, 수사절차부터 상소제도 및 특별절차에 이르기까지 독일 형사절차의 전 과정을 그 진행단계별로 소개하면서 쟁점사항에 대한 찬반론을 보다 자세하게 공부할 수 있도록 관련 판례와 문헌을 각주처리 해두고 있다. 뿐만 아니라 이 책은 추상적인 독일 형사소송법의 내용에 대한 접근성을 용이하게 해주는 장점도 갖추고 있다. 이 책의 각 장의 내용들이 개관, 도식, 도해 등을 통해 명료하게 제시되어 있기 때문이다. 그렇지만 왜 하필이면 독일 형사소송법인가?

오래전부터 우리는 형사소송법을 당사자주의와 직권주의라는 두 가지 관점을 기준으로 삼아 평가해왔다. 형사소송법 교과서나 기타 문헌에 대한 분석에서도 이 두 가지 관점 가운데 어디에 비중이 주어져 있는지에 따라 그 저자들의 성향을 분류하기도 하였다. 이러한 방식의 평가를 수십 년 해오는 가운데 우리는 은연중에 당사자주의가 직권주의에 비해 보다 선진화된 형사소송구조라는 가치판단을 하는 상태까지 오게 되었다. 최근 사법개혁의 일환으로 단행된 형사소송법의 대폭적인 개정 이후에도 공판중심적 법정심리의 실무운용이나 피고인의 인권보장의 신장이라는 측면에서 당사자주의에 대한 지지기반이 더욱 확고해지고 있다. 당사자주의적 형사소송구조에 대한 이러한 강력한 지지의 배후에는 직권주의 형사소송구조가 실체진실발견이라는 실체적 정의의 추구에는 유리한 측면이 있지만 적정절차의 보장이라는 절차적 정의를 도외시한다는 전제가 깔려 있다. 반면에 직권주의 형사소송구조에 대해서는 서구에서 근대 이전의 형사절차를 지배하고 있었던 규문주의 형사절차의 발전된 형태 또는 국가주의 내지 권위주의의 산물로 형사소송법의 선진화를 위해서 극복해야 할 대상에 불과한 것으로 매도하는 분위기가 형성되어 있다.

잘 알고 있듯이 당사자주의는 형사법정에서 사실의 입증 주체를 가능한 한 당사자에게 맡기고 법원은 중립적인 심판관으로서의 역할에 그칠 것을 요구한다. 이러한 당사자주의가 극대화된 것이 민사소송이고, 민사소송에서는 원고와 피고의 법정다툼에서 상대적으로 우월한 증거를 제시하는 당사자에게 승소의 가능성을 높여준다. 물론 실제로 형사소송에서는 민사소송에서와 같이 증거우세의 원칙이 아니라 유죄를 주장하는 당사자인 검사가 합리적 의심의 여지가 없을 정도로 피고인의 유죄를 입증할 것을 요구하고 있어서 형사절차는 민사소송의 당사자주의와 일정한 선을 긋고 있다. 그럼에도 불구하고 우리가 여전히 경계의 시선을 놓치지 말아야 할 것은 당사자주의적 형사소송구조가 "소송의 스포츠화" 현상을 부채질할 우려가 있다는 점이고, 이러한 우려는 당사자주의 형사소송구조의 수출국이라고 할 수 있는 미국에서 드물지 않게 현실화되고 있다는 점이다. 당사자주의가 형사소송을 스포츠 경기처럼 몰고 간다는 말은 형사재판이 진실(정의)이 승리하는 진실규명의 장이 아니라 능력과 힘이 ― 그것이 정치권력이든 경제권력이든 ― 승리하는 운동경기장처럼 될 수 있는 가능성을 염두에 둔 말이다. 이러한 가능성은 특히 검사가 피고인의 대립 당사자임을 강조하면서 형사소송법이 부여하고 있는 검사의 객관의무를 저버리고 피고인에게 유리할 수 있는 증거를 굳이 내놓지 않거나 심지어 증거개시를 명시적으로 거부하는 일 등으로 나타나고 있다. 당사자주의의 부작용은 신체진실의 은폐 내지 호도에 그치지 않는다. 피고인의 방어권에 보호를 위해 국가가 직권으로 개입하지 않고 당사자의 처분권에 맡겨두는 부분이 많고, 검사와 피고인이라는 두 당사자의 접점이 넓어지면 넓어질수록 진실(정의)이 승리해야 할 형사절차는 그만큼 더 힘의 대결구도로 변질해가는 정글이 되고 만다. 형사절차에서 국가의 진실발견 의무의 역할을 축소시키는 당사자주의의 강화를 시장에서 국가의 역할이나 규제를 배제하고 개별 경제주체(개인이든 기업이든)의 자유로운 처분에 맡기는 것을 내용으로 신자유주의 모습과 오버랩시키는 것은 지나친 생각일까?

하지만 잘 알려져 있듯이 독일 형사소송법은 직권(탐지)주의를 형사절차의 기본원칙으로 삼고 있다. 직권주의는 진실규명을 당사자의 증명요청에 일임하지 않고 국가가 객관적인 입장에서 진실을 규명할 의무를 가지는 것을 내용으로 한다. 이와 같은 의미의 직권주의적 관점에서의 진실규명의무를 우리나라와 독일의 형사소송법은 영미의 형사소송법과는 달리 법원에 대해서 뿐 아니라 검찰에게도 인정하고 있다. 더욱이 독일의 형사소송법은 검찰이 이러한 진실규명을 위한 객관적 자세를 견지할 수 있도록 하기 위해 검찰에게 당사자적 지위도 인정하지 않는다. 이러한 맥락에서 보면 당사자주의적 형사소송구조와 직권주의적 형사소송구조에 대해 우리가 지금까지 알게 모르게 형성해온 대립적 가치판단은 지나친 것이라고 할 수 있다. 바로 이러한 이유 때문에 영미식 당사자주의 형사소송구조를 대세인 양 취급하는 우리 형사소송법학계나 형사실무에서 형성될 수 있는 왜곡되거나 편향되어 있는 시각에 균형점을 찾기 위해서는 독일식 직권주의 형사소송구조에 관한 정보도 습득할 필요가 있다. 이를 통해 우리는 '당사자주의는 인권친화적, 직권주의는 반인권적'이라는 이분법적 대립구도도 극복해야 한다.

독일 형사소송법에 관한 정보는 형사법의 신자유주의화를 막는 방안을 모색하는 일뿐 아니라, 우리 형사소송법의 선진화 내지 지속적인 문명화를 이루어내기 위한 준거점을 찾는 일에도 도움이 된다. 우리가 더 나은 형사절차 및 형사소송법을 가지기 위해 당사자주의냐 직권주의냐 하는 양자택일의 논리보다는 헌법상 보장된 공정한 재판을 구현하기 위한 헌법적 이념들을 형사절차에 실현하는 일에 노력을 기울여야 한다. 이와 관련하여 오늘날 당사자주의가 독점하고 있는 자랑거리인 인권보장적 측면도 알고 보면 당사자주의의 자동적 귀결이 아니라 형사절차의 모습을 헌법의 이념에 부합되게 맞추면서 재판의 공정성을 확보해 가는 과정에서 형성된 종합조형물이라고 하는 주장도 이와같은 맥락에서 제기되고 있는 것이다. 인권친화적이면서 공정성을 담보해주는 형사절차가 헌법적 가치에 합치되도록 설계되기 위해서는 당사자주의나 직권주의, 또는 양자의 절충 그 어느 것도 가늠자가 될 수 없다. 그 보다는 오히려 사법의 국민주권이라는 의미의 민주주의이념, 형사절차에서 개인의 자유영역에 대한 국가의 자의적인 혹은 과도한 개입의 방지라는 의미의 소극적 자유주의 이념, 그리고 더 나아가 국가의 배려의무라는 차원의 사회국가 이념이 설계자의 눈이 되어야 한다.

독일 형사소송법은 형사절차에서의 민주주의 이념과 관련하여 독일 형사소송법은 1924년 미국식 배심제도를 폐지하고 독일식 참심제도를 정착시켰다. 이에 따르면 — 특히 경죄사건의 경우에도 — 대부분의 재판부에 직업법관이 아닌 시민법관을 참여시키고 있으며, 여기에 참여하는 시민법관에게 직업법관과 동등한 권한을 부여하고 있다. 자유주의이념의 구현과 관련해서 독일 형사소송법은 법률에 의한 법관 원칙을 보장하여 사법 외적인 외부영향력을 철저하게 배제하고 있으며, 법적 청문권의 보장 등 피의자 또는 피고인의 절차적 기본권 보장에 만전을 기하는 수많은 제도적 장치들을 두고 있다. 독일 형사소송법은 특히 공판절차에서의 피고인신문제도를 법적 청문권의 보장을 위한 제도로 이해하기 때문에 우리나라와 같이 피고인이 단순한 신문객체로 전락하여 당사자로서의 지위가 격하될 우려도 생기지 않는다. 더 나아가 독일 형사소송법은 형사절차에서 사회국가적 의무를 관철시키기 위해 폭넓은 국선변호인제도를 인정하고 있고, 피의자 또는 피고인의 인격권 침해가 일어나지 않을 것을 형사소추기관의 의무로 규정하고 있다. 무엇보다도 독일 형사소송법은 국가의 진실발견의무가 선언적 차원에 머물지 않도록 하기 위해 증거신청권에 대한 기각을 법원의 자유재량 사항으로 보는 대신에 기각사유들을 정교하게 체계화하고 있다. 뿐만 아니라 국가기관의 남용적 증인차단에 대응하는 방안까지 마련하고 있으며 심지어 일정한 유보하에 대체증거까지 허용함으로써 국가의 배려의무에 만전을 기하고 있다.

생각건대, 오늘날 형사소송법의 모습을 설계함에 있어 수사절차, 공소제기절차, 그리고 공판심리절차라는 전통적인 형식만을 얼개로 삼을 수는 없다. 기소법정주의를 형사절차의 원칙으로 내세운 독일 형사소송법도 이미 이러한 얼개만으로 부족하다는 점을 안 나머지 수사절차에서 범죄의 혐의가 있는 것으로 추측하는 피의자를 형사소추에 대한 공공의 이익이 결여되어 있거나 피의자의 요구가 있는 경우에는 일정한 조건하에 절차중단함으로써 다이버전하는 방안들을 일찍부터 마련하였다. 독일 형사소송법은 이에 그치지 않고, 형사절차 전반에 걸쳐 실체형법의 후퇴나 형벌목적사상의 진화 등을 반영하여 인도주의, 특별예방, 적극적 일반예방, 그리고 무엇보다도 의사소통을 통한 갈등의 해결이라는 과제를 부각시키는 방향으로 변모하고 있다. 이와 관련하여 독일 형사소송법은 피해자-가해자-조정제도를 공소제기 단계에서 뿐 아니라 법원의 공판심리단계에서도 적극적으로 활용할 수 있도록 법제화하는 발빠른 대응모습을 보여주고 있다. 독일 형사소송법은 1877년 제국형사소송법으로 시작한 이래 형사소송법만 지난 세기에 100개 이상의 개정법률을 통해 외부세계의 변화를 수용하며 진화하고 있다.

2007년 이 책이 처음 출간된 이후 최근까지만 보더라도 독일 형사소송법은 한눈에 파악하기에 어려울 정도로 변화되고 있다(이에 관해서는 책 뒤에 수록된 2007년 이후의 '독일 형사소송법의 변화' 참조).

독일 형사소송법에 관한 정보 제공을 통한 보다 나은 우리 형사소송법 만들기 작업에 동참한 고마운 손길들이 많다. 테스트 독자의 역할을 맡아준 웅일이, 각주를 정리해준 용성이, 오탈자를 바로 잡아준 민이의 학문적 성취를 빈다. 책에도 격이 있다고들 하는데, 외관, 활자, 그리고 무엇보다도 편집에서 원서보다 책격을 높여준 성균관대학교 출판부 편집부 식구들에게 특히 감사하다는 말을 하고 싶다.

2011년 12월 23일

역자

옮긴이의 글

| 차례 |

· 머리말 4
· 옮긴이의 글 6

제1장 도입

A. 형사절차의 목표 16

B. 형사절차의 과제 17

C. 형사절차의 진행 21

D. 형사절차법의 법원(法源) 23

제2장 형사절차의 원칙들

A. 기초 26

B. 원칙들의 체계 27

C. 개별 원칙들의 내용 28

제3장 형사법원의 조직

A. 형사법원의 구성 49

B. 형사법원의 관할 51

C. 법원인사의 제척과 기피 59

D. 보론 63

제4장 소송관계인

A. 검찰과 그 보조인 66

B. 피의자 75

C. 변호인 82

제5장 수사절차의 개요

A. 수사절차의 개시 91

B. 수사절차에서의 사실인식의 원천 96

C. 절차상의 강제처분에 관한 근본문제
   107

제6장 절차상의 강제처분(특히 절차확
보를 위한 강제처분)

A. 피의자의 출석을 확보하기 위한 처분
   113

B. 임시적 보안처분의 부과 129

C. 집행확보를 위한 대상물의 보전 132

제7장 절차상의 강제처분(특히 증거확보를 위한 강제처분)

A. 의학적 조사 134

B. 사진과 지문날인 142

C. 압수 143

D. 수색, 신원확인, 검문, 일제검거 148

E. 검문정보 전산망입력 152

F. 관찰기록 명령 153

G. 통신비밀에 대한 개입 154

H. 고객 및 비용에 관한 정보 160

J. 관찰 161

K. 잠입수사관 166

L. 자료통합 168

제8장 수사절차의 종결

A. 공소제기 171

B. 절차중단 174

C. 소송조건 181

제9장 공판절차에로의 이행절차

A. 기소강제절차 186

B. 중간절차 189

제10장 공판절차

A. 공판준비절차 195

B. 공판심리의 개요 196

제11장 증거조사

A. 증거조사의 직접주의 213

B. 법원의 진실규명의무 222

C. 증거신청권 232

제12장 판결과 조서

A. 판결 242

B. 공판조서 246

C. 판결의 확정력 248

D. 상당하지 않은 판결 255

제13장 법적 구제수단들

A. 일반론 259

B. 항고 266

C. 항소 272

D. 상고 278

E. 재심절차 291

제14장 특별 절차

A. 신속처리절차 297

B. 과형명령절차 301

제15장 형사소송에서 피해자의
지위

A. 사소절차 309

B. 부대공소 312

C. 배상명령절차 315

D. 피해자의 그 밖의 권리 317

E. 가해자-피해자-조정 319

· 참고문헌 324

· 2007년 이후 독일 형사소송법의 변화
  333

· 찾아보기 336

Strafprozess-recht

1

도입

형사절차의 목표

형사절차의 과제

형사절차의 진행

형사절차법의 법원(法源)

A. 형사절차의 목표

1   형사절차(Strafverfahren)의 목표는 *불확실한 조건 하에서의 법의 회복(Wieder-herstellung des Rechts)*이다.[1] 우리 법질서가 표방하는 최고의 가치는 인간존엄이다(기본법 제1조 제1항). 이에 따르면 모든 인간은 목적 그 자체이고 결코 단순한 객체로 되어서는 안된다.[2] 타인을 의도적으로 침해하는 일은 그 타인에게 타자의 의사를 강요하는 일이고 그를 타자의 자의에 대한 단순한 객체로 전락시키는 일이다. 이렇게 되면 피해자만 자신의 기본적인 가치에 타격을 입을 뿐 아니라, 인간의 존엄을 지켜야 할 의무를 지고 있는 우리 공동체까지도 피해자를 보호하도록 요청받게 된다(기본법 제1조 제1항 제2문). 이와 같은 공동체의 의무로부터 그와 같은 기본적인 법위반행위들이 원칙적으로 처벌되어야 한다는 결론이 도출된다.[3] 그러나 대부분의 경우는 범죄행위가 범해진 것인지도 모르고, 누가 범인인지도 불확실하며, 뿐만 아니라 실체법은 이러한 불확실함을 염두에 두고 있지도 않다. 하지만 어떤 범죄행위의 혐의가 있는 것만으로도 법은 근본적으로 위태롭게 된다. 이 때문에 사건의 진상이 규명되고 경우에 따라 종국재판을 해야 할 필요가 있다. 형사소송법(Strafprozessrecht)의 역할은 불확실성의 토대위에서 법을 회복시키기 위해 구속력있는 판결을 정당화하는 일이다.[4]

---

1   *Murmann* GA 2004, 65(74); 그 밖에 *Kahlo* FS *Meyer-Goßner*, S. 447(458ff.) 참조.
2   BVerfGE 45, 187(227f.)
3   BVerfGe 39, 1(46f.)
4   *Murmann* GA 2004, 65(73f.)

B. 형사절차의 과제

I. 형사절차의 목표로부터 서로 긴장관계에 있는 형사절차의 *세 가지 과제*가 나온다.[5]

1. 사건의 진상에 부합하는 방법으로 실체형법을 실현함(*실체진실과 정의 Wahrheit und Gerechtigkeit*)
2. 절차의 사법정형성(*Justizförmigkeit*)을 준수함
3. 구속력 있는 판결을 통해 법적 평화(*Rechtsfrieden*)를 회복시킴

II

1. 형사절차의 과제 중 첫 번째 과제는 형사절차의 목표로부터 발전되어 나올 수 있다. 범죄혐의는 기본적으로 법위반이 있음을 암시한다. 형사사법은 따라서 자체적으로 사건의 진상을 밝혀, 그 혐의가 사실로 확인되면 죄있는 자를 형법전에 따라 처벌할 의무를 지게 된다.[6] 물론 기본법은 국가의 형벌권에 대해 한계를 인정하고 있다. 극악무도한 중범자일지라도 형벌을 통해 인간의 존엄이 박탈되어서는 안된다.[7] 넓은 의미에서 보면 죄있는 자도 처벌과정에서 범죄투쟁의 단순한 객체가 아니라 독립된 법주체로서 인정될 수 있어야만 법이 회복된 것이라고 말할 수 있다.[8] 이 점은 사법정형성이라는 두 번째 형사절차의 과제로 연결된다.

2. a) 형사절차의 두 번째 과제는 절차의 *사법정형성*을 보장하는 일이다.[9]

---

5 *Beulke* Strafprozessrecht, Rn. 3ff.
6 BVerfGE 20, 45(49). *Beulke* Strafprozessrecht, Rn. 3.
7 BVerfGE 64, 261(284); 72, 105(115).
8 BVefGE 28, 386(391); 45, 187(228); 자세하게는 *Köhler* AT, S. 37ff., 특히 S. 45ff. 이하 참조.
9 *Buelke* Strafprozessrecht, Rn. 5.

일반적으로 절차의 사법정형성이란 엄격한 법치국가적 원리 하에서 피의자(독일 형사소송법에서는 피의자(Beschuldigte)에 대해 검사가 공소를 제기한 후 법원에서 공판심리를 개시할 것인지를 결정하는 이른바 중간절차(Zwischenverfahren) 단계에서는 피의자를 특별히 기소된 자(Angeschuldigte)라고 하고, 공판 개시 결정 이후부터는 피고인(Angeklagte)이라고 부른다. 하지만 문헌에서는 이러한 용어의 구별없이 일반적으로 피의자와 피고인 모두를 지칭할 때에는 이를 Beschuldigte로 나타낸다. 따라서 이하에서 기소된 자 또는 피고인으로 별도로 언급하지 않는 한 '피의자'라는 번역어는 피의자와 피고인 양자에 공통되는 용어로 사용하기로 한다: 역자 주)에 대한 절차를 진행시키는 것을 말한다.[10] 사법정형성은 객관적으로 제도화된 측면과 주관적 기본권적인 측면을 모두 가지고 있다. 법원절차는 국가의 독점적 권력에 설정된 한계 내에서 진행되는 경우에만 법치국가적이라고 할 수 있다.[11] 권력분립의 원칙상 법원 또는, 특히 검찰과 같은 사법기관은 행정, 그 가운데 특히 경찰로부터 분리된 독립된 국가권력의 일부로 활동한다. 결국 형사절차는 당사자, 특히 피의자 또는 피고인의 기본권을 과도하게 제한하지 않는 경우에만 법치국가적이다.[12]

5   b) 유럽인권협약 제6조 제1항 제1문에 의하면 피의자는 *공정한 절차(faires Verfahren)*에 대한 요구권을 가진다. 법원의 재판이 이 조항을 토대로 삼는다면, 법원을 절차의 사법정형성이라는 형사절차의 과제를 보완하는 제도로 이해할 수 있게 된다.[13] 사법정형성이라는 형사절차의 과제는 제도적으로 보장되고 있는 반면, 공정한 절차에 대한 요청은 피고인의 절차법적인 지위에서 나온다. 이를 통해 무게중심은 "무기대등(Waffengleichheit)"의 원칙에 주어지게 되는 바,[14] 무기대등은 법적인 청문권(rechtliches Gehör),[15]

---

10 *Roxin* Strafverfahrensrecht, § 1 Rn. 2.
11 *Roxin* Strafverfahrensrecht, § 1 Rn. 2; § 2 Rn. 4.
12 *Beulke* Strafprozessrecht, Rn. 5.
13 이에 관한 개관은 *Grabenwarter* § 24 Rn. 60ff.
14 EGMR EuGRZ 1991, 519.
15 EGMR EuGRZ 1992, 190; 1993, 453.

출석권(Anwesenheitsrechte), 증거의 개시(Offenlegung der Beweismittel),[16] 그리고 의무적인 이유설시(Begründungszwang) 등을 강조하는 일에서 구체화되고 있다.

3. 범죄혐의가 있으면 어떤 중죄(Verbrechen) 또는 경죄(Vergehen)가 범해진 것인지 유죄인 자가 어떻게 처벌되어야 하는지를 물어가게 된다. 이 물음에 답을 낼 수가 없어 법적 결론이 미해결의 상태에 있게 되면 피의자에 대해서 뿐 아니라 피해자 그리고 피해자 보호를 위해 개입하는 형사사법도 부담스러운 상황에 처하게 된다.[17] 뿐만 아니라 피고인의 유죄에 유리하거나 불리한 사실과 증거도 서로 다른 관점에서 상이하게 평가될 수 있을 것이다. 법이 회복되었다고 말할 수 있기 위해서는 이러한 물음에 대해 그 구속성 때문에 어느 누구라도 법적으로 유효한 공격을 가할 수 없을 정도의 명백한 대답이 주어지는 경우이어야 한다. 따라서 모든 형사절차는 종국적으로 확정력 있는 판결을 내리는 일을 목표로 삼는데, 이러한 판결을 통해 동요된 *법적 평화*가 다시 회복되게 된다.

6

4. 형사절차의 세 가지 과제는 한편으로는 형사절차의 목표를 이루는 요소로 이루어져 있다. 실체진실과 정의는 피의자에 대해 인간의 존엄을 지킴으로써, 따라서 그에 대해 사법정형성을 유지하면서 절차를 진행시켜야만 얻게 된다. 이렇게 해야 형사절차가 법적 평화를 회복하는데 기여할 수 있게 된다. 다른 한편 세 가지 형사절차과제는 서로 *긴장관계*에 놓여 있다. 국가형벌청구권의 관철을 위해서는 기능 수행력 있는 형사사법을 필요로 하는 것은 사실이다.[18] 따라서 절차의 확보를 위한 필요한 처분

7

---

16 이에 관해서는 *Gaede* HRRS 2004, 44(46ff.)

17 BVerfGE StV 2005, 196(197); v. Mangoldt/Klein/Starck/*Nolte* GG, Art. 103 Abs. 3 Rn. 215.

18 BVerfG 33, 367(383); 34, 238(248); 38, 105(118); 38, 312(321); 41, 246(250); 44, 353(374, 378); 46, 214(222); 51, 324(343); 80, 367)375); BVerfG NJW 1996, 771. 이에 관한 자세한 내용은 *Landau* NStZ 2007, 121.

(예컨대, 수색)에 대해서는 당사자가 원칙적으로 수인할 것을 요구한다. 하지만 그러한 처분은 그것이 과도하여 비례성원칙에 어긋나 당사자의 기본권을 침해하게 될 경우에는 허용되지 않는다. 반대로 어떤 증거방법이 절차규정에 위반하여 획득하였다는 이유만으로 법원이 그러한 증거방법을 기초로 하여 판결을 할 수 없는 것은 아니다. 오히려 사건에 대한 실체진실규명의 이익이 우위에 있는 경우에는 사정에 따라 법원의 증거평가가 정당화될 수 있다.[19] 이러할 경우에는 사실문제가 해명되지 않았음에도 불구하고 절차의 종결을 불확정 기간 동안 미루어서는 안된다. 따라서 진실을 탐지하는 모든 가능한 수단을 모두 사용한 후에는 법적 평화에 우위를 인정하여야 한다. 더 나아가 판결이 절차에 위반한 경우에도 확정력 있는 판결은 존중되어야 한다. 따라서 절차를 종결한 후에는 원칙적으로 법적 평화라는 형사절차의 과제에 우위성이 부여된다.

---

19 BGHSt 38, 214(221ff.); 42, 372(377); 44, 243(248f.). 전체 내용에 관한 개관은 *Wolter* FS BGH 2000, S. 963ff. 이하 참조.

C. 형사절차의 진행

형사절차는 여러 가지 단계를 거친다. 우선 사실인정절차(Erkenntnisverfahren) **8**
와 집행절차(Vollstreckungsverfahren)로 구별되는 것이 특징적이다. 사실인정
절차에서는 초기혐의를 포착함으로써 외부세계에 나타난 형사사건에 대해
확정력있는 판결을 내리는 일이 관건이다. 집행절차에서는 선고된 형벌 또
는 보안처분을 피고인에 대해 집행한다.

Ⅰ. 사실인정절차

사실인정절차는 두 개의 단계를 거친다. 하나는 수사절차이고 다른 하나는 **9**
법원절차이다.

1. 모든 형사절차는 *수사절차(Ermittlungsverfahren)*에서 시작된다(제151조-제177 **10**
   조). 이 절차는 공소(Anklage)를 제기할 계기가 존재하는가를 규명하는 일
   (제170조)에 기여한다. 수사절차의 지휘는 검찰(Staatsanwaltschaft)이 수행한
   다(제161조 제1항 제1문). 수사절차는 범죄의 초기혐의(Anfangverdacht, 제152조
   제2항)가 있을 때 개시된다. 수사절차는 공소를 제기할 계기가 존재할 경우
   공소의 제기와 함께 종결된다(제170조 제1항). 공소를 제기할 계기가 존재하
   지 않는 경우 검찰은 제170조 제2항 또는 제153조 이하에 따라 절차를 중단
   (Einstellung)한다.

2. *법원절차(gerichtliches Verfahren)*에서는 법원에게 절차의 주도권이 인정된 **11**
   다. 법원절차는 두 부분으로 나누어지는데, 하나는 중간절차(Zwischen-
   verfahren, 제199조 이하)이고, 다른 하나는 공판절차(Hauptverfahren, 제213조 이
   하)이다.

공소가 제기되면 수소법원(das angerufene Gericht)은 중간절차에서 공소를 허용하여 공판절차를 개시할 것인지에 대해 심사한다. 사건에 대한 공소제기가 적법한 방식으로 이루어지고(제200조), 충분한 혐의(hinreichender Tatverdacht)가 존재하면(제203조) 법원은 심급상 상급법원의 관할이 아닌 한(제209조), 공소제기를 허용하여 공판절차를 개시한다.

공판개시결정과 함께(제203조) *공판절차*가 시작되어 우선 제1단계로 공판심리의 준비절차가 이루어지고(제213조 이하), 그 다음으로 공판심리가 진행된다(제226조 이하). 공판절차는 원칙적으로 판결(Urteil)과 함께 종결된다(제260조). 이 판결이 상소(Rechtsmittel)에 의해 불복되면 제1심 공판절차는 상소절차(Rechtsmittelverfahren)로 이어진다(제296조 이하).

II. 집행절차

12 공판절차가 피고인에 대한 유죄판결(Verurteilung)로써 확정력있게(rechtskräftig) 종결되면, 집행절차로 이어진다(제449조-제463d조). 집행절차의 지휘는 검사가 한다(제451조 제1항).

D. 형사절차법의 법원(法源)

형사절차법(Das Strafverfahrensrecht)은 형사소송법(Strafprozessordnung)에만 국한되지 않는다. 형사소송법은 다른 연방법과 주법에 의해 보충되고, 나아가 기본권과 인권의 조명을 받는다.

13

Ⅰ. 1. 형사절차법의 *제1차적 법원*은 형사소송법(StPO), 법원조직법(GVG), 그리고 법원조직법시행법(EGGVG)이다. 형사소송법은 형사절차의 진행과정을 기준으로 하여 일곱 개의 편장으로 나누어져 있고, 이는 다시 두 개의 부분으로 대별될 수 있는데 이 가운데 총칙부분이 전면에 배치되어 있다. 국제적인 사법공조는 국제사법공조에 관한 법률(IRG)이 규정하고 있다.

14

2. 이와 같은 주된 규정들은 송달(Zustellung)과 관련한 민사소송법(ZPO), 법원비용법(GKG)과 같은 비용에 관한 법률, 그리고 연방중앙기록법(BZRG)과 같은 기록에 관한 법률 등과 같은 여러 가지 연방법에 의해 보충되고 있다.

15

Ⅱ. *제2차적 법원*으로는 형법전(StGB), 조세형벌절차와 관련한 조세법(AO), 소년형사절차와 관련한 소년법원법(JGG) 등이 있다.

16

Ⅲ. 이외에도 연방의 *헌법(Verfassungsrecht)*은 기본법(GG)에서 주헌법의 경우와 마찬가지로 형사절차에 중요한 여러 규정들과 보장책들을 포함하고 있다. 쉥엔의 이행합의(SDÜ), 인권과 기본적 자유의 보호에 관한 유럽협약(EMRK, BGBl. II 1952 S. 686), 시민적·정치적 권리를 위한 국제규약(IPBPR, BGBl. II 1973 S. 1534)과 같은 *국제 합의*, 그리고 영사(외교적) 관계

17

에 관한 비엔나 협약(WKÜ) 등과 같은 유럽법의 규정도 형사절차법과 관련된 개별규정들을 포함하고 있다.[20]

18　**Ⅳ.** 이러한 법원들은 형사절차 및 벌과금부과 절차에 관한 지침(RiStBV)이나 형사사건에서의 통지에 관한 지침(MiStra) 또는 미결구금집행규칙(UVollzO)과 같은 행정적 *규정*들에 의해 보충되고 있다.

20 《La Grand》사건, IGH EuGRZ 2001, 287(287ff.) 참조.

2

형사절차의
원칙들

기초

원칙들의 체계

개별 원칙들의 내용

A. 기초

19   **Ⅰ.** 형사절차를 이끌어 가는 지도적 법원칙들(Maximen)은 법의 회복이라는 형사절차의 목표와 실체적으로 정당한 판결, 절차진행방식의 사법정형성, 그리고 법적 평화를 회복시키는 판결의 추구라는 형사절차의 세 가지 과제로부터 도출된다.

20   **Ⅱ.** 형사절차의 원칙들은 법논리적으로 한편으로는 형사절차의 목표와 형사절차의 과제의 중간지점에 위치하는 동시에 다른 한편으로는 실정법의 개별 법문들 속에 자리를 잡고 있다. 형사절차의 개별 원칙은 흩어져 있는 많은 개별 법문들 속에 기초되어 있는 법사상을 하나의 일반적인 공식으로 만든 것이며, 이들 모든 원칙들은 형사절차의 목표와 형사절차의 과제가 상호작용함으로써 생긴 결과물들이다.

B. 원칙들의 체계

형사절차의 원칙들은 다음과 같이 체계화할 수 있다.

| 개관 1 |

1. 절차의 개시와 진행에 관한 원칙들

   1) 국가소추주의(제152조 제2항, 기본법 제92조 제1문 전단)

   2) 법률에 의한 법관의 원칙(기본법 제101조 제1항 제2문; 유럽인권협약 제6조; IPBPR 제14조)

   3) 탄핵주의(제151조)

   4) 기소법정주의(제152조 제2항, 제170조 제1항, 제203조, 제260조)

   5) 법적 청문의 원칙(기본법 제103조 제1항)

   6) 자기부죄금지 원칙(시민적·정치적 권리에 관한 국제규약 제14조 제3항 g)

   7) 신속절차의 원칙(유럽인권협약 제6조 제1항 제1문)

   8) 일사부재리의 원칙(기본법 제103조 제3항)

2. 형식에 관한 원칙들

   9) 절차의 구두변론주의(제155조 제2항, 제160조 제2항, 제244조 제2항 참조)

   10) 절차의 공개주의(법원조직법 제169조 제1문)

3. 증거에 관한 원칙들

   11) 직권탐지주의(제155조 제2항, 제160조 제2항, 제244조 제2항)

   12) 증거조사의 직접주의(제226조 제1항, 제250조, 제261조 참조)

   13) 자유심증주의(제261조)

   14) 의심스러울 때는 피고인의 이익으로의 원칙(유럽인권협약 제6조 제2항)

C. 개별 원칙들의 내용

Ⅰ. 국가소추주의

22   *국가소추주의(Offizialprinzip)*에 따르면 국가는 피해자의 의사와 무관하게 직권으로(ex officio) 범죄행위에 대한 소추를 한다. 판결의 경우 이 원칙은 예외 없이 타당하다. 이는 국가의 법원만이 형벌을 부과할 수 있다는 기본법 제92조 전단의 핵심내용에 해당한다.[21] 절차의 개시, 특히 공소제기와 관련해서도 원칙적으로 국가소추주의가 타당하다(제152조 제1항).

23   국가소추주의의 근거는 다음과 같다: 범죄는 무엇보다도 피해자가 당한 일이긴 하다. 하지만 중세의 복수법(Fehderecht)에서 그러했듯이 범죄자에 대한 비난을 오로지 피해자의 손에만 맡긴다면, 피해자가 자기 자신의 사건에 대한 판관으로서 재판을 하게 될 것이다. 여기서 내려지는 결론은 범죄자에 대해 합당하지도 않을 뿐 아니라 성사되기도 어려운 제재가 부과될 것이고, 이에 대해서는 다시 범죄자의 반발을 유발하게 될 것이다. 역사가 보여 주듯이 이러한 방법을 통해 법적 평화를 회복하기란 거의 불가능하다. 법적 평화의 회복은 국가가 중립적인 기관으로 형사소추를 담당함으로써만 성공할 수 있다. 이 경우 국가는 원칙적으로 피해자의 의사에 종속되어서는 안된다. 우리의 공동체는 인간존엄에 대한 존중을 그 존재기반으로 삼고 있다. 범죄는 인간의 공동생활의 기본적인 규칙까지도 위태롭게 만든다. 바로 이 때문에 법질서의 불가침성을 회복하는 일이 공공의 이익의 표현이 되는 것이다.

24   국가소추주의는 다음과 같은 예외를 가지고 있다. 일정한 경죄(Vergehen)

---

21 BVerfGE 22, 49(73ff.); 22, 125(130ff.), 22, 311(317).

의 경우(예, 신체상해죄, 모욕죄, 주거침입죄) 법위반의 의미가 전형적으로 범죄자와 피해자의 상호관계에 제한된다. 이에 따르면 이러한 경우는 통상적으로 형벌을 통해 법질서의 불가침성을 회복시켜야 한다는 공공의 이익이 존재하지 않는다. 이 경우는 따라서 공소제기가 요구되지 않는다. 형사절차 및 벌과금부과절차에 관한 지침(RiStBV) 제86호 제2항에 따르면 법적 평화가 피해자의 생활영역을 넘어서까지 저해된 된 것이 아니고 형사소추가 공공의 당면한 관심사가 아닌 경우에는 일반적으로 공소제기가 필요하지 않다는 점을 출발점으로 삼는다. 따라서 검찰은 이러한 경우 형사소송법 제170조 제2항에 따라 절차를 중단해야 한다. 그럼에도 불구하고 범죄자와 피해자의 사적인 관계를 근본적으로 다시 공고하게 하기 위해서는 형벌이 필요할 수가 있다. 이러한 이유 때문에 형사소송법 제374조 제1항은 제한적으로 열거된 일련의 범죄들의 경우 피해자에게 예외적으로 사소(Privatklage)를 제기하는 것을 허용한다.[22]

반대로 몇 가지 경죄의 경우(예, 신체상해죄, 모욕죄, 경미한 재산범죄) 법질서의 불가침성의 회복에 관한 공공의 이익이 존재하는지는 피해자가 형벌을 통해 당해 행위를 비난하는 것을 필요로 하는지에도 달려 있다. 따라서 이러한 경우 국가가 형사소추를 하려면 고소(Antrag)가 존재할 것이 요구된다(형법 제77조 이하 참조). 이와 관련하여 절대적 친고죄(absolute Antragsdelikte)와 상대적 친고죄(relative Antragsdelikte)가 구별될 수 있다. 절대적 친고죄의 경우 고소의 존재가 필요불가결한 소송조건(Verfahrensvoraussetzung)인 반면, 상대적 친고죄의 경우에는 고소가 존재하지 않더라도 검찰이 예외적으로 형사소추에 대한 특별한 공공의 이익을 긍정하는 경우에는 형사소추가 가능하다(예, 형법 제230조 제1항 제1문 후단). 이로부터 나오는 결론은 사소범죄(Privatklagedelikte)의 경우 검찰의 공소제기를 허용하는 모든 사유가 고소의 부존재를 대체하기 위한 충분조건이 아니라는 점이다. 오히려 형사절차 및 벌과금부과절차에

22 자세하게는 *Fetzer* Strafprozessrecht, Rn. 1/3 ff. 이하 참조.

관한 지침 제234호 제1항, 제243호 제3항이 추가적으로 준수되어야 한다. 즉 그러한 경죄를 범하려는 경향성이 일반인에게 널리 퍼져있거나 범죄자에게 뿌리박혀 있어서 법적 평화를 회복하려면 공적인 형벌을 통한 비난을 필요로 하므로 형사소추에 대한 공공의 이익이 그에 대응하는 피해자의 이익에 비해 우월하다는 점이 요건으로 추가되어야 하는 것이다.[23]

26   마지막으로 몇 가지 가벼운 경죄들은 특정 헌법상의 기관들의 관심사와 직접 관계된다. 이 경우 형사절차가 그대로 진행되면 정치적인 손상이 초래될 수 있다. 따라서 이러한 경우(예, 형법 제194조 제4항) 당해 기관이 검찰에게 형사소추의 권한을 위임하는 것이 절차의 전제조건으로 인정되어 있다(형법 제77조 e).

Ⅱ. 법률에 의한 법관의 원칙

27   *법률에 의한 법관의 원칙(Der Grundsatz des gesetzlichen Richters)*은 두 가지 사항을 말해준다. 하나는 입법부가 추상적-일반적 척도를 사용하여 법원의 재판권, 즉 법원의 토지관할, 사물관할 그리고 기능적 관할을 확정해야 한다는 점이다.[24] 이에 관한 규정들이 형사소송법과 법원조직법에 있다. 자세한 내용은 법원조직에 관한 장에 규정되어 있다(이에 관해서는 Rn. 61 이하). 다른 하나는 연방헌법재판소가 기본법 제102조 제1항 제2호에서 재판을 하는 자는 실질적인 법관의 기준들을 충족시켜야 한다는 점을 도출해내고 있다는 점이다. 재판을 하는 법관은 특히 다른 상급자의 지시로부터 독립적이며, 소송관계인들(Verfahrensbeteiligten)에 대해 불편부당하게 그 직무를 수행해야 한다.[25] 이에 따라 형사소송법은 편파적인 법관을 절차에서 배제시키는 예방책을 마련해두고 있다(이에 관해서는 Rn. 75 이하).

23 자세하게는 *Fezer* Strafprozessrecht, Rn. 1/9 이하 참조.
24 BVerfGE 6, 45(50f.); 9, 223(226); 19, 52(59f.); 20, 336(3340); 22, 254(258).

법률에 의한 법관의 원칙은 다음과 같은 근거를 가지고 있다: 국가가 중립적인 기관으로서 분쟁해결의 임무를 떠맡는 경우에만 지속적인 법적 평화의 보장이 이루어질 수 있는 것이라면, 국가의 권력독점은 그에 상응하는 시민의 권력포기 부분의 범위 내에서만 인정된다. 이점은 유익한 결과만을 초래하는 것은 아니다. 절대주의 국가와 전체주의 국가에 대한 경험이 보여주고 있듯이 권력남용의 위험성과 결부되어 있기도 하다. 권력분립원칙(기본법 제20조 제2항 제2호)은 국가의 권력행사가 입법, 사법, 행정이라는 세 개의 권력이 서로 분리되어 상호 제한하는 한계를 설정하는 의미를 가지고 있다. 법률제정과 법률적용을 분리함으로써 입법은 구체적인 개별사례를 고려함이 없이 추상적인-일반적인 규율을 통해 어떤 종류의 형사사건에 대해 어떤 재판부가 관할권을 가지는지를 확정한다. 이러한 확정을 통해 법원이 관할을 자의적으로 인정하거나 거부하는 것을 방지할 뿐 아니라, 행정부가 일정한 형사사건을 사건과 무관한 이유에서 법원으로 하여금 재판을 못하게 하는 것을 막아주기도 한다.[26] 결국 헌법적으로 보장된 법관의 독립성(기본법 제97조)과 법률상의 권한분배(기본법 제102조 제1항 제2호)에도 불구하고 우리가 확신을 가지고 법관이라고 부를 수 있는 자는 대립하는 두 당사자 측과 충분한 거리를 두고 그들이 제출하는 증거들을 지켜주고 있는 자일 것이다. 구체적인 경우 예컨대 범죄자 또는 피해자와 친분이 있어서 그러한 점을 결여하고 있는 법관은 절차로부터 배제되어야 한다.[27]

III. 탄핵주의

탄핵주의(Das Akkusationsprinzip, Anklagegrundsatz)는 법원에 의한 모든 판결은 그에 앞서 기소가 먼저 되어야 한다는 원칙을 말한다(제151조). 형사소송법은 이 원칙을 예외 없이 관철시키고 있다. 그 결과 법원은 어떤 경우에도 어떤

---

25 불편부당한 직무수행에 관해서는 BVerGE 3, 377(381); 4, 331(346); 14, 56(69); 18, 241(255); 21, 139(145f.).

26 BVerfGE 9, 223(226).

27 BVerfGE 40, 356(360f.).

범죄에 대해 스스로 절차를 진행시켜서는 안된다. 심지어 그 범죄가 법원의 목전에서 벌어진 경우(예, 위증)에도 검찰에 범죄신고가 이루어져야만 하고(법원조직법 제183조), 검찰이 그 이후의 후속절차를 취하도록 되어 있다. 기소를 통해 절차가 법원에 계속되게 된 경우에도 법원은 스스로 공소장에 기재된 자 이외의 자나 공소장에 기재된 사건 이외의 사건에 대해서까지 심리를 확대해서는 안된다(제155조 제1항).

30 　　탄핵주의는 형사소추활동과 판결활동의 분리를 핵심내용으로 하는 것으로서 형사사법에 대해 매우 중요하게 평가되어야 할 의미있는 조직결단의 표현이다.[28] 법관에게는 내적(심리적) 독립성도 인정되어야 한다. 법관은 그의 앞에 주어진 사건을 가능한 한 선입견을 가지지 않고 대면하여야 한다. 법관이 기소된 사건에 대해 판결을 내리는 데 그치지 않고 그 이전에 스스로 피의자를 소추하고 사태를 해명해야 한다면, 자신이 만들어낸 수사결과에 대해 선입견 없는 상태가 되지 못할 수 있을 것이다. 이 점은 역사가 말해주고 있다. 국가가 형사소추의 역할을 감당하게 된 후, 형사사법은 오직 법관에 대해서만 과중한 부담을 지웠다. 그 결과로서 규문주의적 절차가 확립되었던 바, 규문절차에서 법관은 공공의 대표자로서 형사소추를 감당하였을 뿐 아니라 피의자의 대리인으로 변호활동도 해야 하고, 더 나아가 판관으로서 판결도 내려야 했던 "삼중적 인물"[29]이었다. 이와 같은 중첩적 역할 때문에 법관은 심리적으로 과도한 부담을 받게 되어 결국 소추에의 열정에 압도당하여 증거에 대한 선입견 없는 평가를 할 수 없게 되어 피고인을 불리하게 만들었다.[30] 이러한 이유 때문에 19세기 중반에 형사소송의 개혁을 단행함으로써[31] 소추활동과 판결활동을 분리하여 수사활동은 소추기관, 즉 검찰에 이양

28 이에 관한 유익한 설명은 *Henkel* § 21 III 1, 2.

29 *Feuerbach* § 646.

30 *Eb. Schmidt* Einfuehurung, § 288.

31 이에 관해서 자세하게는 *Schroeder* Strafprozessrecht, Rn. 35.

하였고 그로써 법원은 판결활동에 집중할 수 있게 되었다. 이점은 법원의 심리가 항상 기소에 의해 제약되는 불고불리의 원칙으로 확립되어 있다.

Ⅳ. 기소법정주의

*기소법정주의(Legalitätsprinzip)*에 따르면 검찰은 초기혐의가 있을 경우 수사를 개시해야 할 의무를 질 뿐 아니라(제152조 제2항), 수사결과 충분한 혐의(hinreichender Tatverdacht)가 있는 경우에는 공소도 제기해야 한다(제170조 제1항). 형사소송법 제156조, 제203조, 제260조가 이 원칙과 관계되어 있다. 이에 따르면 법원은 (자신의 시각에서도) 충분한 혐의가 존재하는 경우에는 공소제기를 허용하여 공판절차를 개시해야 한다(형법 제203조). 공판절차가 개시되면 검찰은 원칙적으로 공소를 취소할 수 없다(제156조). 법원은 공판심리를 원칙적으로 판결(Urteil)을 통해 종결해야 한다(제260조).   **31**

기소법정주의는 형사절차의 세 가지 과제 가운데 첫 번째 과제로부터 나온다. 즉 범죄행위가 입증되면 법원은 피고인이 누구이든 상관하지 않고 유죄판결을 내려야 한다. 물론 형사소추가 소추기관에게 위임되어 있기 때문에 공소제기가 있어야만 법원은 형사사건을 다룰 수 있다. 이 때문에 소추기관 역시 원칙적으로 초기혐의를 조사하여 확인이 될 경우 공소를 제기할 의무를 진다. 이로부터 형사소송법 제152조 제2항(검찰은 법률에 달리 정하고 있지 않은 한 충분한 사실상의 단서가 존재할 경우 모든 소추가능한 범죄행위에 대해 개입해야 한다: 역자 주), 제170조 제1항(수사의 결과 공소를 제기할 충분한 단서가 있을 경우 검찰은 관할법원에 공소장을 제출함으로써 공소를 제기한다: 역자 주)이 나온다.   **32**

검찰이 공소를 제기해야 할 의무, 즉 기소강제(Anklagezwang)는 형사소송법 제153조 이하의 규정에 따라 크게 완화된다(이에 관해서는 Rn. 329 이하).   **33**

V. 법적 청문을 받을 기본권

34 법적 청문을 받을 기본권(Das Grundrecht auf rechtliches Gehör, 기본법 제103조 제1항)은 피의자(와 다른 관계인들)에게 절차에서 진술할 기회, 즉 법원의 재판에 기초되어 있는 사실관계나 법률관계에 관해 의견을 말하고, 여러 가지 신청을 제기하고, 그리고 그 밖에 다른 설명을 할 기회를 부여한다.[32] 형사소송법에 인정된 이와 같은 기본권의 특별한 모습은 피고인의 최후진술제도이다(제258조 제2항 제2문). 이에 따라 법원은 소송관계인들의 설명에 주의를 기울여 이를 고려해야 할 의무를 진다.[33] 법원이 소송관계인들의 진술권이 내용없는 형식이 되는 것을 막기 위해 진술권의 존재를 알려야 한다는 것도 청문권에 해당한다. 스스로 발언할 기회를 알아차리는 일이 법원의 설시나 고지없이는 기대불가능할 정도로 어려울 것이기 때문에 기본법 제103조 제1항에서 그러한 설시 혹은 고지를 해야 할 의무가 나온다.[34] 이에 따르면 법원은 정해진 기한을 고지하고, 법원의 재판을 공시하고 다른 관계인들의 진술에 관해 알려주어야 할 의무를 진다.[35] 이러한 정보의무를 충족시키는 중요한 제도는 기록열람(Akteneinsicht)의 보장이다(제147조 참조).[36] 이외에도 법원은 관계인들의 법적인 청문을 알게 하기 위해 구체적인 소송상황에 관한 필요한 설시(Hinweise)를 해야 할 의무를 진다(제265조 참조).[37]

35 형사절차와 관련하여 유럽인권협약 제6조 제3항은 다음과 같은 추가적인 보장을 공식화하고 있다. 즉 피의자는 그에 대해 제기된 혐의에 관해, 즉 공소사실에 관해 지체없이 고지를 받아야 한다(유럽인권협약 제6조 제3항 a). 피의자는

---

32 BVerfGE 6, 19(20); 15, 303(307); 36, 85(87); 60, 175(210); 64, 135(143f.); BVerGE NJW 1996, 3202.

33 BVerGE 42, 364(367); 60, 250(252); 64, 135(143f.).

34 BVerGE 17, 194(197); 20, 347(349); 32, 195(198); 50, 381(385); 64, 135(143f.).

35 BVerGE 62, 320(322); 53, 109(113f.); 64, 203(207f.).

36 BVerGE 18, 399(405); 63, 45(60f.).

37 자세하게는 BVerGE 66, 116(147); 67, 90(95f.).

(필요한 경우 국선으로) 변호인을 선임할 권리를 가지며(유럽인권협약 제6조 제3항 c), 충분한 방어준비 시간이 제공되어야 하고(유럽인권협약 제6조 제3항 b), 무료로 통역자의 도움을 받을 수 있어야 한다(제3항 e). 변호인의 조력을 받을 권리로부터 변호인과 방해받지 않고 접견할 권리도 나온다(형사소송법 제148조).[38]

법적 청문권의 보장은 모든 소송관계인들의 요청에 근거할 뿐 아니라 개혁된 형 **36** 사소송의 기본사상에 따라 올바른 재판을 담보하기 위한 객관적-제도적 요소로서도 근거지워질 수 있다.[39] 헌법 제103조 제1항은 기본권으로서 피의자(와 다른 당사자들)에게 소송주체(Prozesssubjekt)의 지위를 부여하고 있다.[40] 법관의 신문의 객체로만 인정하는 것은 인간존엄에 반한다. 피의자가 독자적인 소송주체라면 사실관계나 법적 상황에 대한 자신의 시각을 독자적으로 투입할 수 있다. 이를 통해 법원이 스스로는 생각조차 하지 못했던 사건의 관점들이 언어로 표현될 수 있다. 이로써 피의자는 동시에 법원으로 하여금 자신을 방어해야 할 부담을 덜어 판결활동에만 집중할 수 있게 해 준다. 이를 통해 정당한 판결의 가능성이 높아진다.

기본법 제103조 제1항은 명시적으로 법률유보를 인정하고 있지 않다. 이 **37** 때문에 법적 청문권의 제한은 헌법의 통일성과 헌법이 보호하는 가치질서를 고려하여 충돌하는 기본권이나 다른 헌법상의 제도들을 보호할 필요성 때문에 이를 제한할 것이 요구되는 경우에 한해서만 가능하다.[41] 형사사법의 기능적합성에 대한 고려도 청문권에 대한 제한사유로 인정될 수 있다.[42] 법적 청문에 대한 요구가 수사의 목적을 위태롭게 할 경우에는 기록열람권을 잠정적으로 거부하거나(형사소송법 제147조 제2항), 당사자에 대한 사전 심문을 중

---

38 BGHSt 27, 260(262).
39 BVerGE 9, 89(95); 55, 1(6). BVerGE 39, 156(168); 63, 332(337); 70, 180(188) 참조.
40 이에 관한 근본적인 내용은 *Kahlo* KritV 80(1997), 183(194ff.).
41 BVerGE 28, 243(260f.); 49, 24(56) 참조.
42 BVerGE 19, 342(347); 51, 324(343ff.); 80, 367(375); BVerfG NJW 1996, 771.

단할 수 있다(제33조 제4항 제1문). 그와 같이 법적 청문권에 대한 침해가 이루어지는 경우 입법자는 당사자의 지위가 이와 같이 축소되는 것을 보완하는 법적 제도를 마련해 놓고 있어야 한다.[43] 한편으로는 사후적 청문의 보장이 그러한 역할을 하기도 하고(제33a조), 다른 한편으로는 형사절차상 강제처분을 명할 경우의 법관유보제도를 인정하고 있음도 그러한 법적 보장책의 일환이라고 할 수 있다.[44]

VI. 자기부죄금지의 원칙

38   *자기부죄금지원칙*(*Nemo-tenetur-Grundsatz*)은 피의자가 원칙적으로 자기 자신의 유죄인정에 능동적으로 협력해야 할 의무가 없다는 원칙을 말한다.[45] 이 원칙의 명칭은 "누구도 자기 자신을 비난해서는 안된다"(Nemo tenetur se ipsum accusare)라는 라틴어 법격언에서 유래한다. 이 원칙은 일반적인 인격권의 요소이며(기본법 제1조 제2항, 제2조, 제2항),[46] 시민적·정치적 권리에 관한 국제규약(IPBPR) 제14조 제3항g에도 공식화되어 있다.

39   이 원칙은 다음과 같이 도출 된다: 수사절차의 개시를 통해 피의자는 총체적 위기에 빠지게 된다. 어떤 경우든 피의자는 명예가 실추될 위협을 받고, 유죄판결을 받으면 범죄자로 불려 지게 된다. 그 뿐 아니라 자유형을 받게 될 위험도 배제할 수 없는데, 자유형을 선고받게 되면 장소이전의 자유가 잠정적으로 상실되어 그 밖에 그와 결부된 모든 권리를 독자적으로 행사할 수 없게 된다. 이러한 위험 때문에 피의자에게 스스로 자기책임을 인정할 것을 의무 지운다면, 이는 피의자를 자기 자신의 유죄인정의 단순한 수단으로 만들어 결국 피의자는 자신의 인간

---

43 Maunz/Dürig/*Herzog/Scholz/Schmidt-Aßmann* GG, Art. 103 I Rn. 19.

44 법관유보 제도에 관해서는 *Amelung* Rechtsschutz gegen strafprozessuale Grundrechtseingriffe, 1976, S. 32ff.

45 BVerGE 38, 105(113); 56, 37(41f.); BGHSt 14, 358(364); 38, 214(220).

46 헌법적인 자리매김에 관한 상세한 내용은 *Kahlo* FS E. A. Wolff, 1998, S. 153(170ff.).

독일형사소송법

36

존엄을 침해당하게 될 것이다.[47] 더 나아가 자기책임인정을 의무화하게 되면, 유죄인정을 거부할 경우에는 강제적인 방법으로 그러한 의무의 이행을 관철하지 않으면 안되게 될 것이다. 역사적 경험을 보면 이는 필연적으로 고문으로 이어진다. 이렇게 되면 기본법 제104조 제2항 제2문의 기본권 침해가 추가적으로 일어날 것이다. 가벼운 왜곡수단을 허용하기만 하더라도 강요된 자백은 의심스러운 증거방법이 된다. 피의자가 진실을 말하기 위해서 진술한 것이 아니라 오직 자신의 고통을 피하기 위해서만 진술하였다는 의심을 떨칠 수가 없게 되는 것이다.

자기부죄금지원칙은 우선 형사절차상 신문을 거부할 수 있는 권리를 포   **40**
함한다. 소추기관으로 하여금 혐의를 받고 있는 자에 대해 진술거부권을 고지할 의무를 부과함으로써 이 권리가 보장될 수 있다(제136조 제1항 제2문, 제163a조 제3항 제2문과 제4항 제2문, 제243조 제4항 제1문, 제55조 제1항과 제2항). 신문은 강요되어서도 안되고 기망을 통해서 이루어져서도 안된다(제136a조 제1항). 이 때문에 피의자가 전적으로 묵비하더라도 피의자를 불리하게 해서는 안된다.[48] 신문이 강요된 경우 형사소송법 제136a조 제3항 제2문에 따르면 증거사용이 금지된다. 마찬가지로 고지의무를 위반하면 신문에서 행한 진술내용에 대해 증거사용이 금지된다.[49] 이 원칙은 피의자의 "협조"를 얻어내고 싶은 형사소추기관의 욕심에 한계선을 그어준다.[50]

직권에 의한 신문이 아닌 경우에도 진술거부권이 어느 정도로 인정되는지에 대해서는 오늘날 사건에 따라 달리 평가되고 있다(이에 관해서는 Rn. 114. 이하 참조).

---

47 BVerfGE 56, 37(42).
48 BVerGE 20, 281(282f.); BGHSt 45, 363(364f.); 45, 367(369f.). 유럽인권재판소의 판결과의 관계에 관해서는 *Matt* GA 2006, 323(326f.).
49 BGHSt 38, 214(220ff.).
50 *Ignor/Matt* StV 2002, 102(103).

VII. 신속재판의 원칙

41 신속재판의 원칙(*Beschleunigungsgrundsatz*)은 유럽인권협약 제6조 제1항 제1문에 의하면 피고인이 적절한 기한 내에 법원에 의해 재판을 받아야 한다는 점을 내용으로 가지고 있다. 동일한 내용은 법치국가원리(기본법 제20조 제3항)로 부터도 나온다.[51]

42 신속재판의 원칙은 세 가지 근거를 가지고 있다. 첫째, 범죄와 형벌간의 명백한 관련성은 형벌이 빨리 확정되면 될수록 객관적으로-제도적으로 가장 빨리 경험된다. 둘째, 확정판결이 신속하게 되면 될수록 법적 평화가 보다 지속적으로 회복될 수 있다. 시간이 경과되면 될수록 사용할 수 있는 증거방법이 나빠지기 때문에 특히 증인의 기억력이 약화되기 때문에 실체 진실에 기초한 판결의 가능성이 낮아지고 절차는 점점 더 지연된다. 셋째, 주관적-기본권적으로 절차는 피고인에 대해서 뿐 아니라 다른 협력자들(피해자, 증인)에게도 막대한 부담을 주고 그러한 부담은 절차가 지연됨에 따라 계속적으로 커지게 된다.

43 이러한 이유 때문에 형사소송법은 절차를 신속하게 진행하게 하기 위한 일련의 규정들을 두고 있다. 수사절차에서는 경찰이 수사 결과를 지체없이 검찰에 송치하여야 한다(제163조 제2항 제1문). 체포된 자는 지체없이 법관 앞에 구인되어야 한다(제15조, 제128f조). 미결구금은 통상 6개월을 초과하여서는 안 된다(제121조). 공판심리에서는 집중심리원칙에 따른다(제229조 제1항, 제3항). 더 나아가 판결은 원칙적으로 변론종결 후 늦어도 제11일째 되는 날에는 선고되어야 한다(제268조 제3항 제2호). 소송관계인은 절차상의 하자에 대해 일정한 기한내에서만 다룰 수 있다(예, 제25조 제1항 제1문, 제222a조, 제222b조). 마지막으로 상소는 일주일 안에 제기해야 한다(제305조 제2항, 제314조 제1항, 제341조 제1

---

51 BVerGE NJW 2001, 2707.

항). 특히 제407조 이하와 제417조 이하에서는 사건의 중함이 중간정도인 적합한 사례의 경우 간소화된 절차(제407조 이하의 약식명령절차와 제417조 이하의 신속처리절차를 말함: 역자 주)를 통해 형사소추를 수행하는 것을 허용하고 있다(Rn. 637 이하 참조).

신속재판의 원칙은 자기목적이 아니다. 이 원칙은 형사절차의 과제를 가장 잘 관철시키기 위한 최적화된 요구일 뿐이다. 이미 설명하였듯이 신속한 절차는 실체진실은 물론이고 법적 평화의 회복을 촉진할 수 있다. 반대로 다수의 소송주체가 있는 형사절차에서는 사실관계나 법적 관계의 규명을 위해서는 일정한 시간을 필요로 한다. **44**

판례는 형사절차를 과도하게 지연하더라도 이것이 원칙적으로 절차장애사유가 되는 것은 아니라 양형상의 참작사유로 고려해야 한다고 한다(이에 관한 자세한 내용은 이하 Rn. 356 참조).

VIII. 일사부재리의 원칙

일사부재리원칙(*ne bis in idem*)에 의하면 누구든지 동일한 사건으로 재차 판결을 받아서는 안된다(기본법 제103조 제3항). 이 원칙은 교회법에 기원을 두고 있다. 이 원칙은 그라티우수스 칙령(Decretum Gratiani)에서 테우토니쿠스 (Johnannes Teutonicus)가 행한 "Non potest"에 관한 주석(Glosse)으로부터 나온 것이라고 할 수 있다. **45**

이 원칙을 근거지울 수 있는 형사절차의 과제는 다양하다. 먼저 범죄자가 자신의 책임의 정도에 맞게 이미 처벌된 경우 동일한 사건으로 재차 그에 대해 책임을 묻는 것은 정의에 반하는 것이라고 할 수 있다. 반대로 범죄의 중함이 오인된 경우, 예컨대 중한 특수절도가 단순 절도로만 처벌된 경우에는 확정판결로 만들어진 법적 평화는 원칙적으로 새로운 절차와 상치된다. 이러한 경우는 예외적으로 재 **46**

심사유가 존재하는 경우에 한해서만 국가의 형벌청구권의 관철이 우위에 있게 된다(제362조, 제373a조).

IX. 구두변론주의

47 구두변론주의(*Mündlichkeitsgrundsatz*)에 의하면 구두로 제출된 소송자료만이 판결의 기초가 되어야 한다(제261조, 제264조). 개혁 형사소송법의 기본사상에 의하면 모든 소송관계인들은 절차의 진행과 관련하여 법원에 협력해야 해야 한다. 이러한 협력은 발언된 말로만 가능하다. 왜냐하면 이러한 말은 누구나가 동시에 청취할 수 있기 때문에 모든 소송행위가 이러한 방식을 따라야 한다면 그로써 모든 소송관계인들에 의해 지각될 수 있음이 보장되기 때문이다. 구두변론주의는 공판심리에서 그 특별한 중요성을 가진다(이에 관해서는 Rn. 395 이하 참조).

X. 공개주의

48 공개주의(*Öffentlichkeitsprinzip*)는 법원조직법 제169조 제1문, 유럽인권협약 제6조 제1항 1f에 규정되어 있다. 이에 의하면 판결의 선고와 결정을 포함하여 법정에서 전개되는 공판심리(법원조직법 제173조 제1항)는 소송관계인이 아닌 자들 가운데 미리 특정되어 있지 않는 자들이 참석할 수 있도록 진행되어야 한다.[52]

이 원칙은 객관적 제도적으로 근거지울 수 있을 뿐 아니라 주관적 기본권으로도 근거지울 수도 있다. 먼저 형사사법으로 하여금 관심있는 방청객이 보는데서 심리하도록 의무를 지운다면 피고인이 누구인지와 무관하게 오직 법과 법률에 의

---

52 BGHSt 5, 75(83); 28, 341(343).

해서 절차를 진행하고 있는지에 대해 여론의 비판을 받을 수 있게 될 것이다.[53] 형사사법이 이러한 방식으로 절차를 진행한다면 이와 같은 비공식적인 통제를 마다하지 않을 것이고 그 진행의 사법정형성에 대한 일반인의 신뢰를 더 강화하게 될 것이다.[54] 다음으로 범죄는 법치국가적으로 조직된 우리의 공동체의 자기이해와도 충돌하기 때문에 사회도 형사절차에서의 법의 회복에 관심을 표명한다.[55] 이러한 점에서 보면 법의 회복은 모든 사람의 관심사에 놓여 있는 것이기 때문에 누구라도 형사사법의 진행절차에 참석할 권리를 가져야 한다. 공개주의는 공판심리에서 특별한 중요성을 가지고 있으므로 해당 부분에서 자세히 설명하기로 한다(Rn. 395 이하 참조).

XI. 직권(탐지)주의

직권(탐지)주의(Inquisitions- bzw. Instruktionsmaxime)에 의하면 검찰과 법원은 범죄혐의에 기초가 되는 사실관계를 소송관계인 가운데 어느 일방의 증명요청(Beweisanregung)없이 직권으로 조사하여야 한다(제160조 제1항, 제2항, 제163조 제1항 제1문, 제155조 제2항, 제244조 제2항).

49

직권(탐지)주의는 실체진실과 정의를 추구하는 형사절차의 과제로부터 나오고, 기소법정주의와 밀접한 관계를 가진다. 법치국가적인 공동체는 범죄에 아무 상관없이 대치하는 것이 아니라 범죄를 직권으로 소추하고 처벌해야 하기 때문에 형사사법이 범죄혐의에 대해 스스로 조사해야 한다.(우리나라에서는 직권주의를 객관적 진실발견의 최종적 담보주체가 법원이기 때문에 법관에게 진실발견을 위한 주도적 권한을 인정하자는 형사절차의 원칙으로 소개하고 있지만, 독일 형사소송법하에서 이

50

---

53 *Beulke* Strafprozessrecht, Rn. 27.
54 RGSt 70, 109(112); BGHSt 3, 386(387); 4, 279(183); 7, 218(221); 9, 280(281). 고전적인 절차상의 강제처분이 원칙적으로 공개주의를 겨냥한 행위양식이라는 점에 관해서는 *Keller* StV 1984, 521(523).
55 *Henkel* § 84 I.

원칙은 실체진실의 발견 책무를 법원뿐아니라 검사에게도 인정하고 있음을 분명히 하고 있다.: 역자 주) 그러므로 형사사법은 민사사법과는 달리 소송관계인이 제공한 증거에 종속되지 않는다.[56]

이 원칙에 대해 제한이 없는 것은 아니다. 이 원칙에는 내재적인 한계가 있다. 즉 탐지는 한편으로 범죄혐의의 해명 내지 공소제기된 사실에 대한 유죄판결을 위해 중요한 사실관계만을 대상으로 한다(제94조 제1항, 제155조 제1항, 제244조 제2항 참조). 다른 한편 이 원칙은 사태의 해명에 필요한 정도를 넘어서서 임의로 입증할 것을 요구하지 않는다(제244조 제2항 제2문 제1사례와 제3사례). 마지막으로 증거방법에 도달불가능한 사정이 있는 경우에도 직권주의가 제한된다(제244조 제2항 제5사례 참조). 다른 한편 외부에서의 진실규명의무는 보다 상위에 있는 의무의 준수에 의해 제한된다. 진실발견을 위해 어떤 희생을 무릅쓰고라도 밀어붙여야 하는 것이 형사소송의 원리는 아니다.[57] 진실발견 때문에 한편으로는 피의자 또는 다른 관련 당사자들의 기본권을 과도하게 침해해서는 안되고, 다른 한편으로는 진실발견을 위해 모든 소송관계인들이 진실발견의 절차에 협력할 수 있어야 한다. 이때문에 이하에서 설명하게 될 직접주의가 직권(탐지)주의에 대한 한계를 긋는다(이하 Rn. 419ff.).

XII. 직접주의

51 *직접주의*(*Unmittelbarkeitsgrundsatz*)는 두 가지 의미를 가지고 있다:[58] 하나는 법관이 모든 증거방법들을 직접 인지한다(형식적 직접주의)는 의미이고, 다른 하나는 법관은 범죄행위에 가장 근접한 증거방법(예컨대 증인)을 행위에서 멀리 떨어진 증거방법(전문사실에 대한 증인의 문서보고)에 비해 가능한 한 우선순위를 둔다(실질적 직접주의)는 것이다. 그로써 법관은 타인의 판단에 종속되지 않

---

56 *Beulke* Strafprozessrecht, Rn. 21.
57 BGHSt 14, 358(365); 31(309); 38, 214(220).
58 자세하게는 *Beulke* Strafprozessrecht, Rn. 410ff.; *Fezer* Strafprozessrecht, Rn. 14/1ff.

고 자신이 스스로 원본증거를 평가할 수 있게 된다. 뿐만 아니라 공판심리의 구두주의와 공개주의 때문에 증거조사가 모든 사람의 눈앞에서 행해져 모든 소송관계인들이 법원의 판결에 기초가 되는 사실과 증거를 자기 스스로 체험한 것이나 다를 바 없이 알게 되어 법관의 심증형성을 추체험(椎體驗)할 수도 있고 거기에 대해 비판까지도 할 수 있게 된다(자세하게는 이하 Rn. 419ff.).

XIII. 자유심증주의

자유심증주의(*Der Grundsatz der freien Beweiswürdigung*)는 법관이 법률상의 증거규칙에 구속됨이 없이 공판절차의 전 과정에서 만들어진 확신으로부터 사실문제(Tatfrage)를 판단해야 한다는 것을 말한다(제261조). 이로부터 세 가지의 결론이 나온다. 첫째, 공판심리에서 제기된 증거의 가치를 의무적으로 평가해야 한다. 둘째, 법관은 이 증거를 법률상의 증거규칙에 의해 구속되지 않고 평가해야 한다. 셋째, 사실문제를 자신의 확신에 따라 종국적으로 판단해야 한다.

권력분립의 요청에는 입법은 법적용과 분리되어야 하고 다툼이 있는 개별 사례는 독립적으로 불편부당한 법관에 의해 최종적으로 판단되어야 한다는 생각이 기초되어 있다. 이를 위해서는 결정적으로 사실문제를 해명할 것이 필요하기 때문에 제기된 증거의 가치를 구속적으로 확인하는 일이 법관의 권한으로 된다. 넓은 의미의 사실문제의 판단이 법적용의 한 요소라고 한다면, 권력분립원칙은 원칙적으로 입법부로 하여금 어떤 규칙에 따라 사실인정에 관한 자신의 심증형성을 해야 할 것인지에 대해 법관을 미리 구속하게 해서는 안된다. 입법자가 그럼에도 불구하고 법관에게 어떤 증거상황에서 어떤 결론을 이끌어낼지를 미리 정해두려고 하면 개별사례가 가지고 있는 구체적인 사정이 그 사건에만 특수하다는 점을 판단하지 못하게 만드는 결과가 되고 말 것이다.[59] 피고인의 자백이 증

52

53

---

59 *Henkel* § 91 Ⅰ 1.

인 두 명의 일치하는 진술과 마찬가지로 진실에 부합할 수는 있긴 하지만, 이것이 다른 상황속에서도 항상 그렇다고 할 수는 없다.[60] 규문주의 절차 시대에 전형적 이었던 것처럼 입법자가 모든 사례에서 자백을 진실한 것으로 설정한다면, 특별 한 사정 때문에 증거의 타당성에 대해 의문이 생김에도 불구하고 입법자가 법관 에게 그의 양심에 반하여 판단하는 것을 강요하게 된다.[61] 이 때문에 19세기 중 반 형사소송의 개혁과 함께 법정증거주의와의 결별(Abkehr von gesetzlichen Beweisregeln)이 일반적으로 관철되었다. 물론 자유심증주의가 근거없이 즉각적 인 느낌에 따라 심증형성을 해야 한다는 것을 의미하는 것은 아니다. 법정증거주 의의 폐기가 배심원이 의무적으로 이유를 댈 필요도 없이 유죄판결을 내릴 수 있 었던 배심제도(Schwurgerichten)의 도입과 동시에 성사되긴 하였지만,[62] 그렇게 만들어졌던 배심제도는 독일에서 1924년에 철폐되었다.[63] 이와 동시에 상고법 원은 사실심판사로 하여금 심증형성의 근거를 판결이유에 기재하는 것을 명령하 기 시작하였다. 그 동안에 확립된 사실은 사고법칙이나 경험법칙에 반하거나, 그 근거를 납득할 수 없는 경우 혹은 고려의 대상이 되는 변종사태를 모두 고려하지 않았을 경우에는 그 심증형성의 타당성을 인정할 수 없다는 점이다.[64]

물론 이러한 척도들을 준수하더라도 난해한 사례들의 경우 객관적으로 근거 지울 수 있는 여러가지의 동가치한 해결방안이 있을 수 있다. 이러한 경우 구속 력 있는 판결에 이를수 있도록 하기 위해 형사소송법 제261조는 독립적이고 불편 부당한 직업법관이 자신의 확신(심증)을 따르도록, 즉 그가 개인적으로 확실한 것으로 여기는 사실을 진실한 것으로 인정하도록 하고 있다.[65]

---

60 *Henkel* § 91 Ⅰ 1.
61 *Roxin* Strafverfahrensrecht, § 15 Rn. 12 참조.
62 이에 관한 문제점에 대해서는 *Peters* § 37
63 *Peters* § 37.
64 BGHSt 6, 70(72); 10, 208(211f.); 12, 311(314). 자세하게는 *Fezer* FS Hanack, S. 331ff. 이하. 경험 법칙에 관해 논란이 있을 경우 증거평가의 문제점에 관해서는 *Keller* GA 1999, 255(268ff.).
65 BGHSt 10, 208(209).

XIV. 무죄추정원칙

의심스러울 때는 피고인의 이익으로(in dubio pro reo) 라는 원칙이 말하고 있는 것은 유죄에 대해 의심의 여지가 없을 정도로 입증되지 않는 경우에는 누구라도 유죄판결을 받아서는 안된다는 점이다.[66] 이 원칙은 로마법에 기원을 두고 있는 바, 인본주의 법학자인 보시우스(Aegidius Bossius, 1487-1546)에 의해 최초로 이러한 문구로 만들어졌다. 유럽인권협약 제6조 제2항에 선언된 무죄추정(Unschuldsvermutung)이 핵심이다. 연방헌법재판소는 의심스러울 때는 피고인의 이익으로 라는 원칙이 헌법적 지위를 가지고 있는지에 대해 확답을 하지 않고 있다.[67] 하지만 책임원칙이 기본법 제1조 제1항, 제2조 제1항에 자리매김 되어 있기 때문에[68] 이것이 형사소송법 제261조(법원은 증거조사의 결과에 대해 변론의 전취지를 남김없이 종합하여 나온 자신의 자유로운 심증에 따라 판단하여야 한다: 역자 주)와 결합되어 피고인의 책임에 대해 의심이 있는 경우 헌법상 이유에서 유죄판결을 해서는 안된다는 결론이 나온다.[69] "의심스러울 때는 피고인의 이익으로"라는 원칙은 따라서 자유심증주의를 보충한다. 증거평가가 명백한 결론을 보여주지 못하는 경우 법관은 피고인에게 유리하게 판단해야 한다.[70]

---

66 *Beulke* Strafprozessrecht, Rn. 25.

67 BVerfG NJW 1988, 477.

68 BVerfGE 6, 389(439); 20, 323(331); 45, 187(228); 95, 96(131); 96, 245(249).

69 BVerfGE NJW 1988, 477. 택일적 사실확정의 문제점에 관해서 자세하게는 *Alwart* GA 1992, 545(549f.).

70 SK-StPO/*Schlüchter* § 261 Rn. 69. 간접사실에 대해서는 적용되지 않는다는 점에 관해서는 BGHSt 25, 285(286f.); 35, 308(316); 36, 286(289ff.).

3

형사법원의
조직

형사법원의 구성

형사법원의 관할

법원인사의 제척과 기피

보론

55 법원의 구조는 법원조직법에 규정되어 있다. 법원조직법에는 법원의 관할에 관한 규정들도 존재하고, 이 규정들은 형사소송법 제7조 이하의 규정들에 의해 보충된다.

A. 형사법원의 구성

형사법원은 구법원(Amtsgerichten), 지방법원(Landgerichten), 주고등법원(Ober- 56
landesgerichten),[71] 그리고 연방재판소(Bundesgerichtshof)로 이루어져 있다.

Ⅰ. 구법원(AG)에는 두 개의 재판부가 형사사건을 담당한다. 그 하나는 형사 57
(단독)판사(Strafrichter)이고 다른 하나는 *참심법원(Schöffengericht)*이다. 형
사판사는 단독판사로서 재판을 하는 반면(법원조직법 제25조), 참심법원은
한 명의 직업법관과 두 명의 일반시민법관인 참심관(Schöeffen)[72]으로
구성된다(법원조직법 제29조 제1항). 특별히 규모가 큰 사건의 경우에는 예
외적으로 한 명의 직업법관이 추가될 수 있다(법원조직법 제29조 제2항). 공
판심리절차 외에 내려질 수 있는 결정들은 참심법원이 공판심리개시 전
에 참심관의 협력없이 내린다(법원조직법 제30조 제2항). 연방재판소의 견해
에 의하면 공판개시 후에는 긴급을 요하지 않는 한 참심원이 참여하여
야 한다고 한다.[73]

Ⅱ. 지방법원(LG)의 재판부를 형사부(Strafkammer)라고 부른다. 법원조직법 58
제76조 제1항 제1문 전단에 따르면 지방법원이 제1심인 경우의 재판부
를 *대형사부(Große Strafkammer)*라고 하는데, 대형사부는 세 명의 직업법
관과 두 명의 참심관으로 구성된다. 사건의 규모와 어려움에 따라 세 명
의 직업법관이 모두 필요한 것으로 보이지 않을 경우 대형사부는 공판의
개시와 함께 두 명의 직업법관과 두 명의 참심관만 심리하도록 결정할
수 있다[74](법원조직법 제76조 제2항).[75] 지방법원에는 일반 대형사부 외에

---

71 베를린 주에서 주 고등법원을 Kammergericht(KG)라고 부른다.
72 이에 관해 자세하게는 *Schilken* Gerichtsverfassungsrecht, Rn. 513ff., 520f., 523, 535ff.
73 *Dehn* NStZ 1997, 607의 평석이 있는 BGHSt 43, 91 참조.

배심법원(*Schwurgericht*), 경제범죄전담부(*Wirtschaftsstrafkammer*), 국가안보 사건전담부(*Staatsschutzkammer*) 등 특별 대형사부도 설치되어 있다(법원조 직법 제74조 제2항, 제74a조, 제74c조). 배심법원(독일에서 배심제도는 폐지되었지만 모살, 고살 그리고 치사가 붙은 결과적 가중범 등 법원조직법 제74조 제2항, 제74e조에 열 거된 중죄사건에 대한 관할권을 가진 지방법원의 재판부를 일컫는 명칭으로 배심법원이 라는 용어가 그대로 사용되고 있다: 역자 주)의 경우에는 법원조직법 제76조 제2 항 제2문이 적용되지 않기 때문에 직업법관을 두 명으로 감축할 수 없다. 이외에 지방법원에는 항소심으로서 한 명의 직업법관과 두 명의 참심관으 로 구성되는 재판부인 소형사부(*kleine Strafkammer*)도 있다(법원조직법 제76 조 제1항 제1문 후단). 이 모든 재판부에서 하는 공판심리절차 외에서의 결정 들은 원칙적으로 참심관 참여없이 내려진다(법원조직법 제76조 제1항 제2문).

59　**III.** 고등법원(OLG)의 재판부는 *합의부*(*Senate*)라고 부른다. 고등법원이 제1 심으로 관할사건을 맡을 경우에는 당해 합의부가 공판개시와 함께 사건 의 규모와 어려움을 이유로 해서 다섯 명의 직업법관이 필요하다고 결 정할 경우가 아닌 한, 세 명의 직업법관이 합의부원으로 구성된다(자세하 게는 법원조직법 제122조 제2항 참조). 상소심으로서 합의부는 항상 세 명의 직 업법관으로 구성되어 재판을 한다(법원조직법 제122조 제1항 참조).

60　**IV.** 연방재판소(BGH)의 재판부도 *합의부*(*Senate*)라 부른다. 연방재판소의 합의부는 다섯 명의 직업법관으로 구성된다(법원조직법 제139조 제1항). 다만 법원조직법 제139조 제2항 제1문에 따라 세 명의 직업법관으로 구성되 어 재판을 할 수도 있다.

---

74 공판심리에서 개시결정이 추완되어야 하는 경우에는 부(Kammer)가 세 명의 직업법관으로 구성 되어 그에 관해 결정한다는 점에 관해서는 *Rieß*의 평석이 있는 BGH NStZ 2006, 298 참조.

75 법원조직법 제76조 제2항은 2008년 12월 31일자로 실효되었고, 1993.1.11.의 사법의 업무감경에 관 한 법률(Gesetz zur Entlastung der Rechtspflege) 제15조 제2항(BGBl. I S. 50)은 특히 2006년 12월 22 일의 제2차 사법현대화법률(Justizmodernisierungsgesetz) 제5조(BGBl. I S. 3416)에 의해 개정되었다.

B. 형사법원의 관할

I. 도입

관할은 사물관할(sachliche Zuständigkeit), 토지관할(örtliche Zuständigkeit) 그리 **61** 고 기능적 관할(funktionelle Zuständigkeit)로 구별된다. 사물관할은 사건을 서로 다른 제1심 재판부로 분배하는 것을 말하고 법원조직법에 규정되어 있다. 토지관할은 동일한 사물관할이 있을 경우 장소적으로 어느 법원에서 재판을 담당하도록 하는지에 대해 결정한다. 형사소송법 제7조 이하에서는 제1심 법원에 대한 토지관할을 규정하고 있고, 그 밖의 경우에는 주법에서 규정되어 있다. 그 외의 모든 관할에 관한 규정들은, 법률에 명시되어 있지는 않지만, 기능적 관할에 관한 규정들이다.

II. 사물관할

1. *구법원(AG)*은, 지방법원(LG)의 관할(법원조직법 제74조-74c조) 또는 주고등 **62** 법원(OLG)의 관할(법원조직법 제120조)로 인정되는 경우가 아닌 한, 법원조직법 제24조 제1항에 따라 선고형이 4년 이하의 자유형으로 예상되는 모든 형사사건에 대해 원칙적으로 관할권을 가진다.

   이 경우 *형사단독판사*는 2년 이하의 자유형이 예상되는 *경죄(Vergehen)* 사건이나(법원조직법 제25조 제2호) 사인소추(형사소송법 제374조 참조)사건의 경우(법원조직법 제25조 제1호)에 대한 사물[76]관할권을 가진다. 그 밖의 사건에 대해서는 *참심법원*이 관할권을 가진다(법원조직법 제28조).

---

[76] *Meyer-Goßner* § 25 GVG Rn. 1.

단독판사의 관할사건으로 공판절차가 개시된 후에 비로소 예상되는 형벌이 너무 낮았다는 점이 밝혀진 경우에도, 참심법원에로의 관할이송은 일어나지 않는다. 이 경우에는 구법원의 단독판사가 4년까지의 형벌권을 가지게 된다.[77]

63 2. *지방법원(LG)*은 원칙적으로 예상되는 형벌이 4년을 초과하는 모든 형사 사건에 대해 관할권을 가진다(법원조직법 제74조 제1항 제2문 전단). 이외에도 지방법원은 예상되는 형벌과 무관하게 사망의 결과가 초래된 모든 *중죄 (Verbrechen)사건*(법원조직법 제74조)에 대해서는 배심법원에서 관할권을 가지고, 그 밖에 법원조직법 제74a조, 제74c조에 규정된 범죄사건, 즉 경제 사건과 국가안보사건에 대해서는 특별 대형사부에서 관할권을 가진다. 뿐만 아니라 지방법원은 형법 제63조, 제66조에 따라 보안처분의 부과가 고려되는 경우(법원조직법 제74조 제1항 제2문의 제2사례) 및 검찰이 증인으로 될 피해자를 특별히 보호할 필요가 있거나, 사건의 규모가 특별하거나 혹은 사건이 특별한 의미를 가지고 있어서 지방법원에 공소를 제기한 경우 (법원조직법 제74조 제1항 제2문의 제3사례)에도 관할권을 가진다. 하지만 이 모든 경우 주고등법원에 관할권이 인정되는 때에는 지방법원의 관할이 배제된다(법원조직법 제120조).

지방법원에서도 배심법원의 관할인 사망의 결과가 초래된 중죄가 아니거나 법원조직법 제74a조, 제74c조에 규정된 경제범죄전담부 내지 국가안보사건전담부의 관할사건이 아닌 때에는 기능적으로 대형사부가 관할권을 가진다.

64 3. *주고등법원(OLG)*은 법원조직법 제120조 제1항에 규정된 모든 범죄에 대해 1심법원으로 관할권을 가진다. 이 외에도 주고등법원은 예외적으로 연방검찰총장(Generbundesanwältin)이 특별한 의미를 가지고 있음을 인정한

---

77 OLG Düsseldorf NStZ-RR 2001, 222.

일련의 사건에 대해서도 관할권을 가진다. 이 경우 법원조직법 제120조 제2항 제1호에서 열거된 범죄에 대해서는 처음부터 주고등법원의 관할이지만, 법원조직법 제120조 제2항 제2호에서 규정된 범죄에 대해서는 이러한 범죄가 외국 또는 국제 테러조직의 구성원에 의해 범해진 경우에만 주고등법원의 관할이고, 법원조직법 제120조 제2항 제3호에 규정된 사건에 대해서는 제120조 제2항 제3호(a-c)에 언급된 사례의 하나가 연방이 관계되어 있는 경우에만 주고등법원의 관할이다.

4. 서로 다른 주고등법원사이에 권한의 다툼이 존재하는 경우 형사소송법 **65** 제14조(여러 개의 법원 사이에 관할의 다툼이 있는 경우에는 공통의 상급법원이 심리와 판결을 해야 할 법원을 결정한다: 역자 주)와 제19조(그 중에 하나가 관할권을 가진 여러 개의 법원이 불복할 수 없는 결정을 통해 각자에게 관할권이 있음을 인정한 경우에는 공통의 상급법원이 관할법원을 정한다: 역자 주)를 유추적용하여 연방재판소가 관할을 결정한다.[78]

III. 토지관할

토지관할에 관해서는 형사소송법 제7조에서 제21조 사이에서 규정하고 있 **66** 다. 가장 중요한 재판적은 *범죄지(제7조)*, *범죄자의 주거지(제8조 제1항)*, *체포지(제9조)*이다. 여러 개의 재판적이 경합하는 경우에는 공판절차를 먼저 개시한 법원이 토지관할권을 가진다(제12조 제1항). 이 경우 어느 법원에서도 공판개시결정이 내려져 있지 않은 경우에는 어느 법원에 공소를 제기할 것인지에 대해 검사에게 의무합치적 재량이 인정된다.[79] 동일한 심급의 법원은 모두 동등하기 때문에 지배적인 견해에 따르면 이렇게 하여도 기본법 제101조 제

---

78 BGHSt 45, 26(28).
79 BGHSt 9, 367(369).

1항 제2문에 위배되지 않는다고 한다.[80] 물론 이러한 견해는 인터넷상의 범죄와 같이 연방의 전 지역이 범죄지가 되는 경우에는 문제가 있을 수 있다.[81] 이러한 경우 원칙적으로 모든 (사물관할이 있는) 법원에 토지관할이 인정되고 따라서 검찰에게 매우 폭넓은 선택의 자유가 부여될 것이다. 하지만 이렇게 되면 검찰이 재판을 받을 판사를 임의로 선택하여 법원의 재판내용에 영향을 미치게 될 우려도 생길 수 있다. 법률에 의한 공정한 법관제도를 보장하는 취지가 이러한 위험에도 대처하기 위함에 있음을 인정한다면,[82] 검찰이 그 재량을 법률규정의 순서에 따라, 즉 먼저 주거지의 법원에 공소제기를 할 수 있도록 한 후 보충적으로 체포지의 법원에 공소를 제기하도록 하는 것이 바람직할 것이다.

> 관할에 관하여 서로 다른 법원 사이에 다툼이 있는 경우에는 형사소송법 제7조 이하에 따라 그들 법원에 공통되는 차상급 법원이 재판적에 대해 결정한다(제14조, 제19조).

1. 기능적 관할

67 *기능적 관할*이라는 용어는 사물관할의 규칙이나 토지관할의 규칙을 통해서 해결되지 않은 모든 관할권문제를 집약하고 있다.

68 a) *특별 형사사건*(법원조직법 제74조-제74d조)에 대한 동일한 형벌권을 가진 동일한 법원의 재판부 사이의 관할분배는 법원조직법 제74e조에 따라 기능적 관할문제에 해당한다. 각각의 재판부는 공판개시 전까지만 직권으로

---

80 BGH 1 StR 559/74 v. 18.3.1975; *Meyer-Goßner* Vor § 7 Rn. 10; 이와 다른 견해는 SK-StPO/*Rudolphi* Vor §7 Rn. 9 이하.
81 BGHSt 46, 212(Ausschwitzlüge im Internet) 참조.
82 BVerfGE 17, 294(299); 95, 322(327).

자신의 기능적 관할을 심사하여야 한다(제6a조 제1문). 그 이후부터는 형사소송법 제243조 제4항에 따라 사건에 대한 피고인 신문이 시작되기 전까지 피고인이 관할위반을 다툴 수 있다(제6a조 제2문).

b) *수사판사*(Ermittlungsrichter, 현행 독일 형사소송법상의 수사판사는 검사의 영장청 **69**
구나 증거보전의 청구 등에 응하여 일정한 수사행위를 하는 법관으로서 예심판사와 같
이 수사절차 일반을 관장하는 법관을 말하는 것이 아니다: 역자 주)의 관할도 기능적
관할의 문제이다(예, 제125조 제1항, 제169조, 법원조직법 제21e조 제1항 제1문). 법
원의 결정을 구하는 청구에 대한 재판의 관할도 형사소송법 제161a조 제3
항, 법원조직법 제73조 제1항, 제135조 제2항에 따르면 기능적 관할의 문
제에 해당한다.

c) 마지막으로 *상소심*으로서의 관할도 기능적 관할에 속한다. **70**

ⓐ 구법원의 판결에 대한 항소는 지방법원의 소형사부가 관할권을 가지고(법원
조직법 제74조 제3항, 제76조 제1항 제1문 후단), 구법원의 판사 내지 재판부의 결정
과 처분에 대한 항고는 대형사부가 관할권을 가진다(법원조직법 제76조 제1항, 제
73조 제1항).

ⓑ 주고등법원은 지방법원의 항소심판결에 대한 상고(법원조직법 제121조 제1항 제
1b호)와 구법원의 판결에 대한 비약상고(법원조직법 제74조 제3항, 제121조 제1항 제
1b호, 형사소송법 제335조)[83]에 대해 관할권을 가진다. 더 나아가 법원조직법 제
121조 제1항 제2호에 따른 지방법원의 결정에 대한 항고에 대해서도 주고등법원
이 관할권을 가진다.

ⓒ 연방재판소는 법원조직법 제135조 제1항과 제121조 제1항 제1c호에 따라 지

---

83 오로지 주법의 위반에 대해 불복이 있을 경우 제1심판결에 대한 상소의 관할이 추가된다. 법원조
직법 제121조 제1항 제1c호.

방법원과 주고등법원이 내린 제1심판결에 대한 상고에 대해 관할권을 가진다. 법원조직법 제135조 제2항에 따른 항고도 연방재판소가 관할권을 가진다.

2. 관련사건의 관할 (Die Zuständigkeit kraft Zusammenhangs)

71 서로 다른 법원의 관할에 속하는 형사사건 사이에는 한 개의 법원에서 공통의 심리를 진행하게 할 수 있는 관련성이 존재할 수 있다. 형사소송법 제3조에 따르면 그러한 관련성은 서로 다른 범죄가 동일인에 의해 범해진 경우, 수인이 동일한 범죄 내지 그에 *연결범죄(Anschlussdelikt*, 독일형법전에서 연결범죄는 범인비호죄(제257조), 형벌무효화죄(제258조), 장물죄(제259조), 자금세탁죄(제261조) 등과 같이 선행하는 본범에 사후에 관여하는 범죄를 말함: 역자 주)에 공범으로 가담한 것으로 공소제기된 경우, 또는 위 두 가지가 피고인 가운데 한사람에 대해 결합하여 존재하는 경우에 인정된다.

3. "유동적" 관할 (bewegliche Zuständigkeit)의 문제

72 기본법 제101조 제1항 제2문은 누구에게나 법률이 인정하는 법관에 의한 재판을 받을 권리를 보장하고 있다. 연방헌법재판소의 판례에 따르면 이와 같은 헌법보장의 취지는 구체적 사건과 연관되어 판결을 내려야 할 법관을 선택하도록 하면 법원의 판결의 내용에 영향을 미칠 수 있는 위험을 방지하고자 함에 있다.[84] 따라서 *입법자*는 다툼의 여지가 있는 모든 가능한 경우에 대해 재판 관할을 가지는 법관을 미리 정해두는 명백한 추상적-일반적 관할 규정을 마련할 의무를 가지고 있다.[85] 이러한 관점에서 보면 사건의 특별한 의미 때문에 검사나 연방검찰총장으로 하여금 지방법원(법원조직법 제74조 제1항 제2문 제3단) 내지 주고등법원(법원조직법 제120조 제2항)에 대해 공소를 제기할

---

84 BVerfGE 17, 294(299); 48, 246(254); 82, 286(296); 95, 322(327).
85 BVerfG NJW 2005, 3410.

수 있도록 허용하고 있는 규정들은 문제가 없지 않다.

연방헌법재판소는 그와 같은 규정들이 위헌은 아니라고 한다.[86] 중요한 사건을 보다 높은 상급법원에 할당하는 것은 형벌정의에 합치되는 것이지만, 이 경우에도 형벌의 양은 법정형의 범위 내에서만 결정되게 해야 한다고 한다. 따라서 사건이 특별한 의미가 있는 경우 불확정한 법적 개념을 통해 관할을 규정하는 것은 인정될 수 밖에 없다고 한다. 이렇게 하여도 법률에 의한 법관제도를 보장하는 헌법에 위반될 위험이 생기지 않는 것은 불확정 법적 개념에 대한 해석에 대해 사법적 통제(제209조)가 가능하기 때문이라고 한다. 하지만 학설[87]은 형사사건을 그 중함의 정도에 따라 분배하는 것은 이미 다른 조항들이 규정하고 있는 것이므로 위와같은 규정들이 불필요하다고 비판한다. 뿐만 아니라 법원이 자신의 관할을 자의적으로 거부할 위험도 존재한다고 한다. 학설의 비판이 타당하다.

4. 절차의 병합(Verbindung)과 분리(Trennung)

서로 다른 형사사건이 병합될 수 있는 경우는 *인적* 관련성(동일한 피고인)을 가진 서로 다른 형사사건 또는 (공범 또는 연결범죄로 인해) *사물* 관련성이 존재하는 경우이다(제3조). 이와 같은 절차의 병합은 예컨대 소송경제적인 이유(예, 동일한 증거조사)에서 인정될 수 있다. 마찬가지로 절차의 분리도 가능하다. 이에 관해 자세한 내용은 형사소송법 제2조, 제4조, 제13조에 규정되어 있다.

---

86 BVerGE 9, 223(226, 230); 22, 254(260).
87 *Herzog* StV 1993, 609; *Eisenberg* NStZ 1996, 265.

심급과 재판부의 구성

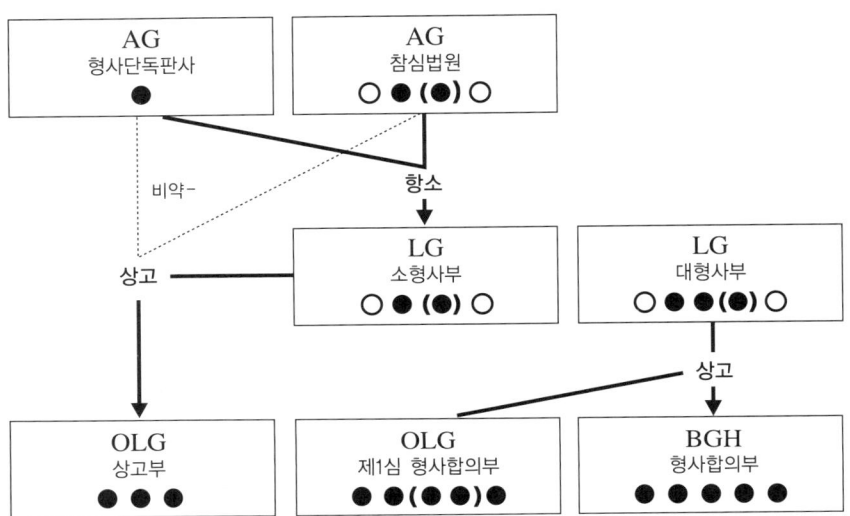

C. 법원인사(Gerichtperson)의 제척과 기피

연방헌법재판소는 구체적인 절차에서 선입견이 있는 것으로 의심되는 법원   **75**
인사(법관, 참심관, 문서담당공무원)는 사법의 불편부당성에 대한 신뢰를 유지하기
위해 재판해서는 안된다는 점을 기본법 제102조 제1항 제2호에서 도출하고
있다.[88] 형사소송법 제22조 이하는 이를 보장하기 위한 절차적 규정들이다.

I. 전제조건

법률에 의한 제척(Ausschließung)과 법원인사 스스로의 신청에 의한 기피   **76**
(Ablehnung)는 다음과 같이 구별될 수 있다.

1. 기소를 대리하는 측 내지 피고인을 대리하는 측과의 사이에 요구되는 거   **77**
   리(제22조 제1호-제4호) 또는 법원에 의해 평가될 증거방법과의 사이에 요구
   되는 거리(제22조 제5호)가 결여되어 있는 법관은 *법률에 의해 제척된다.* 이
   점은 상소심 또는 재심절차에서 불복된 재판에 관여하였던 법관에 대해
   서도 마찬가지이다(제23조).

2. *선입견의 우려는* 앞에서 언급한 제척사유 중의 하나가 존재하는 경우에   **78**
   만 인정되는 것은 아니다. 법관의 불편부당성에 대한 합리적인 피고인의
   불신을 정당화하기에 적합한 사정들도 기피신청의 근거가 될 수 있다(제
   24조 제2항). 기피신청을 위해서 법관에게 선입견이 있음을 실제로 입증할
   필요는 없다.[89] 합리적인 평가를 할 경우 법관의 선입견없음에 대한 *의구*

---

88 BVerfGE 21, 139(147f.).
89 BGHSt 1, 34(39).

심이 인정될 수 있는 것만으로 충분하다. 예컨대 법관이 소송관계인에게 인정된 권리를 거부하거나[90] 조롱섞인 발언을 하거나[91] 입증결과를 미리 예견하거나[92] 피해자 뿐 아니라 피고인과 특별한 친분성을 보이는 경우[93]가 그러한 경우에 해당할 수 있다. 이에 반해 편향성있는 언론보도를 읽거나[94] 피고인에 대해 형사고소를 제기한 것[95]만으로는 기피사유가 인정되지 않는다.

79   판례는 형사소송법 제23조에 규정되어 있는 사례 외에 사건에 대한 사전관여를 선입견우려사유로 인정하지 않는다. 제23조가 열거적인 규정이기 때문이라고 한다.[96] 하지만 이에 대해서 학설은 비판적인 태도를 취한다. 학설은 합리적인 피고인은 사건을 이미 한번 관여하였던 법관에 대해서 의심을 품는다고 한다. 심리학적으로 볼 때 법관은 이미 동일한 사건에 대해 형성한 인상과 다른 인상을 그 후의 다른 심리절차에서 얻는 것이 불가능하기 때문이라고 한다.[97] 학설의 태도가 타당한 것 같다. 개혁 형사소송법은 형사소추와 판결활동, 그리고 판결에 대한 재검토라는 과제들을 서로 구분하고 있다. 이러한 구분을 한 개의 동일한 사건에서 한 사람이 그 직무과제를 바꿔 다시 단일화시킴으로써 무력화시켜서는 안될 것이다.

---

90 OLG Zweibruecken StV 1996, 650.
91 BGH NStZ 2006, 49. 이는 모욕이 되는 경우에만 타당하다는 판결에 관해서는 BayObLG NJW 1993, 2948.
92 따라서 자백에 대한 약속을 할 경우 주의를 요한다는 판결에 관해서는 BGH StV 2002, 115f.
93 BGH StV 1986, 369.
94 BGHSt 22, 289(294f.).
95 BGH NStZ 1992, 290.
96 BVerG NJW 1971, 1029(1030); RGSt 59, 409(410): BGHSt 21, 142(145).
97 *Beulke* Strafprozessrecht, Rn. 74 이하.

II. 절차

1. 모든 소송관계인들[98]은 기피신청을 할 권리가 있다(제24조 제3항 제1문, 제397 조 제1항 제3호). 기피신청은 원칙적으로 당해 법관이 소속해 있는 법원에 대해 제기하여 소명해야 한다(제26조 제1항 전단). 기피신청이 구법원에 있 는 판사에 대해 이루어진 경우에는 구법원의 다른 판사가 결정한다(제27조 제3항 제1문). 형사소송법 제26조 제1항 제1문에 의해 결정하도록 요청받은 법원이 기피의 대상이 된 판사를 배제한 결과 그 법원이 결정능력이 없게 되면, 차상급 법원이 결정한다(제27조 제4항).

80

법률상의 제척사유를 이유로 한 기피신청은 언제나 가능하고, 선입견에 대 한 우려를 이유로 한 기피신청은 *기한내*에 이루어져야 한다. 후자의 기피 신청은 피고인에 대한 인정신문 시작 전까지 혹은 기피사유가 그 이후에 생기는 경우에는 그 사유를 알게 된 후 지체없이 이루어져야 한다(제25조 제2항 제1문 제2호). 기피신청은 서면의 형식을 요하지 않지만(제26조 제1항 제 2문), 기피사유와 기간에 맞게 신청하였음이 소명되어야 한다(제26조 제2항).

81

기피에 대한 결정이 다른 재판부의 권한이 아닌 한, 형사소송법 제26a조 에 따라 기피된 법관이 소속되어 있는 법원이 그 법관과 함께 그 기피신청 의 *허용성* 여부를 결정한다. 형사소송법 제26a조에 의해 그 신청이 허용 되지 않은 경우에는 신청이 *기각(verworfen)*되어야 한다.[99] 신청이 허용된 경우 법원은 기피된 법관 없이(제27조 제1항) 그리고 참심관도 없이(제27조 제 2항) 기피의 이유에 관해 판단한다. 신청이 이유없는 경우에는 *기각*되어 절차가 원래의 상태로 돌아가고, 이유있는 경우에는 기피된 법관은 절차

82

---

98 형사소송법 제100c조, 제103조에 따른 처분의 경우 제3자에 관해서는 BGH (ErmR) NStZ 2006, 584(585).

99 자의적인 각하에 관해서는 *Güntge* JR 2006, 363의 평석이 있는 BVerfG JR 2006, 382 참조.

에서 종국적으로 배제된다.

기피가 이유있는 것이라는 결정에 대해서는 불복할 수 없다(제28조 제1항). 이에 반해 기피가 이유없다는 결정에 대해서는 그 결정이 공판심리에서 내려진 것이 아닌 한, 즉시항고(sofortige Beschwerde)할 수 있다(제28조 제2항). 공판심리에서 이유없는 것으로 기각결정된 경우의 불복은 판결에 대한 불복과 함께 하여야 가능하다.

83 2. 형사소송법 제22조 이하의 제척사유는 법원이 직권으로 준수해야 한다. 그 사유의 존부에 대해 의문이 있을 경우 법원은 기피신청이 이루어졌을 경우와 동일한 방법으로 판단하여 결정해야 한다. 법관이 의무에 따라 자신에 대한 기피사유를 자진해서 신고한 경우(제30조), 법원은 기피신청이 제기되었을 경우와 마찬가지로 판단하여 결정한다.

D. 보론

Ⅰ. 유럽인권재판소(EGMR)는 모든 동맹국이 파견한 판사의 합의체로 구성   84
된다(유럽인권협약 제20조). 현재는 46인의 판사로 구성되어 있다. 유럽인
권재판소는 특히 유럽인권협약 제34조 이하에 따라 인권침해를 주장
하는 개인의 소원(Individualbeschwerde)에 대해 관할권을 가진다. 유럽
인권재판소는 침해를 확인만 할 수 있지만, 경우에 따라 정당한 보상을
선언할 수도 있다(유럽인권협약 제41조). 독일에서는 유럽인권재판소의 판
결이 재심의 대상이 될 수 있다(제359조 제6호).

Ⅱ. 유럽재판소(EuGH)는 각 회원국당 한 명씩 파견하는 판사의 합의체로 구   85
성된다(EGV 제221조). 현재의 판사는 27인이다. 독일의 각 최종심 관할법
원은 선결문제에 대한 판단을 위해, 특히 형사사건에 관한 사법공조영
역에서의 협약을 해석하기 위해 유럽재판소에 먼저 질의를 해야 한다
(EuGHG 제1조 제1항, 1998.8.6(BGBl, Ⅰ 2035).

Ⅲ. 국제형사재판소(IStGH)는 로마조약 제5조에 규정된 국제범죄에 대해 그   86
조약국들이 소추할 수 없거나 소추하려고 하지 않을 경우에 관할권을
가진다. 형사소송법 제153f조에 따라 절차를 국제형사재판소에 이송할
수 있다.

독 일 형 사 소 송 법

4

소송관계인

검찰과 그 보조인

피의자

변호인

A. 검찰과 그 보조인

87　검찰(Staatanwaltschaft)은 수사를 주재한다(제161조 제1항). 법원조직법 제152조 제1항에 의하면 법원조직법 제152조 제2항의 위임에 의해 주 정부가 제정한 법규(명령)에 의해 임명된 경찰관들은 수사관(종래에는 검찰의 협력공무원이라 불리웠음)으로서 검찰의 하위에 있다.[100] 이들이 검찰의 하위에 있다는 것은 조직상의 의미가 아니라 기능적으로 그렇다는 의미이다. 형법시행법 제294조에 따라 만들어진 법원보조인(Gerichtshilfe)도 수사보조인의 역할을 수행한다(제160조 제3항 제2문).

Ⅰ. 검사

1. 임무, 조직, 지위

88　a) 검찰은 *기능적인 관점*에서 볼 때 수사절차의 주도자이다(제161조 제1항). 검찰은 중간절차와 공판절차에서 공소제기의 대표자이고(제170조 제1항, 제226조, 제243조 제3항), 집행기관으로도 기능한다(제451조 제1항). 뿐만 아니라 검찰은 형사소송법 제492조 이하에 의해 절차를 기록하는 일에 협력하고, 법원조직법시행법 제12조 이하에 따른 통지의무도 수행한다. 이 통지의무는 형사사건에서의 통지에 관한 지침(MiStraA)에서 구체화되어 있다.(독일 형사소송법은 수사, 공소 그리고 형집행의 지휘 주체를 우리나라와 같이 검사로 규정하고 있지 않고 검사들 전체의 조직체인 검찰로 규정하고 있다.: 역자 주)

89　b) 검찰의 조직과 책무는 법원의 조직과 책무에 상응하게 되어 있다. 법원

100　*Meyer-Goßner* § 152 GNG Rn. 6에 출처가 있음.

조직법 제141조에서 143조까지의 규정이 이에 관해 규정하고 있다. 연방 차원에서 *연방검찰총장(Generalbundesanwältin)*이 있는 연방검찰은 조직 의 정점에서 연방재판소에 계속(係屬)되는 모든 형사사건에 대한 공소를 대리한다(법원조직법 제135조, 제121조 제2항). 뿐만 아니라 연방검찰은 주고등 법원이 제1심 관할이 되는 모든 주와 주 간의 사건에 대한 소추기관이 된 다(법원조직법 제120조, 제142a조).[101] 주에서는 *주검찰총장(Generalstaatsanwalt)* 이 그 하위에 있는 검사들과 함께 항소사건에 대해 공소를 유지하고 주 고등법원이 제1심 관할이 되는 주와 주 간의 형사사건이 아닌 모든 형사 사건에 대해 공소를 제기한다. 지방검찰청 검사장(Leitender Oberstaat- sanwalt)을 정점으로 하는 *검찰*은 주 법원의 관할사건인 모든 제1심 사건 과 제2심 사건에 대한 소추를 담당한다(GVG 제142조 제1항 제2호). 검찰은 *구검사(Amtanwalter*, 부검사로도 번역되는 독일의 구검사는 구법원의 관할사건인 경 미사건을 처리하는 자로서 검사와는 달리 전문대학을 졸업한 후 별도의 시험을 거쳐 임 명되는 국가공무원이다. 오늘날 독일에서는 종래의 구검사의 역할을 검사가 담당하여 구 검사의 기능이 축소일로에 있다고 한다: 역자 주)가 주 법에 따라 형사사건의 소 추를 하지 않는 한, 구법원 차원에서의 기소도 대리한다(법원조직법 제142 조 제1항 제3호).

c) *조직적*으로 검찰은 법원에 대해 독립적이다(법원조직법 제150조). 검찰은 동   **90** 일체조직이고(법원조직법 제144조), 피라미드 계층구조를 가지고 있다(법원조 직법 제146조). 이 말의 의미는 모든 검사 개개인이 자신의 기관장(연방검찰 총장, 주검찰총장 또는 지방검찰청 검사장을 말함: 역자 주)의 대리인이고, 그에 따 라 기소법정주의의 한도 내에서 그 기관의 내부 지시에 구속된다는 의미 이다(법원조직법 제146조). 검찰조직의 각 기관장은 사건을 자신이 처리할 권 한(Devolutionsrecht: 직무승계권)을 가지고 있거나 사건을 다른 검사에게 위

---

101 다른 주와 연관성 있는 범죄의 경우 소추권한에 관해서는 BGH NStZ 2007, 117(118).

임할 권한(Substitutionsrecht: 직무이전권)을 가진다(법원조직법 제145조). 내부 지휘권은 연방검사에 대해서는 연방검찰총장이 가지지만, 주에서는 주 고등법원관할의 모든 검사에 대해서는 주검찰총장이 내부지휘권을 가지고 지방법원의 관할의 모든 검사(Staatsanwalt)와 구검사(Amtanwalt)에 대해서는 지방검찰청 검사장이 가진다. 이와 같은 *내부지휘권*은 각 주의 법무부장관의 *외부지휘권*에 의해 보충된다(법원조직법 제147조 제1호 및 제2호). 주법무부장관에게 직무이전권은 인정되지만 직무승계권은 인정되지 않는다.

2. 형사절차에서의 지위

91 a) 검찰의 조직은 행정기관처럼 되어 있다.[102] 하지만 기소법정주의에서 나오는 임무를 기초로 하여 볼 때 검찰은 독립된 *사법기관(ein selbständiges Organ der Rechtspflege)*이다.[103] 따라서 검찰은 단순히 기소에 유리한 증거들만 수집해야 할 당사자가 아니다. 오히려 직권주의(Instruktionsmaxime)는 검찰로 하여금 피의자에게 유리한 사실도 수사할 것을 요구한다(제160조 제2항).[104] 기소법정주의에 따라 검찰은 충분한 범죄혐의가 존재하지 않을 경우에는 기소해서는 안된다(제170조 제2항). 검찰은 의심이 있을 경우에는 무죄주장도 해야 한다(형사절차 및 벌과금부과절차에 관한 지침 제139호 참조). 검찰은 피고인에게 유리한 증거방법도 제출할 수 있고(제296조 제2항), 심지어 형사절차 및 벌과금부과절차에 관한 지침 제147호에 따르면 피고인에게 유리한 증거방법을 제출해야 할 의무를 부담한다. 검찰이 실제로는 이러한 의무를 형사소추기관의 관점에서 해석하여 대응할 것이라는 점은 별개의 문제이다.

---

102 BVerGE 103, 142(156).

103 BGHSt 24, 170(171). 제한적으로 *Beulke* Strafprozessrecht, Rn. 88 이하에서 자웅동체적 지위(Zwitterstellung)라고 표현하고 있다.

104 이에 관한 자세한 내용은 *Keller* ZStW 118(2006), 389(394ff.).

b) 검찰이 최고법원의 판례와는 다른 태도를 취하여 스스로는 불가벌이라고   92
   판단하는 행위에 대해서도 공소를 제기할 의무가 있는지에 대해서는 논
   란이 있다. 연방재판소[105]와 일부 학설[106]은 이에 대해 긍정적인 태도를
   취한다. 이에 의하면 기소법정주의는 형벌법규에 대한 위반이 있는 경우
   에는 의무적으로 공소를 제기할 것이 요구된다. 법률의 해석에 관해서는
   법원만이 구속력 있는 지위에 있는 것이고(기본법 제92조), 법의 통일성은
   법원의 심급제도를 통해서만 유지될 수 있을 것이라고 한다. 만약 검찰이
   자신의 법적 견해에 따라 공소를 제기하지 않을 수도 있다고 한다면, 모든
   시민이 법 앞에 평등하다는 평등권(기본법 제3조 제1항)이 위태롭게 될 수도
   있을 것이라고 한다.

이에 반해 학설상 널리 인정되고 있는 견해는 검찰이 선판례에 구속될 필요가 없   93
다고 한다.[107] 이에 의하면 법원조직법 제150조에 따를 때 검찰은 법원에 독립되
어 있다고 한다. 절차중단의 경우는 법원의 판결이 아니기 때문에 권력분립원칙
에 대한 위반도 존재하지 않는다고 한다. 공소제기의 문제에서는 무엇보다도 개
별사건의 정의가 문제되는 것이지 법적 통일성의 유지가 문제되는 것이 아니라
고 한다. 모든 검찰은 각 주의 법무장관의 감독하에 있고 의회의 통제하에 있기
때문에 형사법이 검찰의 자의에 의해 방해를 받게 될 것이라는 점에 대해 우려할
필요가 없을 것이라고 한다. 확립된 판례가 될 수 있는지는 언제나 다투어질 수
있는 것이라고 보는 것이 옳다고 한다.

연방재판소와 일부 학설의 견해가 타당하다. 법원과 검찰은 조직적으로 분리되   94
어 있기 때문에 수사활동과 판결활동도 구분된다. 다시 말해 검찰의 활동은 사실

---

105 BGHSt 15, 155(158f.).
106 KK-StPO/*Schmidt* § 170 Rn. 6 이하; *Beulke* Strafprozessrecht, Rn. 90.
107 SK-StPO/*Wesslau* § 152 Rn. 22; *Fezer* Strafprozessrecht, Rn. 2/33-35; *Roxin* Strafver-
     fahrensrecht, § 10 Rn. 12.

문제가 관건인 반면 검찰이 판례에 구속될 경우에는 법률문제가 관건이 된다. 법률문제에서의 다툼의 종국적인 판단은 법원만이 하도록 되어 있다. 절차를 중단시키는 일이 판례가 할 일은 아니다. 하지만 절차의 중단은 판례가 그 행위를 가벌적인 것으로 보고 있음에도 불구하고 법원이 그 사건을 전혀 다룰 수 없도록 저지하는 역할을 한다. 기소법정주의의 의의는 바로 이렇게 되는 것을 막는데 있다. 이에 반해 법무부장관이 의회에 대해 책임을 지는 경우도 있지만 이는 실무상 교정장치의 역할을 거의 하지 못한다. 형벌법규의 해석에 관해 토론하는 것은 연방의회의 임무가 아니고 주의회의 임무는 더 더욱 아니다. 통일적인 법적용의 보장은 법원만이 그 심급제도를 가지고 할 수 있다. 공소제기여부에 관한 결정이 개별적 정의의 문제이긴 하다. 하지만 그 결정에서 관건이 되는 것은 사실문제의 해명이다. 검찰은 판례에 구속되지만 충분한 범죄혐의가 존재하는지의 여부에 관해서는 여전히 검찰이 독자적으로 판단할 재량을 가지고 있다.

95 반대로 검찰이 판례의 입장과 상반되게 어떤 행위를 스스로 *가벌적인* 것으로 판단하는 경우는 달리 생각할 일이다. 이 경우는 검찰은 공소를 제기해도 무방하다.[108] 왜냐하면 그렇지 않을 경우 일단 확립된 판례에 대한 변경이 불가능하게 될 것이기 때문이다. 이 경우 공판개시결정(제203조)이 기소된 자(Angeschuldigte)에 대해 충분한 보호수단이 될 수 있다.[109]

96 c) 법원조직법 제146조에 의하면 모든 검사는 그 상급자의 지시(Weisung)에 복종하도록 되어 있다. 하지만 기본법 제20조 제3항에 의하면 이러한 지시들은 법률에 합치하는 경우에만 구속력이 인정된다. 여기서 기소법정주의 때문에 지시의 내용이 될 수 있는 범위는 공법의 다른 영역에 비해 훨씬 좁다. 그에 따라 사건에 관련된 검사의 개인적 책임이 훨씬 더 높고, 형법 제258a조(공무상처벌방해죄: 역자 주), 형법 제344조(책임없는 자 등에 대한

---

108 KK-StPO/*Schmidt* § 170 Rn. 7; *Meyer-Goßner* Vor §141 GVG Rn. 11.
109 *Beulke* Strafprozessrecht, Rn. 89.

형사소추죄: 역자 주)에 따른 형사책임이 인정되기도 한다.

이 점은 특히 증거평가의 문제가 관건인 경우 더욱 그러하다. 왜냐하면 공   97
판심리는 직접주의에 의해 지배받고, 더구나 모든 증거평가에는 개개인
의 심증 형성활동이 들어 있는 것이므로 공판검사(Sitzungsvertreter)는 상
급자의 지시에 구속을 받을 수 없기 때문이다.[110] 이러한 점은 수사절차
에 사전적으로 일정한 영향력을 미친다. 충분한 범죄혐의의 인정도 서류
의 내용을 개인적으로 인식하는 것을 전제로 하고 일신전속적인 심증형
성의 요소를 포함한다. 따라서 여기서도 상급자의 지시권은 일정한 한계
에 부딪치게 된다. 따라서 상급자가 하급자의 결정에 동의를 하지 않을 경
우에는 지시를 내리는 대신에 직무승계권 또는 직무이전권을 행사하지
않을 수 없게 된다.[111]

법률문제와 관련하여서는 사정이 다르다. 검사가 대표할만한 일정한 법   98
적 견해를 기초로 삼도록 지시를 받을 경우에는 그 지시에 응해야 한다.
검사가 그 지시와 상이한 자기 자신의 독자적인 법적 견해에 따라서는 안
된다. 이경우 검사는 연방공무원법(BBG) 제56조 제2항과 공무원의 권한
범위에 관한 법률(BRRG) 제38조 제2항에 따라 자신의 직접 상급자에게 이
의를 제기하는 수 밖에 없다.[112] 상급자가 이의를 받아들이지 않고 원래
의 지시를 재확인하면 검사는 그것이 형사처벌의 대상이 되는 행위나 질
서위반적 행위를 하게 되는 것이 아니거나 또는 인간의 존엄에 반하는 행
위를 하게 되는 것이 아닌 한 원칙적으로 그 지시를 수행해야 한다.[113]

---

110 *Beulke* Strafprozessrecht, Rn. 86; *Fezer* Strafprozessrecht, Rn. 2/23.
111 *Beulke* Strafprozessrecht, Rn. 85; *Kühne* Strafprozessrecht, Rn. 140.
112 *Fezer* Strafprozessrecht, Rn. 2/22.
113 KK-StPO/*Schoreit* § 146 GVG Rn. 11 이하.

3. 제척과 기피

99 검찰은 객관의무를 진다. 검찰은 형사절차가 실체적으로 정당한 판결로 귀결되도록 해야 할 임무를 진다. 그 때문에 선입견을 가진 검사를 어떻게 해야할지가 문제된다.

100 증인으로서 신문을 받는 검찰의 공판검사는 형소법 제22조 제5호가 유추되어 자신의 역할이 증인으로서의 진술과 불가결한 연관성을 가지는 경우에한하여 제척된다는 점에 대해서는 이견이 없다.[114] 따라서 그 검사는 예컨대변론에서 자기가 행한 진술에 대해 평가를 내려서는 안된다. 그 밖의 경우에는 여전히 논란이 있다. 연방의 주 가운데 일부(니더작센주, 바덴뷔르텐베르크주)는 주 법률을 제정하여 검사에 대해 적용할 수 있는 형소법 제22조 이하에 상응하는 제척규정들을 가지고 있다. 이에 따르면 선입견을 가진 검사는 제척되어야 한다. 그 밖에 경우에는 다음과 같다:

101 법원이 검찰 기관장으로 하여금 사건을 회피하도록 영향력을 행사할 의무를 스스로 진다는 점에 대해서는 이견이 없다.[115] 피고인이 기관장으로 하여금 검사를 교체하도록 요구할 권리를 가진다는 점에 대해서도 이견이 없다.[116] 그럼에도 불구하고 연방재판소는 그와 관련한 신청권을 인정하고 있지 않다. 더 나아가 연방재판소가 선입견을 가진 검사의 관여를 상고이유로라도 인정할 것인지에 대해서도 미지수이다.[117] 이를 긍정하더라도,[118] 제1심 법원에서는 선입견 있는 검사를 배제할 방법이 없다는 문제가 여전히 남는다. 뿐만 아니라 모든 사정을 안다는 전제에서 보면 결국 피고인의 상고를 파기

---

114 BGH NStZ 1994, 194; 에서 단순한 기술적인 경과에 관한 언명과 관련하여 제한적으로 BGH NStZ-RR 2001, 107.
115 LG Mönchengladbach StV 1987, 333. 이에 관한 의문은 *Beulke* Strafprozessrecht, Rn. 96.
116 BGH bei Miebach NStZ 1989, 14.
117 BGH NStZ 1991, 595.
118 *Pawlik* NStZ 1995, 309.

하게 될 판결이 내려질 수도 있기 때문에,[119] 이러한 방법도 만족할만한 해결이 되지 못한다. 여기서 형사소송법 제226조 제1항을 유추적용하여 마치 검사가 재정하지 않은 것처럼 취급하는 방법, 그리고 따라서 형사소송법 제229조의 기간 내에 선입견 있는 공판검사를 선입견 없는 다른 동료검사로 대체할 기회를 줄 수 있도록 공판절차를 중단하는 방법을 고려해 봄직하다. 하지만 이렇게 하려면 법적 안정성을 위해서 입법론상의 조치가 없으면 안된다.

II. 경찰

1. 검찰은 범죄수사를 위해 모든 공적 기관, 무엇보다도 경찰을 이용할 수 있 **102**
   다(제161조). 경찰은 조직상으로는 내무부에 속해있지만,[120] 형사절차상 기능적으로는 검찰의 하위에 있다. 이에 따라 경찰은 한편으로는 스스로 범죄행위를 조사하여야 하고(제163조), 다른 한편으로는 범죄에 대한 소추를 위한 수사에 따라 검찰의 지휘를 받아야 한다.[121] 이 경우 법률은 검찰을 보조하는 *수사관(Ermittlungsperson)*인 경찰(주법의 규정[122]에 따라 경장Polizei-bzw. Kriminalhauptwachtmeister부터 수사관이 될 수 있음. 법원조직법 제152조 제2항 참조)과 그 밖의 경찰로 구분된다. 형사소송법은 수사관인 경찰에게 절차상의 강제처분을 명하기 위한 광범위한 긴급권한을 부여하고 있다.

2. 법률상의 체계에 따르면 경찰의 독자적인 활동은 초동수사에 제한된다[제 **103**
   163조 제1항 제1문(경찰과 경찰관은 범죄를 조사하여야 하고 사건이 미궁에 빠지지 않도록 즉각적인 지시를 내려야 한다: 역자 주)]. 그 이후의 수사의 진행은 검찰의 소임이 된다[제163조 제2항 제1문(경찰과 경찰관은 조사하여 판단내린 내용을 지체없이 검찰에 송치하여야 한다: 역자 주)]; 하지만 그 동안에 경찰이 명할 수 있

---

119 *Beulke* Strafprozessrecht, Rn. 97; *Fezer* Strafprozessrecht, Rn. 2/31.
120 경찰의 조직에 관한 자세한 내용은 *Krey* Deutsche Strafverfahrensrecht I, Rn. 189ff., 213ff.
121 *Beulke* Strafprozessrecht, Rn. 104ff 참조.
122 주의 법규정들에 대한 열거는 *Meyer-Goßner* § 152 GVG Rn. 6. 참조.

는 절차상의 강제처분의 종류들을 열거해 보기만 해도 경찰과 검찰의 이러한 관계가 실무에서는 거의 거꾸로 되어 있음을 알 수 있다. 대부분의 경우 경찰이 사실관계를 완전히 수사하여 검찰로 송치한다.[123]

104   3. 형사소송법 제163조 제1항 제2문(이러한 목적을 위해 경찰과 경찰관은 모든 관청에 대해 정보를 요청하거나 지체의 위험이 있는 경우 그 정보를 요구하거나, 다른 법률의 규정이 그 권한을 별도로 규정하고 있지 않는 한, 모든 종류의 수사에 착수할 수 있는 권한이 있다: 역자 주)에 의하면 경찰은 모든 종류의 수사에 착수할 수 있다. 물론 이러한 권한은 수사처분들에 대해 강화된 조건을 요구하는 특별한 법률 규정이 존재하지 않으면 보충적으로만 인정될 수 있다(아래 Rn. 225 이하). 더 나아가 형사소송법 제163조 제1항 제2문에 의거할 수 있는 것은 특별한 법률에서 규정된 절차상의 강제처분 보다 당사자의 기본권을 침해하는 정도가 약한 그러한 수사처분들에 국한된다. 특히 기술적 수단에 의하지 않은 단기간의 관찰(Observation)이 그러한 처분의 종류에 해당한다.[124]

105   4. 형사소송법 제161조 제2항, 100d조 제4항 제3호에 의하면 경찰은 형사절차에서도 예방적 목적에서 획득된 인적관련 정보들을 이용할 수 있다.

III. 보론

106   유럽연합 회원국들 간의 검찰공조는 유로저스트(*Eurojust*)가 조정하는 역할을 하고(EUV 제31조 제1항, 제2항), 사법경찰의 공조는 유로폴(*Europol*)이 조정한다(협약, BGBl. 1988 II S. 2150).

---

123 이에 관한 자세한 내용은 *Kühne* Strafprozessrecht, Rn. 135ff. 여기서는 경찰이 수사절차에서 "사실상의" 지배권을 행사하고 있다고 말하고 있다.
124 BT-Drs. 14/1484, S. 20(23).

B. 피의자

I. 피의자 개념

형사소송법 제157조는 기소된 자(Angeschuldigte)와 피고인(Angeklagte)의 개념에 대해서는 정의하고 있지만(제 157조는 Angeschuldigte를 공소가 제기되어 있는 피의자, Angekagte를 공판절차의 개시가 결정되어 있는 피의자 또는 기소된 자로 정의하고 있음: 역자 주), 피의자(Beschuldigte)라는 기본 개념에 대해서는 정의를 내리고 있지 않다.

1. 연방재판소[125]와 학설의 일부[126]는 형식적인 *피의자 개념*을 기초로 삼고 있다. 이에 의하면 단순히 혐의가 있는 것만으로는 누구도 피의자가 되지 않고, 단순한 혐의 외에도 어떤 자에 대해 일정한 형사절차를 진행시키기 위한 형사소추기관의 주관적 의사활동(Willensakt)이 있어야 한다고 한다.[127] 형사소추기관이 피의자에 대해서만 허용되는 수사처분을 부과함으로써 암묵적으로도 피의자로 인정될 수 있다고 한다.[128] 형사소추기관이 혐의자에 대해 구체적 초기혐의를 두고 있는 경우에는 그를 형식적으로 피의자라고 인정해야 할 것이지만,[129] 이 경우 수사기관은 판단여지를 가질 수도 있다고 한다.[130] 하지만 형사소추기관이 목표를 가지고 혐의자에 대해 절차를 진행시키면서도 그 혐의자가 묵비권을 행사하는 것을 피해가기 위해 의식적으로 그를 피의자라고 선언하지 않는 것이라면 그를

---

125 BGHSt 10, 8(12); 37(51).
126 *Beulke* Strafprozessrecht, Rn. 111 이하.
127 BGHSt 10, 8(11f.); 38, 96(98); BGH NStZ 1984, 464.
128 BGHSt 38, 214(228); BGH NJW 2003, 3142; 이에 찬성하는 *Rogall*의 평석이 있는 BGH NStZ 1997, 398.
129 BGH StV 1988, 441.
130 BGHSt 37, 48(52); 38, 214(228); BGH NStZ 1995, 410.

피의자로 인정하여야 한다고 한다.[131]

109   2. 이에 반대하는 학설은 *실질적 피의자개념*을 주장한다. 이에 따르면 모든 혐의자는 그에 대해 일정한 절차가 진행되는지의 여부와 상관없이 피의자로 인정되어야 한다고 한다.[132]

110   3. 원칙적으로는 제1설이 타당하다. 실질적 피의자개념이 혐의자를 폭넓게 보호해주는 장점이 있지만, 형사소송법 제55조, 제60조 제2호는 혐의있는 증인도 진술거부권 없이 진술을 해야 한다는 점을 출발점으로 삼고 있기 때문이다. 더 나아가 조세법(AO) 제397조 제1항에 기초되어 있는 법사상도 피의자의 지위를 근거지우기 위해서는 일정한 자에 초점을 맞춘 수사행위가 요구된다는 점을 인정하고 있다.[133] 물론 판례의 형식적 관점에 따르면 일정한 형사절차에서는 피의자성을 인정할 근거가 있다고 하면서도 다른 자에 대한 다른 형사절차에서는 동일한 절차적 행위를 가지고 피의자성을 부정하게 되기 때문에 지나친 점이 없지 않다.[134] 이렇게 되면 어떤 혐의자에 대해 오로지 합목적적인 이유만 가지고(제2조 제2항 참조) 피의자성을 박탈하여 그에 대해 진술을 강요하거나 그 밖에 압수할 수 없는 물건을 압수보전하게 될 위험이 생기게 된다.[135] 수사절차는 어느 누구라도 진실발견의 단순한 수단으로 만들어서는 안되기 때문에 일정한 형사절차에 제한하지 않고 이른바 *형식적-실질적 피의자 개념*에 따라 피의자성을 인정하는 것이 타당하다.[136]

---

131 BVerfG StV 2001, 257; BGHSt 10, 8(12); BGH NStZ 1995, 410(411).

132 *Roxin* Strafverfahrensrecht, § 26 Rn. 5 이하. 이에 관해 자세하게는 SK-StPO/*Wohlers* § 163a Rn. 37.

133 *Kindhäuser* Strafprozessrecht, § 6 Rn. 7, 10 이하.

134 BGH StV 1984, 361. 제한적으로 BGHSt 24, 257(259); BGH NJW 2005, 2166에서는 과거 피의자였던 적이 있는 자는 유죄의 확정판결이 있기 전 자기 자신의 범행가담과 무관한 사정에 관해서만 증인으로 신문받을 수 있다고 한다.

135 *Rudolphi* NStZ 1998, 472의 평석이 있는 BGHSt 43, 300(304)도 그와 같은 압수를 허용될 수 없는 것으로 본다.

136 *Beulke* Strafprozessrecht, Rn. 185, 111 이하.

II. 피의자의 의무

피의자는 능동적으로 절차에 참여해야 할 의무를 지는 것은 아니지만, 절차 111
에 의해 특별한 수인의무가 부과된다.[137] 피의자에 대해서는 범죄혐의가 존
재하기 때문에 사법정형적인 방법으로 진실을 규명하는 것을 감내해야 한
다. 절차를 모면하거나, 증거를 흐리게 하거나 제재가능성을 수포로 만들 위
험이 있는 경우에는 허용되는 절차상의 강제처분을 받아야 한다. 더욱이 피
의자는 수사판사(제133조)나 검찰(제163a조 제3항 제2문)의 신문에 응할 의무도 진
다. 뿐만 아니라 피고인은 원칙적으로 공판심리절차에 출석해야 할 의무가
있다(제231조 제1항 제1문). 피의자가 이 의무를 수행하지 않을 경우 강제 구인
을 받아야 한다(제134조, 제135조, 제163a 제3항 제2문, 제230조 제2항). 이 점은 피의자
가 사건에 대해 진술하지 않을 것을 미리 밝힌 경우에도 마찬가지이다.[138]

III. 피의자의 권리

1. 방어권

a) 피의자가 증거방법이 될 수도 있고 피의자의 행태가 증거방법이 될 수도 112
있지만(제81a조 이하, 제133조 참조), 피의자 및 피의자의 행태가 증거방법으로
사용될 경우 과잉금지원칙이 준수되어야 한다.[139]

b) 더욱이 피의자는 자기부죄금지원칙에 따라 자기 자신의 유죄인정에 적극 113
적으로 협력하도록 강제되어서는 안된다(Rn. 38이하 참조).
이에 따라 피의자는 신문을 받을 때 진술거부권이 인정되고 그에게 진술

---

137 BGHSt 45, 367(368).
138 이에 반대하는 입장을 취하는 *Welp* JR 1994, 37의 평석이 있는 BGHSt 39, 96(98).
139 BVerGE 17, 108(117ff.).

거부권이 있음을 고지 받아야 한다(제136조 제1항 제2문). 따라서 묵비할 의사를 굴복시키는 신문주체의 모든 행위는 형사소송법 제136a조 제1항 제1문에 의해 허용되지 않는다. 이에 위반하면 형사소송법 제136a조 제3항 제2문에 따라 증거사용이 금지된다. 이른바 목소리사건 또는 공동청취사건(Stimmen- oder Mithörfalle)에서 금지되는 기망에 대해 증거능력이 부정되었다.[140]

114   c) 피의자의 진술거부권이 직권에 의한 신문 이외에도 인정된다면 그 범위는 어디까지인지가 문제된다.

115   ⓐ 먼저 예컨대 사설탐정과 같은 *사인에 의한 질문*의 경우 혐의자는 애시당초 진술할 의무가 없다는 것은 당연하다. 피의자가 진술을 강요당하면 질문하는 사인은 형법 제240조 제1항(강요죄: 역자 주)에 의해 형사처벌될 수 있다. 그럼에도 불구하고 판례는 그와 같이 획득된 증거방법의 증거능력을 부정하는 일에 매우 소극적이다. 지금까지 확립된 것은 혐의자가 인간존엄에 반하여 형사소송법 제136a조 제1항에 기술된 방법들 가운데 하나로 진술하게 된 경우이어야 형사소송법 제136a조 제3항 제2문이 유추적용된다는 사실 뿐이다.[141] 이점은 외국의 공무원에 의한 신문의 경우에도 마찬가지이다.[142]

116   ⓑ 자신의 행위가 공무적 성격을 가진다는 것을 숨기는 일이 법적으로 허용되어 있기 때문에, 이러한 경우에도 판례는 사인에 의한 질문의 경우와 마찬가지로 고지의무가 인정되지 않는다는 점을 출발점으로 삼는다.[143] *잠입 수사관*(VE)의 투입이 형사소송법 제110a조에 의해 허용되는 경우에는 잠입 수사관은 공무적 성격

---

140 BGHSt 34, 39(45); 제한적으로 BGHSt 40, 66(70ff.)에서는 동의서명과 배치되는 의사가 기망에 의한 것이어야 증거능력이 부정된다고 한다.

141 이에 찬동하는 *Hanack* JR 1999, 348; *Roxin* NStZ 1999, 149의 평석과 찬동하는 *Jahn* JuS 2000, 441의 논평이 있는 BGHSt 44, 129(136f.). 경찰이 정보원을 투입하여 피의자의 진술을 유도하는 경우에도 마찬가지임. *Fezer* JZ 1987, 937; *Seebode* JR 1988, 427의 평석이 있는 BGHSt 34, 362.

142 HansOLG Hamburg NJW 2005, 2327.

143 *Rieß* NStZ 1996, 505; Roxin NStZ 1997, 18의 평석이 있는 BGHSt (GS) 42, 139(145).

을 미리 알려줄 필요 없이 혐의자에 대해 질문할 수 있다.

ⓒ 연방재판소에 의하면 국가가 사인으로 하여금 피의자의 자백을 이끌어내도록 **117**
한 이른바 청취사건(Hörfalle)에 대해서, 이 일이 범죄사건의 규명을 위해 매우 중
요한 일로 요구되는 경우에는 형사소송법 제136조가 적용되지 않는다고 한
다.[144] 질문이 공무적 성격을 가지는 것임을 알리는 일은 피의자가 강제로 응대
할 필요가 없다는 점을 자각시키기 위한 목적만 가지는 것인데, 사인에 대해 속마
음을 털어놓는 자는 그에 대해 진술할 의무가 없다는 점을 알면서도 진술하는 것
이기 때문이라고 한다. 뿐만 아니라 형사소송법 제110a조 제1항로부터 형사소송
법이 중대범죄(Straftaten von erheblicher Bedeutung)의 경우(1. 불법 마약류 또는
무기거래, 통화 또는 유가증권 위조 분야 2. 국가안보사건(법원조직법 제 74a조, 제120
조) 분야 3. 영업적 내지 직업적으로 또는 4. 단체의 구성원에 의해서 또는 그 밖의 방법
으로 조직적으로 범해진 범죄를 의미한다: 역자 주)에는 비밀리에 정보를 캐내는 것
을 허용하고 있다는 점을 도출할 수 있다고 한다.[145] 이에 반해 학설은 청취사건
에 대한 법원의 태도가 사인을 내세워서 피의자로 하여금 자기부죄를 하도록 기
망하는 목적에 이용되고 있을 뿐이라고 반박하고 있다. 따라서 제136조[146] 내지
제136a조[147]를 유추적용할 것이 요구된다고 한다. 후자의 견해가 타당하다.

ⓓ 다른 법영역에서 정보제공의무가 인정되고 있고 이러한 의무부여가 국가의 **118**
형벌청구권이 아닌 다른 법익들에 대한 보호에 기여하는 것이라면, 피의자는 정
보를 제공해야 하고 그로써 자기부죄하게 될 위험도 감수해야 한다.[148] 이로써
생기게 되는 법익충돌은 연방헌법재판소에 의하면 이 방법으로 획득된 정보를
형사절차에서 원칙적으로 피의자에게 불리하게 사용되어서는 안된다는 식으로

---

144 반대하는 *Roxin* NStZ 1997, 18의 평석이 있는 BGHSt (GS) 42, 139(149). 전화도청사례에서 기
  본권의 제한이라는 관점의 BVefGE 106, 28(35ff.) 참조.
145 경찰이 법률상의 요건을 준수하지 않고 사인으로 하여금 대화를 녹음하도록 한 것은 유럽인권협약
  (EMRK) 제8조의 위반이라고 주장한 *Gaede* StV 2004, 46의 평석이 있는 EGMR StV 2004, 1(1ff.).
146 같은 견해로는 *Beulke* Strafprozessrecht, Rn. 481 g.
147 같은 견해로는 *Fezer* NStZ 1996, 289.
148 BVerfGE 56, 37(42).

해결되어야 한다고 한다. 입법자는 파산법(InsO) 제97조 제1항 제2문, 제3문과 조세법 제293조 제1항 제1문을 제정함으로써 이에 보조를 맞추었다.

2. 적극적 참여권

119   a) 피의자는 형사소송법 제230조 제1항에 의하면 공판절차에서는 원칙적인 출석권(*Recht auf Anwesenheit*)을 가지고 있는 반면(Rn. 388이하 참조), 수사절차에서는 형사소송법 제168c조, 제168d조에 따르면 법관의 신문이나 검증 등이 있는 경우에만 피의자에게 이러한 권리가 인정된다. 공판정에서의 출석권을 침해하는 경우 형사소송법 제338조 제5호의 절대적 상소이유가 되듯이, 수사절차에서의 법관의 신문 등에 참여를 불허한 경우에는 그렇게 획득된 증인의 진술만을 가지고 피의자의 유죄인정의 근거로 삼을 수 없다.[149]

120   b) 형사소송법은 피의자에게 형사소송법 제33조 이하에서 일반적인 *법적 청문권(das Recht auf rechtliches Gehör)*을 인정하고 있다. 반면에 이에 관한 보다 특별한 규정들인 형사소송법 제115조, 제118조, 제128조, 제163a조, 제175조는 수사절차에서의 다양한 상황에 대해 적용되고, 형사소송법 제201조 제1항 제2항 제1문, 제219조, 제243조, 제244조 제3항과 제4항, 제257조 이하, 제265조, 제296조 제1항, 제308조 제311조 이하, 제326조, 제350조 이하는 법원절차에서의 다양한 단계에 대해 적용된다.

121   c) 이를 보완하기 위해 법정에서 언어구사력이 없는 피의자에 대해 경제사정과 무관하게 절차의 모든 단계에서 무상으로 통역자의 도움을 받을 수 있는 권리가 인정된다(법원조직법 제187조 제1항, 유럽인권협약 제6조 제3항 e). 외

---

149 EGMR JR 2006, 289(291); BGH NStZ 2007, 166(167); 그 밖에 *Beulke* FS Rieß, S. 3(6ff.); *Fezer* FS Gössel, S. 627(630ff.) 참조.

국어를 사용하는 피의자에 대해서 뿐 아니라 청각장애나 발성장애자에 대해서도 마찬가지이다.

d) 더 나아가 피의자는 *서류내용에 대한 정보권*을 가진다(유럽인권협약 제6조, 제1항, 제3항).[150] 물론 형사소송법 제147조 제7항은 변호인 없는 피의자에 대해서만 독자적인 열람권을 인정하고 있다. 게다가 열람권을 인정함으로써 수사목적이 위태롭게 되지 않거나 제3자의 보호가치 있는 이익에 반하지 않을 것이라는 유보가 붙어 있다(불복절차에 대해서는 Rn. 129 참조). 변호인 있는 피의자의 경우는 변호인의 서류열람권에 대해 고지를 받을 수 있을 뿐이다.

122

e) 특히 피의자는 절차의 모든 단계에서 *변호인*을 선임할 권리를 가진다 (제137조 제1항 제1문, 유럽인권협약 제6조 제3항c). 이 경우 선임된 피의자의 수는 *3인*으로 제한된다(제137조 제1항 제2문).

123

소송관계인

---

150 여기에 찬성하는 *Deumeland*의 평석이 있는 EGMR NStZ 1998, 429.

C. 변호인

Ⅰ. 형사사건에서의 변호인의 법적 지위

124 지배적인 견해에 따르면 변호인(Verteidiger: StV)은 피의자의 조력자이기만한 것이 아니라 공공의 이익을 위해서도 사건의 진상의 규명이 예외없이 사법정형적인 방법으로 이루어지도록 해야 할 임무를 가진다. 이러한 의미에서 변호인은 독립된 사법기관으로 인정되기도 한다(연방변호사법(BRAO) 제1조참조).[151] 변호인은 경우에 따라 피의자의 의사에 반해서도 행위할 수 있다.[152] 물론 변호인의 기관으로서의 지위를 인정한다고 해서 직무상 준수되어야 할 절차의 정형성을 유지하기 위해 법원과 협력해야 한다는 점까지도출하는 것은 지나치다.[153] 오히려 변호인의 기관성은 법이 허용하는 범위내에서 가능한 한 효과적으로 피의자를 방어하는 일에 제한되어 있다.[154] 직권으로서 준수되어야 할 절차위반이 의뢰인에 대해 이익을 가져다 줄 경우, 이를 적기에 치유하도록 법원에 요구하는 것은 변호인의 임무가 아니다.

Ⅱ. 변호인의 의무

125 변호인은 의뢰인과의 업무계약상 의뢰인에 독립하여 형사절차에서 신뢰있는 조력을 해야 할 의무를 진다(민법 제675조, 제242조). 이와 관련하여 특히 변호

---

151 BVerGE 34, 293(300); 53, 207(214); RG JW 1926, 2756; BGHSt 9, 20(22); 12, 367(369); 29, 99(102f.); 46, 36(43): *Streng* JZ 2001, 205의 평석; 이에 찬성하는 견해로는 *Meyer-Goßner* Vor § 137 Rn. 1.; 반대하는 견해에 관해서는 *Ostendorf* NJW 1978, 1349(당사자이익 대리인) LR/ *Lüderssen* Vor §137 Rn. 33(계약 당사자); SK-StPO/ *Wohlers* Vor § 137 Rn. 26ff(소송주체의 보조자).

152 BVerfG NJW 1995, 1952; BGHSt 12, 367(369); 39, 310(313); *Meyer-Goßner* Vor § 137 Rn. 1 참조.

153 BGHSt 38, 111(114); 42, 15(22f.); KG JR 1981, 86.

154 *Beulke* Verteidiger, S. 50ff., 143ff., 258ff.(제한적 기관설)

인에게는 형법 제203조에 따라 처벌되는 *비밀준수의무*가 인정된다. 뿐만 아니라 변호인은 피의자를 전문지식으로 자문해야 하고 피의자가 권리를 행사함에 조력을 제공해야 한다. 더 나아가 변호인은 피의자의 이익을 위해 발언해야 하고, 피의자가 자신의 권리를 스스로 인식할 수 없는 경우에는 피의자에 대해 *대리권*을 행사해야 한다.[155] 공적인 임무이기도 한 변호활동이 법적 조력의 우위에 있기 때문에 변호인에게는 한편으로 자신의 의뢰인의 구체적인 의사와 무관하게 자신의 독자적인 권리가 인정된다(예, 제145조 제3항, 제147조 제1항, 제240조 제2항 제1문 후단, 제244조 제3항-제4항). 다른 한편 변호인은 바로 그 때문에 자신의 임무를 수행함에 있어서 소송법이 인정하는 범위 내에서만 변호권을 행사할 수 있다. 특히 변호인은 거짓말을 해서는 안된다.[156]

III. 변호인의 권리

1. 변호인의 첫 번째 권리는 모든 매체로부터 간섭받음이 없이 자신의 의뢰인과 신뢰할 수 있고 자유로우며 감시받지 않은 *접견*을 할 수 있는 *권리*이다(제148조 제1항). 따라서 변호인과 의뢰인의 전기통신은 형사소송법 제100a조에 의해 감시되어서는 안된다.[157] 변호인이 자신의 의뢰인의 범죄에 연루되어 있지 않은 한 통신자료에 관한 어떤 정보도 요구되어서는 안된다(제100h조 제2항 제2문). 서신왕래에 대해서도 마찬가지이다(제97조 제1항 제1호). 연방재판소는 형사소송법 제97조 제2항 제3문에 근거하여 변호인의 우편물에 대한 압수를 긍정하였다.[158] 이와는 달리 변호인이 형사소송법 제138a조 이하에 예정되어 있는 절차로부터 배제되어 있지 않은 한 학설의 일부와 같이 형사소송법 제148조가 우선하는 것으로 보아야 한다.

126

---

155 *Beulke* Strafprozessrecht, Rn. 149.
156 *Beulke* Strafprozessrecht, Rn. 151.
157 BGHSt 33, 347(348f.).
158 BGHSt NJW 1982, 2508; BGH NStZ 1983, 84. 이에 찬성하는 입장으로는 *Meyer-Goßner* §97 Rn. 38. 자세하게는 *Beulke* FS Luederssen, S. 693(696ff.).

만약 그렇게 보지 않는다면 특히 형사소송법 제138a조 제1항 제3호, 제138c조 제3항 제1문이 우회적으로 적용되는 결과가 될 것이다.[159] 연방헌법재판소는 신용불량관리자에게 변호인의 우편물을 통제하는 것을 허용하고 있긴 하지만 파산법 제97조 제1항 제3문의 증거사용금지를 강조하고 있다.[160]

이에 반해 형법 제129a조, 제129b조에 의한 범죄가 문제되는 경우에는 위와 같은 접견권이 인정되지 않는다(제148조 제2항). 그러한 범죄에 대한 혐의가 있는 경우 법원조직법시행법(EGGVG) 제31조 이하는 접견권 이외에도 훨씬 과단성있는 추가적인 제한(접견차단)도 할 수 있음을 규정하고 있다.

127 2. 변호인은 피의자나 피고인이 신문받을 경우 신문에 *참여할 권리*가 있다. 이 권리는 법관이나 검사의 신문의 경우 명시적으로 규정되어 있다(제168c조 제1항, 제163a조 제3항 제2문). 경찰신문의 경우 피의자가 묵비권을 행사하겠다는 계획을 보임으로써 변호인의 참여를 강제할 수 있다.[161]

수사절차에서 변호인 참여권은 법관의 모든 조사에 대해 인정된다(제168c조, 제168d조). 공동피의자가 판사에 의해 신문받을 경우 변호인에 대해서는 형사소송법 제168c조의 적용에 상응하여 참여가 허용될 수 있다.[162] 공판심리에 계속해서 참여할 권리는 형사소송법 제137조 제1항에서 도출된다. 이에 반해 감정인에 의한 조사 내지 검사의 경우에는 변호인의 참여권이 인정되지 않는다.[163]

128 3. 변호인은 *증거신청*에 대한 독자적인 권리를 가진다.[164] 변호인은 형사소

---

159 *Beulke* Verteidiger, S. 210, 231; *Fezer* Strafprozessrecht, Rn. 4/69.

160 BVerfG NJW 2000, 745(746).

161 *Beulke* Strafprozessrecht, Rn. 156.

162 *Beulke* Strafprozessrecht, Rn. 156.

163 *Barton*의 평석이 있는 BGH StV 2003, 537.

송법 제240조 제2항에 의해 질문을 하고, 소명자료를 제출하고(제257조 제2항), 최후변론을 할(제258조) 독자적인 권리를 가진다. 피고인의 의사에 반하지 않는 한 변호인은 독자적으로도 상소를 제기할 수 있다(제297조).

4. 마지막으로 변호인에게는 *서류열람권*도 인정된다(제147조 제1항).[165] 수사가 종결되지 않은 경우(제169a조), 서류열람이 수사의 목적을 위태롭게 하는 경우에는 열람권이 거부될 수 있다(제147조 제2항). 하지만 거부하는 경우에도 구속심사를 위해서는 서류의 내용을 피의자와 변호인이 전부 알도록 해야 한다.[166] 서류열람의 대상은 법원에 제출되어 있는 모든 서류이다.[167] 경찰의 수사서류(Spurenakten)가 법원에 제출되어 있지 않은 경우, 법원조직법시행법 제23조의 신청에 따라 변호인의 열람권 행사의 일환으로 열람이 허용되어야 한다.[168]

    수사절차가 진행되는 동안 서류열람에 관한 결정 권한은 검찰이 가진다. 열람신청이 거부되는 경우 형사소송법 제147조 제5항에 열거된 사례들 중의 하나가 존재하는 때에는 때에는 지방법원에 대해 열람을 청구할 수 있다(제161a조 제3항 제2문에서 4문). 법원절차에서 판사가 서류열람을 거부하는 경우 변호인은 항고할 수 있다(Rn. 553이하 참조).

5. 변호인은 변호사비용법(RVG)에 따라 자신의 활동에 대한 비용을 청구할 수 있다.[169]

---

164 BGHSt NJW 1953, 1314.

165 형사소송법 제101조 제4항 제2문, 제110d조 제2항 제2문이 문제되지 않는 한, 서류열람권은 경우에 따라 포괄적이다.

166 BVerfG StV 2006, 281; EGMR NJW 2002, 2013. BverfG NStZ 2006, 459(460)에 의하면 압류의 경우에도 마찬가지라고 한다.

167 BGHSt 37, 204(206); BGH NStZ 1997, 43.

168 BverfGE 63, 45. 자세하게는 *Beulke* Strafprozessrecht, Rn. 160.

169 자세하게는 *Klemke/Erbs* Einführung in die Praxis der Strafverteidigung, Rn. 219ff.

Ⅳ. 필요적 변호/국선변호

131 1. 변호인의 변호를 받을 것인지는 원칙적으로 피고인의 자유이다. 이에 반해
형사소송법은 일정한 경우 *변호가 반드시 필요한 것*으로 선언하고 있다.
형사소송법 제140조 제1항에 언급된 요건들은 형사소송법 제140조 제2항
의 일반조항을 보충한다. 그에 따르면 피고인은 범죄의 중함, 사실관계나
법률관계의 어려움 혹은 피고인이 스스로 변호할 능력의 결여를 이유로
변호인의 도움이 요구되는 경우 변호인이 요구된다. 범죄가 중한 경우란
예상되는 형이 형사소송법 제140조 제1항 제2호의 경우(중죄Verbrechen로
공소제기된 경우: 역자 주)와 유사한 정도인 경우를 말한다. 사실관계나 법률
관계가 어려운 경우란 논란이 되는 법적 문제가 해명되어야 하거나,[170]
통상적인 수준 이상으로 많은 증거들이 평가되어야 할 경우[171]를 말한다.
세 번째 경우는 피고인이 정신적으로 미성숙하거나, 정신이상이 있거나,
언어능력이 결여되어 있거나[172] 혹은 언어능력이 제한되어 있어서 조력
자가 필요한 경우 또는 증거조사가 일부라도 피고인이 참여하지 않은 상
태(제168c조 제3항, 제247조)에서 이루어져야 하는 경우를 말한다.[173]

132 2. 필요적 변호(notwendige Verteidigung)사건의 사유가 존재하는 경우, 먼저
피의자가 변호인을 구해야 한다. 공소제기 후에도 변호인을 구하지 못한
경우 수소법원의 재판장이 형사소송법 제141조 제4항에 따라 직권으로
국선변호인(Pflichtverteidiger)을 선정해야 한다. 더 나아가 수사절차에서
도 검찰은 법정절차에서 국선변호인의 조력이 필요한 경우 피의자에게
국선변호인을 선정할 것을 관할 법원에 청구해야 한다.[174]

---

170 OLG Stuttgart StV 2002, 298(299).
171 *Meyer-Goßner* §140 Rn. 26에 예시되어 있는 사례 참조.
172 *Tag* JR 2002, 124의 평석이 있는 BGHSt 46, 178(183ff.).
173 *Gless* NJW 2001, 3606의 평석이 있는 BGHSt 46, 93.
174 BGHSt 47, 176; 47, 236 참조.

이 외에도 판례는 필요적 변호사건의 경우 사선변호인이 절차를 종결할 때까지 절차를 진행할 수 있음을 보증하지 못할 경우에 대비하여 절차의 안전을 담보하기 위해 사선변호인 외에 이른바 *절차확보변호인(Sicherungsverteidiger)*로서의 국선변호인을 임명하는 것을 허용할 수 있다.[175]

V. 변호인의 제척(Ausschlißung des Verteidigers)

변호인은 그가 의뢰인의 범죄에 연루되어 있다는 (유력한) 혐의가 존재하는 경우(제138a조 제1항 제1호, 제3호, 제2항),[176] 의뢰인과의 접견을 범죄행위에 이용하는 경우(제138a조 제1항 제1호 제1문), 교정시설의 안전을 위태롭게 한 경우(제138a조 제1항 제1호 제2문), 혹은 독일연방공화국의 안전을 위태롭게 한 경우(제138b조) 절차에서 제척될 수 있다.

제척절차는 검찰의 *신청*에 의해 개시된다(제138c조 제2항 제1문 후단). 이에 반해 공소제기후의 제척절차 개시는 관할 법원의 *내규(Vorlage)*에 따른다(제138c조 제2항 제1문 후단). 연방재판소의 관할이 아닌 한, 위 두 가지 경우의 제척여부를 결정하는 재판의 관할권은 주고등법원에 있다(제138c조 제1항 제1문). 결정은 형사소송법 제138d조에 의해 *구두변론*을 거친다. 결정에 대해서는 *즉시항고*가 가능하다(제138d조 제6항 제1문).

133

---

175 BVerGE 39, 246; BGHSt 15, 306(309).
176 BGH NStZ 2006, 510.

5

수사절차의
개요

수사절차의 개시

수사절차에서의 사실인식의 원천

절차상의 강제처분에 관한 근본문제

134   수사절차는 형사절차의 전반부를 이룬다. 수사절차는 공소제기여부에 관한 검사의 결정을 준비하는 과정이다(제160조 제1항). 즉 수사절차는 가능한 한 사건의 진상을 규명하기 위한 목적(제160조, 제163조 제1항)을 가지는 바, 이를 위해 증거자료들을 수집하고 분석하여 증거능력이 인정되는 증거로 초기혐의를 입증하거나 그 혐의가 근거없는 것으로 밝혀지는 때에는 공판절차를 피하는 결론을 확정한다. 형사소송법의 구상에 의하면 검찰은 수사절차의 주재자이고 특히 수사를 함에 있어 경찰을 지휘하고(제161조 제1항, 제163조 제2항 참조), 경찰은 초동수사권만 가진다(제163조 제1항). 하지만 오늘날 이와 같은 실무 관계는 거의 정반대로 되었다(Rn. 102 이하 참조).

135   수사절차는 그 진행 과정이 공판절차와 같이 엄격하게 규정되어 있지 않다. 그럼에도 불구하고 수사절차에서도 반복되는 구조가 있다. 즉 수사절차의 *개시(Einleitung)*는 검찰이나 경찰이 이른바 초기혐의를 포착한 경우에 시작된다(제160조 제1항, 제163조 제1항)(Rn. 136이하 참조). 수사절차의 *실행(Durchführung)*을 위해 검찰과 경찰은 자유롭게 이용할 수 있는 정보원에 의해 정보를 입수할 뿐 아니라 강제처분도 사용한다(Rn. 176이하, 255이하). 피의자에 대한 신문도 이러한 맥락 속에서 규정되어 있다(제163a조 제1항 제1문)(Rn. 146이하). 그 밖의 절차에서 피의자의 참여권도 수사의 목적을 위태롭게 하지 않는다는 조건하에서 인정된다(예컨대, 제33조 제4항, 제1문, 제10조 제1항 제1문, 제110d조 제1항, 제168c조 제3항 제1문, 제168d조 제1항 참조). 수사의 *종결(Abschluß)*은 공소제기여부에 대한 결정 내지 절차중단으로 이루어진다(제170조)(Rn. 311이하 참조). 뿐만 아니라 검찰은 절차의 모든 단계에서 — 특히 수사절차에서 중점적으로[177] — 피의자와 피해자간의 조정(Ausgleich)에 영향을 미쳐야 한다(제155a조)(Rn. 698이하 참조).[178]

---

177 BGHSt 48, 134 (145).

178 이와 같은《소송상의 기본규정》에 관한 상세한 내용은 HK-StPO/*Krehl* § 155a Rn. 2.

A. 수사절차의 개시

Ⅰ. 범죄혐의

수사절차의 *개시*단계에는 *이른바 단순한 범죄혐의*(ein sog. einfacher Tatverdacht) **136** 가 존재한다. 단순한 범죄혐의란 임의의 추측이나 일반적인 상황평가가 아니라 소추가능한 범죄가 존재한다는 점이 구체적인 사실에 의해 증명되고 범죄수사학적 경험에 근거한 단서를 말한다(제152조 제2항).[179] 구체적인 범인은 아직 몰라도 무방하다(제69조 제1항 제2문 참조). 수사절차는 이와 같은 초기 혐의를 *충분한 범죄혐의*(hinreichender Tatverdacht)로 구체화하거나 충분한 범죄혐의의 근거가 없음을 밝히는 일에 초점을 맞춘다(제160조 제2항 참조). 충분한 범죄혐의는 지배적인 견해에 의하면 지금까지의 수사에 따를 때 유죄판결의 개연성이 있을 경우에 존재한다.[180] 충분한 범죄혐의가 없으면 수사가 중단되어야 한다(제170조 제2항). 반대로 충분한 범죄혐의가 존재하면 원칙적으로 공소가 제기되어야 한다(제170조 제1항, 제203조).

법률은 형사절차상의 몇 가지 강제처분을 위해서 *유력한 범죄혐의*(dring- **137** ender Tatverdacht)가 있을 것을 요구한다. 유력한 범죄혐의란 각 절차시점에서 볼 때 유죄판결의 개연성이 큰 경우를 말한다.[181] 형사절차의 각 단계와 연관되어 있기 때문에[182] 이 척도는 가변적이다. 수사절차의 개시시점에서는 범죄수사학적 경험과 관련하여 추상적인 간접사실이 있는 것으로 족하지만, 공

---

179 자세하게는 *Beulke* Strafprozessrecht, Rn. 311; *Fezer* Strafprozessrecht, Rn 2/38; *Meyer-Goßner* § 152 Rn. 4.

180 BGH StV 2001, 579 m. Anm. *Thode; Beulke* Strafprozessrecht, Rn. 114, 357; *Fezer* Strafprozessrecht, Rn. 9/2, 9/88; SK-StPO/*Paeffgen* § 112 Rn. 4 ff.

181 *Meyer-Goßner* § 112 Rn. 5; *Beulke* Strafprozessrecht, Rn. 114, 210; *Fezer* Strfprozessrecht, Rn. 5/5.

182 *Pfeiffer* NStZ 1981, 93 (94)의 BGH.

소제기 시점에서는 이미 확실성에 근접한 유죄의 개연성이 요구될 수 있다.

138   범죄혐의를 확인하기 위해서는 회고적인 부분과 미래예측적인 부분을 종합해야 한다. *회고적으로(Retrospektiv)* 볼 때 범죄혐의는 구성요건에 해당하고 위법성이 인정되며 유책하고 소추가능한 행위와 관련되어야 한다. 구성요건적 요소의 존재 뿐 아니라 정당화사유 또는 면책사유도 그와 동일한 정도로 추정될 수 있는 경우에는 범죄혐의가 부정되어야 한다.[183] *미래예측적으로(Prospektiv)*는 범죄혐의가 유죄의 개연성에 초점이 맞추어져야 한다. 현재 존재하는 소송장애가 장차 제거될 수 있는가,[184] 소송조건의 결여상태(예컨대 친고죄의 경우 고소의 부존재)가 여전히 계속되는가 하는 등의 물음 이외도 공판절차에서 허용된 증거방법을 통해 혐의가 입증가능한지에 대해서도 초점이 맞추어져야 한다.[185] 범죄혐의에 대한 판단은 구체적인 사실관계를 토대로 하여야 하는 바, 가장 최근에 진척된 수사 결과에 기초하여야 한다.

II. 수사의 단서(Anlass)

1. 범죄신고

139   대부분의 수사절차는 범죄신고(Strafanzeige)에 의해 개시된다. 범죄신고란 신고자가 범죄 때문에 수사해야 할 단서가 된다고 생각하는 사실을 수사기관에 알리는 것을 말한다.[186] 범죄신고는 인식사실에 대한 단순한 진술이다.[187]

---

183   SK-StPO/*Paeffgen* § 112 Rn. 5f.; *Schlothauer* StV 1996, 391 (393).
184   OLG Dresden StV 2001, 519; OLG München StV 1998, 270.
185   LG Frankfurt a.M. StV 1985, 331. 이에 찬동하는 견해로는 SK-StPO/*Paeffgen* § 112 Rn. 5 f.
186   *Meyer-Goßner* § 158 Rn. 2.
187   *Volk* Strafprozessrecht, § 8 Rn. 7.

검사와 경찰은 모든 신고에 대해 조사를 하여야 한다(제160조 제1항. 자세하게는 **140**
형사절차 및 벌과금부과에 관한 지침 제3호). 일반 사인에게는 범죄사실을 신고할 의
무가 없지만, 범죄수사를 해야 할 임무를 직접 부여받지 않은 공무원의 경우
에는 신고의무에 대해서 논란이 있다. 상급자가 자신의 하급자의 범죄에 대
해 신고할 직무법상의 의무는 그 신고를 통해 그 기관이 임무를 수행할 수 있
다는 점이 확실시될 수 있는 경우에 한하여 존재한다.[188] 그 외의 신고의무에
대해서는 형사소송법 제159조(형사절차 및 벌과금부과에 관한 지침 제33호에서 제38호
참조), 법원조직법 제183조 그리고 군형법(WStG) 제40조에 규정되어 있다.

2. 형사고소

수사절차는 일정한 방식의 형사고소(Strafantrag)를 통해서도 개시될 수 있 **141**
다. 형사고소를 통해서 고소인은 그 범죄행위에 대해 형사소추까지 이루어
지는 것을 알고 싶다는 점을 인식하게 한다.[189] 이러한 점에서 형사고소는
의사표시적 진술이다.[190]

a) *협의의 형사고소란* 친고죄의 경우 피해자의 고소를 의미한다(이에 관해서 **142**
는 형법 제123조 제2항, 제194조 제1항, 제230조 및 제77조 참조). 이러한 의미의 고소
는 소송조건이고 서면으로 제기되어야 한다(제158조 제2항). 이러한 고소는
친고죄에 대한 수사를 할 경우 일정한 강제처분의 개시를 위한 필수적인
전제조건은 아니다(이에 관해서는 예컨대 제127조 제3항: 가체포, 제130조: 구속영장
에 의한 구속). 하지만 형사절차 및 벌과금부과절차에 관한 지침 제6호 및
제7호에 의하면 통상적으로 고소가 있어야 한다.

---

188 BGHSt 43, 82 (88 f.) m. Anm. *Klesczewski* JZ 1998, 313; *Rudolphi* NStZ 1997, 599, *Seebode* JR
    1998, 338.
189 *Beulke* Strafprozessrecht, Rn. 309.
190 *Volk* Strafprozessrecht, § 8 Rn. 7.

143   b) 이에 반해 *광의의 형사고소*란 형사소추에 대한 일반적 요구를 의미한다 (제159조 제1항). 형사소송법 제171조에 따르면 누구나 검찰에게 사건을 처리해 줄 것을 요구할 수 있다(Rn. 357 이하 참조).

III. 수사의무

144   검사(Staatsanwalter) 또는 경찰관(Polizeibeamter)은 *직무상* 어떤 범죄의 혐의를 포착한 경우, 범행을 스스로 목격하였거나 범행의 단서를 인지하였거나 혹은 제3자로부터 그에 관해 정보를 입수하였는지와 상관없이 수사절차를 개시하여야 한다(제160조 제1항, 제163조 제1항). 검사 또는 경찰관이 수사를 개시하지 않음으로 인해 부분적으로나마 형사소추가 실패하는 결과가 되면 형법 제258조(형벌무효화죄: 역자 주), 제258a조(직무상형벌무효화죄: 역자 주), 제13조(부작위에 의한 작위: 역자 주)에 따라 형사처벌의 대상이 된다. 이에 반해 *직무외 적*으로 알게 된 사실과 관련해서는 어느 정도로 수사의무를 지게 되는지에 대해서는 논란이 있다. 연방재판소는 극단적인 입장을 피하여[191] 제국법원의 입장[192]과 같이 그 종류와 범위에서 "공공과 국민전체의 관심사를 각별한 정도로 건드리는"[193] 범죄사건의 경우에만 수사의무를 인정한다. 이러한 원칙의 구체적인 적용과 관련해서는 오늘날에도 여전히 견해가 갈린다. 일부 견해는 형법 제138조의 범죄목록(내란죄, 소요죄, 통화 및 유가증권 위조죄, 모살죄, 고살죄, 민족살해죄, 반인륜죄, 전쟁범죄, 인격적 자유에 대한 죄, 강도죄, 공갈죄, 공공위험에 관한 죄 등을 말함: 역자 주)에 대해 이러한 원칙이 적용된다는 입장을 취하고 있지만,[194] 범죄의 혐의가 있으면 어떤 경우든 수사의무가 인정되는 것으로 보는

---

191 *Gerland* Strafprozeß, S. 299에서는 소추를 담당하는 공무원이 범죄의 모든 혐의에 있어서 수사를 할 의무가 있다고 보는 반면, *LR/Rieß* § 160 Rn. 29; *Volk* Strafprozessrecht, § 8 Rn. 11; *Fezer* Strafprozessrecht, Rn. 2/40은 검사와 경찰의 사적인 생활영역내의 일이라는 점을 들어 수사의무를 원칙적으로 부정하고 있다.

192 RGSt 70, 251 (251 f.).

193 BGHSt 12, 277 (281); BGH NStZ 1993, 383 f.; 또한 *Beulke* Strafprozessrecht, Rn. 91.

194 *Roxin* Strafverfahrensrecht, § 37 Rn. 3.

견해도 있다.[195] 앞의 견해가 타당하다. 형법 제138조의 배후에 있는 신고의무의 의미는 그 규정에 언급된 범죄를 알고 있는 자는 누구라도 국가에 대해 이를 고지해야 한다는 의미이다.[196] 이러한 고지는 일차적으로 위험방지의 목적을 가지고 있다고 할 수 있다.[197] 하지만 그 신고의무자가 수사공무원이기도 한 경우라면 부차적으로 고지의무는 수사절차의 개시에 영향을 미쳐야 할 의무이기도 하다.

---

195 *Krey* Strafverfahrensrecht II, Rn. 209 f.

196 같은 맥락에서 *Klesczewski* JZ 1997, 719 (719 f.).

197 이를 적절하게 지적하고 있는 문헌으로는 *Krey* Strafverfahrensrecht II, Rn. 210. 형법 제138조의 법익에 관해서는 다툼이 있다. *Lackner/Kühl* § 138 Rn. 1. 참조. 상세한 설명으로는 *Schwarz* Die unterlassene Verbrechensanzeige, 1986, S. 3 ff. (11).

B. 수사절차에서의 사실인식의 원천

145 수사절차는 검찰이 그 사건에 대한 조사를 통해 피의자로 하여금 유죄판결을 받도록 해야 하는 일만을 목표로 하는 것은 아니다. 법원이 유죄판결을 위해 *증거로 사용할 수 있는* 증거방법을 확보하도록 하고(제160조 제2항 제2문), 더 나아가 피의자가 형사절차를 피해가지 못하도록 하여 법률에 예정되어 있는 형사제재의 부과가 무위로 돌아가지 않게 조치를 취하는 것(*절차확보*)도 수사절차의 목표이다. 유무죄와 형벌문제의 판단에 기초가 되어야 할 사실인식의 원천들로는 피의자에 대한 신문(Rn. 146 이하)이외에 여러 가지 증거방법들 (Rn. 153이하)이 있다(*엄격한 증명*).

Ⅰ. 피의자 신문

146 피의자는 절차의 주체일 뿐 아니라, 피의자 스스로 또는 피의자의 진술 그 자체가 중요한 증거방법이기도 하다. 이 때문에 피의자에 대한 신문은 이중적 과제를 수행한다.[198] 피의자 신문은 한편으로는 진실을 발견하기 위한 목적을 가지고 있다. 그 때문에 피의자에게는 법관이나 검찰의 신문을 위한 소환에 응하지 않을 수 있는 자유가 인정되지 않는다(제134조, 제163a 제3항). 다른 한편 피의자 신문은 그에 대해 존재하는 혐의에 대한 법적 청문권의 보장에도 이용된다. 피의자가 포괄적인 진술거부권을 가지는 것도 이 때문이다(제136조 제1항 제2문). 신문주체가 명시적인 직무범위내에서 피의자에 대해 진행하는 질문만이 신문의 내용이 된다.[199]

---

198 *Lesch* Strafprozessrecht, Rn. 3/44 ff.

199 따라서 정보원(V-Mann)의 질문은 신문이 아니다. 같은 견해로는 *Schlüchter/Radbruch* NStZ 1995, 355; *Strernberg-Lieben* Jura 1995, 306의 찬동하는 평석이 있는 BGHSt 40, 211 (213).

1. 신문절차

신문이 어떻게 진행되어야 하는지에 대해서는 형사소송법 제136조에 규정되어 있다. 형사소송법 제163a조에 의하면 제136조는 법관의 신문 뿐 아니라 검찰의 신문과 경찰의 신문에 대해서도 준용된다.

| 개관 6 |

피의자 신문 절차

— 인정신문(성명모용은 질서위반행위에 해당: 질서위반법 제111조 참조)
— 적용이 예상되는 형벌법규 외에 형사책임의 대상이 되는 범죄행위를 밝힘

아래의 사항에 대한 고지

— 진술의 자유
— 변호인의 조력을 받을 권리[200]
— 증명요청권(법원에 대해 일정한 방향으로 조사해 줄것을 요구할 수 있는 권리를 말함. 이는 증거신청이나 증거조사신청에 비해 약한 의미의 요구로서, 이 요청에 응할 것인지는 법원에 맡겨져 있지만 독이 형사소송법 제244조 제2항의 법원의 진실규명의무의 범위내에서 판단되어야 할 것으로 이해되고 있다: 역자 주) 및 증거신청권
— 혐의사유의 고지(미리 묵비권을 행사하려고 하는 피의자에 대해서도 고지)
— 형사책임의 대상이 되는 사실 뿐 아니라 인적 관련 사실에 대한 신문

---

200 외국인의 경우 영사의 조력에 관한 고지가 추가된다. 영사권에 관한 빈조약 제36조. BVerfG NStZ 2007, 159 (160)를 참조.

2. 부적법한 신문

148 형사소송법은 부적법한 신문이 초래하게 될 법효과들을 망라적으로 규율하고 있지 않다. 부적법한 신문 때문에 증거능력이 부정될 수 있는지는 그 부적법으로 인해 피의자의 절차법적인 지위가 어느 정도 근본적으로 침해된 것으로 간주될 수 있는지에 달려있다. 이에 관해서는 견해가 대립한다. 다른 한편 증거능력의 인정여부가 공판절차에서 피고인 내지 그의 변호인이 증거사용에 동의하였는지에 따라 달라지는지에 대해서도 여전히 논란이 있다.[201] 이 물음은 본질적으로 공판절차에서의 증거조사의 문제에 해당하므로 후술하기로 한다(Rn. 402 이하 참조).

149 a) 진술거부권에 관한 고지를 하지 않은 경우는 연방재판소에 의하면 원칙적으로 그 진술에 대한 증거능력을 인정할 수 없다.[202] 하지만 피의자가 자신의 진술거부권을 알고 있었던 것이 확인되는 경우에는 예외이다.[203] 피의자가 정신적-심리적 상태에서 문제가 있어 고지를 잘못 이해한 경우에도 증거능력을 인정할 수 없다.[204]

150 b) 마찬가지로 피의자에게 (고지를 하지 않음으로써 또는 긴급변호인의 존재를 알려주지 않음으로써) 변호인의 조력을 받는 것이 불가능하게 된 경우도 원칙적으로 증거능력이 부정된다.[205]

151 c) 형사소송법 제136a조 제3항에 의하면 폭력,[206] 고문,[207] 소송법규정에 반

---

201 이러한 해결방안에 찬성하는 판결로는 BGHSt 38, 214 (225 f.); 42, 15 (22); BGH NStZ 1996, 290. 반대 견해로는 *Fezer* JR 1992, 385; *ders.*, StV 1997, 57; *Roxin* JZ 1992, 923.

202 BGHSt 38, 214 (220). 평석으로는 *Fezer* JR 1992, 385, *Roxin* JZ 1992, 923.

203 BGHSt 38, 214 (224 f.)

204 *Fezer*의 평석이 실린 BGH JZ 1994, 686.

205 BGHSt 38, 372 (374); 42, 15 (21). 이에 찬동하는 논평으로는 *Beulke* NStZ 1996, 257.

하는 강제, 고의적 기망.[208] 혹은 허위의 약속에 의해 영향을 받은 (가능성이 있는) 모든 진술은 증거로 사용할 수 없다(Rn. 442 이하 참조).[209]

d) 이에 반해 지배적인 견해는 이미 범인이라고 구체적으로 지목을 받은 자에 대한 "정보를 얻기 위한 질문"은 고지가 없더라도 적법한 것으로 본다.[210] 진실발견을 위한 목적에 도움이 되기 때문이라고 한다. 하지만 의도된 질문이 있으면 혐의 있는 피질문자에 대해 이미 수사처분이 개시된 것이라고 할 수 있기 때문에 위와 같은 견해에 동의할 수 없다. 그러한 경우에는 그 피질문자는 피의자로 간주되어야 하고(Rn. 107 이하), 따라서 그에 상응하는 고지를 받아야 할 것이다. 경찰관이 범행 장소에 도달하여 현장에 있는 자들로부터 비로소 상황에 대해 알아보는 경우는 현장에 있는 자들 가운데 어느 누구에게도 구체적으로 초점을 맞추고 있지 않기 때문에 고지가 필요 없다.

II. 증거방법

1. 기초

형사소송법은 증거방법(Beweismittel)의 종류를 제한적으로 인정하고 있다. 인적 증거방법(증인: 제48조 이하, 감정인: 제72조 이하)과 물적 증거방법(문서: 제249조 이하, 검증목적물: 제86조 이하)이 그것이다. 공판심리에서는 오직 이 두 가지

---

206 고문금지에 관해서는 *Gaede*, in: Angst und Streben nach Sicherheit in Gesetzgebung und Praxis hrsg. v. M. Camprudi, S. 155 (161); *Seebode*, in: Staatliche Folter hrsg. v. Goerlich, 2007, S. 51 (54 ff.).

207 BGHSt 15, 187.

208 자세하게는 BGHSt 31, 395 (400); 34, 39; 34, 362; 37, 48; 40, 66 (69).

209 BGHSt 5, 290 (291); 13, 60 (61); 22, 129 (133 f.); 37, 48 (53).

210 BGHSt 38, 214 (227 f.), BGH NStZ 1983, 86. 이에 반대하는 논평으로는 *ter Veen* StV 1983, 293; 이에 대한 비판적인 견해로는 *Beulke* Strafprozessrecht, Rn. 118; Roxin Strafverfahrensrecht, § 25 Rn. 10.

증거방법(과 피의자 신문)만으로 유무죄와 법효과 문제가 해결되어야 한다(*엄격한 증명의 절차*). 이에 반해 공판절차가 시작되기 전까지는 유무죄와 형벌문제에 대해 앞서 언급한 증거방법에 구속되지 않는다. 공판절차 개시 전까지 법원은 모든 사용가능한 사실인식자료들을 이용할 수 있다. 이와 같은 이른바 *자유로운 증명절차*는 소송법적 문제를 해결하는 경우에도 사용된다. 자유로운 증명은 명문으로 허용될 경우 소명(*Glaubhaftmachung*)만 있으면 족하다(예컨대 제26조 제2항, 제45조 제2항, 제52조). 절차지연으로 귀결되는 더 이상의 조사 없이도 법원이 신청을 인정할 수 있을 개연성이 있으면 소명된 것이 된다.[211]

2. 증인

154   증인(Zeuge)이란 "법관 앞에서 진술을 통해 사실에 관한 자신의 경험사실을 알려야 하는 자"를 말한다.[212]

155   a) 피고인, 담당 법관, 공판검사 또는 사인소추자가 아닌 한 누구라도 증인적격이 있다. 공동피고인에게 증인적격이 있는지에 대해서는 다툼이 있다. 공동피고인에 대한 절차가 형사소송법 제2조, 제3조, 제237조에 의해 피고인의 절차와 병합되어 있는 경우에는 공동피고인에게 증인적격이 없다.[213] 이에 반해 공동피고인이 동일한 범죄사실에 대해 피고인과 분리된 절차에서 소추되어 있는 경우에는 사정에 따라 다르다. 이미 그가 유죄판결을 받은 경우에는 증인으로서 진술해야 한다는 점에 이견이 없다.[214] 그러나 그가 아직 유죄판결을 받지 않은 경우에는 견해가 갈린다. 연방재판소는 이 경우 증인으로서 신문을 할 수 있다고 하지만 학설은 증인으로

---

211 BGHSt 21, 334 (350).
212 RGSt 52, 289.
213 BGHSt 27, 139 (141).
214 *Beulke* Strafprozessrecht, Rn. 185.

서 신문이 허용될 수 없다고 한다. 후자가 타당하다(Rn. 107 이하 참조).

b) 증인에게는 출석의무, 진술의무 그리고 선서의무라는 세 가지 의무가 있 **156**
다. 이러한 의무들의 근거는 법치국가의 시민이라는 역할에서 찾을 수 있
다. 따라서 누구라도 원칙적으로 신문을 받기 위해 소환당할 수 있고, 이
경우 물론 단순히 증거방법이 아니라 일정한 권리가 부여된 소송주체이
기도 하다. 형사소송법 제51조, 제161a조 제3항에 따르면 출석이 명해질
수 있고, 제70조, 제161a조 제2항 및 제3항에 따르면 진술이 명해질 수 있
으며, 출석명령과 진술명령에 불응시 강제수단이 예고되어 있다.[215] 법
정에서 허위의 진술은 그 자체로 형법 제153조(선서없는 허위진술죄: 역자 주)
에 따라 처벌될 수 있고, 검찰이나 경찰에서의 허위의 진술은 그로 인해
수사절차를 상당기간 지연시킨 경우 형법 제258조(범인은닉죄: 역자 주)에 따
라 처벌될 수 있다.[216]

c) 증인의 진술의무는 여러 가지 관점에서 제한되어 있다: **157**

ⓐ 피고인의 *근친인척(nahe Verwandte)*은 무제한의 증언거부권을 가진다(제52조 **158**
제1항). 이러한 증인들은 자신의 권리를 고지 받아야 한다(제52조 제3항 제1호). 이
들은 진술이 완료될 때까지 자신의 권리를 행사할 수 있다.[217]

ⓑ 일정한 *신뢰관계인(Vertrauenspersonen)*(제53조 제1항 1호에서 제3b호)과 그들의 **159**
보조인(제53조 제1항 제1호)은 제한된 증언거부권을 가진다. 이들이 비밀준수의무
(형법 제203조 참조)를 위반하여 진술을 할 경우 그 진술은 연방재판소[218]에 의하
면 증거능력이 인정될 수 있다고 한다. 형사소송법 제53조 제1항 제2호에서 제3b

---

215 경찰은 증인의 출석과 진술을 직접 강제할 수 없다. 이는 형사소송법 제163a조의 반대해석에서
   도출된다.
216 BGH NJW 1984, 135 (지배적인 견해).
217 BGH StV 1984, 326.
218 BGHSt 9, 59 (61); 15, 200 (202); 18, 146 (147); 다른 견해로는 *Beulke* Strafprozessrecht, Rn. 462.

호까지에 언급된 자들이 비밀준수의무를 면제받게 되면 진술을 해야 한다(제53조 제2항). 이들에 대해서 증언거부권을 고지할 의무는 존재하지 않는다.

160 ⓒ *언론인*(제53조 제1항 제5호), *국회의원*과 그 보조인(제53조 제1항 제4호)도 제한된 증언거부권을 행사할 수 있다. 이들에 대한 고지의무도 존재하지 않는다.

161 ⓓ *법관과 공무원*은 진술허가를 얻지 않은 경우 법정에서도 직무상의 비밀준수 의무를 부담한다(제54조). 진술허가는 연방이나 주의 이익을 위태롭게 하지 않거 나 그 밖에 공적 임무의 수행을 위태롭게 하거나 어렵게 하는 것이 아닌 한 인정 되어야 한다(공무원의 권한범위에 관한 법률 제39조 제3항, 연방공무원법 제62조). 피고 인은 행정소송을 통해(독점규제법(VwGO) 제40조 제1항 제1문) 그와 같은 진술허가 를 얻어낼 수 있다.[219]

162 ⓔ 모든 증인은 자신이나 자신의 근친족(nahe Angehörige)을 범죄행위나 질서위 반행위로 소추될 위험을 초래하게 만드는 질문에 대한 답변을 거부할 수 있다(제 55조 제1항). 이에 관해서는 법원에게 고지의무가 있다(제55조 제2항).[220]

163 ⓕ 이러한 제한을 위반하였을 경우의 법효과에 관해서는 구체적으로 해명되어 있 지 않다. 특히 이러한 경우 증거사용금지가 인정될지가 문제된다(전기통신 감시와 그 밖의 비밀 수사처분의 변경 및 2006/24 유럽지침의 이행을 위한 법률](2007년 12월 21 일) 형사소송법 제160a조가 신설됨으로써 직업적인 이유에서 그 직업활동중에 알게된 비밀이나 기타 정보에 대해 증언거부권을 가진 자에 대한 수사처분의 허용성에 관한 규 정이 생겼다. 이에 따르면 성직자, 형사변호인 그리고 국회의원의 경우는 모든 수사처 분에 대해 절대적으로 증거수집이 금지되고 증거사용도 금지된다. 그러나 그 밖의 증거 거부권자들(그 가운데 특히 변호인으로 선임되어 활동하고 있지 않는 변호사도 포함)은 일반적으로 증거수집 금지의 일반적인 보호대상에서 제외하고 있는 것은 아니다. 즉 제 160a조 제2항에 의하면 비례성심사를 요건으로 하여 상대적 증거수집금지가 인정되어

---

219 BVerwGE 75, 1; BGHSt 44, 107 (111).
220 수사절차에서 형사소송법 제55조의 준용에 관한 문제에 대해서는 *Dahs* NStZ 1999, 386을 참조.

있다. 제2항 제1문 전단에 의하면 통상적으로 중대범죄에 대한 절차가 아닌 한 비례성이 결여된다고 한다: 역자 주). 이 문제는 공판절차에서의 증거조사에서 부분에서 설명하기로 한다(Rn. 442 이하 참조).

d) 형사소송법 제59조에 따른 선서의무는 형사소송법 제60조에서 제66조의 규정에 따라 이행되어야 한다. 선서의무는 이미 이전부터 그리고 오늘날에는 사법현대화법(JustModG)[221]에 의한 형사소송법 제59조의 개정을 근거로 해서 실무상 중요하게 취급되지 않고 있다. 법원은 선서를 진술의 중요성 내지 진실성을 위해 필요하다고 여기는 경우에만 하도록 한다. 선서여부에 관한 명시적인 판단은 소송관계인들이 이를 신청한 경우에만 내려진다.[222]

164

e) 증인은 증거방법일 뿐 아니라 소송주체이기도 하다. 증인은 체험사실의 전체내용을 빠짐없이 진술할 수 있을 뿐 아니라 관련사항에 대해서도 진술할 수 있다(제69조 제1항 제1문). 증인은 또 공정하게 취급받을 권리, 특히 생명, 건강 그리고 명예를 보호받을 권리(제68조 제2항, 제3항, 제68a조), 변호인의 조력을 받을 권리(제68b조), 보상을 받을 권리(제71조)를 가진다. 형사소송법 제110b조 제3항, 제96조에 따라 잠입수사관(VE)을 신문할 때에도 그의 신원을 공개함으로써 그의 신체, 생명 또는 자유나 타인에 대한 위해를 가져올 우려가 있는 경우에는 그의 신원에 대한 비밀이 유지되어야 한다. 잠입수사관의 신원을 공개함으로써 잠입수사관의 계속적 투입을 어렵게 만들 우려가 있는 경우에도 마찬가지이다.

165

f) 증인은 신문받기 전에 형사소송법 제57조에 근거하여 진실만을 말할 것을 경고받아야 하고, 선서하게 될 가능성, 허위의 진술을 하게 될 경우 제

166

---

221 2004년 8월 24일자 제1차 사법현대화법 제3조(BGBl. I S. 2198) 참조.
222 BGH NJW 2006, 388.

재를 부과받을 수도 있으며, 경우에 따라 증언거부권 내지 진술거부권이 있음을 고지 받아야 한다(제52조, 제55조, 제161a조 제1항 제2문, 제163a조 제5항). 증인은 대질사유가 있는 경우가 아닌 한, 한사람씩 신문받아야 하고 다른 증인이 출석하지 않은 상태에서 신문받아야 한다(제58조 제2항).

형사소송법 제58a조 제1항 제1문은 형사소추의 목적으로 증인신문에 대한 비디오나 녹음기녹취를 허용한다(제58a조 제2항). 범죄로 인해 피해를 입은 증인이 16세 이하인 경우(제58a조 제2항 제2문 제1호)와 공판심리에서 신문될 수 없는 사정이 있는 증인(제58a조 제2항 제2문 제2호)의 경우는 피해자 보호 내지 증거보전을 이유로 녹취를 해야 한다. 녹취에 대해서는 형사소송법 제100b조 제5항의 폐기에 관한 규칙이 적용된다.

증인신문은 형사소송법 제68조, 제68a조에 따라 인정신문부터 시작한다. 그 이후에 진행되는 사실관계에 관한 신문에서 증인은 신문 전 관련사항에 관한 진술을 해야 한다(제69조). 형사소송법 제69조 제3항, 제161a조 제1항, 제163a조 제5항에 의하면 피의자에게 금지된 신문방법(제136a조 참조)은 증인에 대해서도 허용되지 않는다.

3. 감정인

167 감정인(Sachverständige: SV)은 법관의 보조인으로서 사실인정을 위해 요구되는 특수한 전문지식을 법관에게 제공한다.[223] 감정인은 법관에게 특별한 경험칙을 알려주고 자신의 특수한 전문지식을 기초로 법원을 위해 일정한 사실을 확정하거나, 자신의 특수한 전문지식을 토대로 (다른 곳에서) 확정된 사실로부터 주어진 사실을 추론하거나 다른 사실의 오류를 추론해낸다. (증거방법으로서의) 감정인은 법원으로부터 전문지식적인 사실을 확정하도록 위촉을 받은 자만을 의미한다. 감정인은 원칙적으로 교체불가능한 증인과 구별

---

223 BGHSt 7, 238 (238 f.).

된다. 증인은 기관의 위축없이 그리고 일신전속적으로 자신이 체험한 사실을 전달하는 반면에, 감정인은 자신의 전문분야에 대한 당대의 수준의 대변자이고 원칙적으로 같은 전문영역내의 다른 동료로 대체될 수 있다. 감정인은 누구라도 기초 지식없이 할 수 있을 단순한 확인사실만을 법원에 보고하지 않는 점에서 *검증보조인(Augenscheinsgehilfen)*과 구별된다. 오히려 감정인은 자신의 특수한 전문지식만을 토대로 해서만 확인가능한 사실을 보고한다.

감정인은 법관으로 하여금 사태를 적절하게 판단할 수 있는 수준이 되도록 만들어주는 자이고, 더 나아가 피의자에 대한 강제조사까지 촉탁받을 수도 있기 때문에(제81조 이하) 그 자신 스스로 불편부당하여야 한다. 따라서 형사소송법 제74조에 의해 법관의 제척 등에 관한 형사소송법 제22조 이하의 규정이 감정인에 대해서도 적용된다. 뿐만 아니라 증인에 대한 규정들(제48조 이하)도 적용되어야 한다(제72조). 특히 감정인은 형사소송법 제52조 이하의 규정과 제76조가 문제되지 않는 한, (제77조에 따라 강제될 수 있는) 감정서를 작성할 의무가 있고, 보상청구권이 인정된다(제71조, 제72조, 감정인, 통역자, 번역자 등의 보수에 관한 법률(JVEG) 제1조 제1호, 제2호 이하).

4. 서증(Urkundsbeweis)과 검증(Augenschein)

서증(제249조-제255조, 제256조)은 그 속에 관념의 표시가 화체되어 있다는 점에서 사람, 물건, 그리고 사건 등의 존재, 상태 및 특성을 대상으로 삼고 있는 검증(제86조-제91조, 제168d조, 제225조)과 구별된다.   **168**

비디오녹화와 녹음기녹음은 검증의 목적물이다.[224] 이들의 증거능력인정여부는 다음의 구분에 따라 판단될 수 있다. 검증의 목적물이 (의식적으로) 실질적으로 위법한 국가의 수집활동에 기인한 경우에는 언제나 증거능력이 부정된다.[225] 반면에 사인의 행위에 기인한 경우에는 세 단계로 구별되어야

---

224 BGHSt 14, 340 (341).
225 BGHSt 41, 248.

한다. 첫째, 인격의 불가침적 핵심영역에 관계되는 기록물(예컨대 일기장)인 경우에는 전적으로 증거능력이 부정된다.[226] 단, 피고인이 그 속에서 자신의 범행계획을 설명하고 있는 경우에는 예외이다.[227] 둘째, 사적인 영역과 상관없는 합법적인 녹취는 언제나 증거능력이 있다.[228] 셋째, 단순한 사적영역에서의 녹취인 경우 판례는 구체적인 경우 이익형량을 하는데 이 경우 특히 중대범죄에 대한 진상규명의 필요성을 요구한다.[229] 비디오녹화나 녹음기 녹음이 문제되는 경우 (이미 행한) 신문과정의 녹취인 경우에는 형사소송법 제58a조, 제247a 제3문, 제255a조가 적용된다.

226 BVerfGE 34, 238 (245).
227 BVerfGE 80, 367 (375, 376 f.). 이에 반대하는 타당한 평석으로는 *Berkemann* JR 1990, 226; *Störmer* NStZ 1990, 397; *Wolter* StV 1990, 175; 논평으로는 *Rolf Schmidt* Jura 1993, 591.
228 OLG Schleswig NJW 1980, 352.
229 BGHSt 36, 167; BGH NStZ 1994, 350.

C. 절차상의 강제처분에 관한 근본문제

형사절차의 개시를 통해 피의자의 총체적 삶이 위기를 맞게 되고, 이 때문
에 피의자는 절차에 적극적으로 협력해야 할 의무가 없기 때문에, 수사절차
는 특별한 특징을 가지게 된다. 즉 증거를 흐리게 하거나 도주함으로써 수
사목적을 위태롭게 하는 것을 방지하기 위하여 검찰은 피의자와 피의자의
변호인을 배제한 채 거의 "밀행적"인 수사를 한다. 뿐만 아니라 검찰은 이
러한 목적을 위해 일정한 절차상의 강제처분을 사용할 수 있다. 이와 같은
검찰과 경찰의 절차진행방식은 원칙적으로는 합법적이긴 하지만 피의자의
소송주체로서의 지위와는 긴장관계에 놓인다. 피의자가 자신에 대한 구체
적인 수사(예컨대 제100c조 제1항의 감청)에 대해 아무것도 아는 것이 없다면, 그
의 진술거부권도 무의미하게 된다.[230] 밀행적인 수사처분 명령은 피의자가
알지 못하는 경우에만 의미를 가지는 것이기 때문에 피의자의 법적 청문권
이라는 기본권과 충돌되는 결과가 된다. 수사에 필요한 모든 처분이 애시당
초 비례한 것도 아니라는 문제도 있다. 더 자세하게 설명되겠지만 형사소송
법은 이러한 긴장관계를 그때그때 서로다른 방식의 "보호장치들"을 통해
해결하려고 한다.

I. 법관유보 원칙

형사절차에서 기본권 침해가 있을 경우 무엇보다도 법관유보(예컨대 제98조 제
1항 제1문, 제105조 제1항 제1문)와 항고가능성(제304조 이하)이 법적인 청문권을 보
장해준다. 검찰, 검찰의 수사관 그리고 경찰은 대부분의 절차상의 강제처분
을 독자적으로 명할 수 있다. 하지만 이는 지체의 위험이 있는 경우에만 가능

---

230 이러한 문제에 관한 상세한 설명으로는 *Köhler* ZStW 107, 1995 10 ff.

하다(예컨대 제98조 제1항 제1문, 제105조 제1항 제1문). *지체의 위험*이 있는 경우란 법관의 명령을 하달받기에는 수사의 목적이 위태롭게 되는 경우를 말한다.[231] 이러한 사전예측은 개별 사건의 사실관계에 따라 달리 근거지워질 수 있다.[232] 지체의 위험이 인정되려면 먼저 수사판사와의 접촉시도에서 아무런 효과를 얻지 못한 경우이어야 한다.[233] 연방재판소에 따르면 수사판사가 서류에 대한 필요한 인식을 하지 못해 협조를 거부할 경우라면 지체의 위험이 인정된다고 한다.[234] 지체의 위험은 불명확한 법적 개념으로서 전적으로 법관의 사후심사의 대상이다.[235] 긴급권한의 활용은 (종종) 사후적으로 법관의 확인을 받아야 할 의무(예컨대 제98조 제2항 제1문)를 수반하고 이 확인절차에서 피의자는 청문의 기회를 부여받아야 한다.[236]

II. 비례성원칙

171   절차상의 기본권 침해가 개별사례의 이익형량에서 비례성이 없는 것으로 판명될 경우에는 당해 강제처분이 부과되지 말아야 한다(제112조 제1항 제2문 참조). 인간존엄이라는 불가침의 영역을 침해(기본법 제1조 제1항, 제2조 제1항)하는 증거조사 또는 증거사용도 허용되어서는 안된다.[237] 따라서 피의자가 집안에서 한 말을 비밀리에 녹음한 것은 증거로 사용될 수 없다.[238] 자신의 범행계획에 관한 것이 아닌 한 피의자의 일기장 내용에 대해서도 마찬가지이다(Rn. 168 참조).

---

231 *Baumann*의 평석이 실린, BGH JZ 1962, 609.

232 BVerfGE 103, 142 (155). 이에 관한 논평으로는 *Amelung* NStZ 2001, 337 (338 f.); 평석으로는 *Gusy* JZ 2001, 1035

233 BbgVerfG NJW 2003, 2305.

234 BGH NStZ 2006, 114, 다른 입장으로는 *Krehl* NStZ 2003, 463.

235 BVerfGE 103, 142 (155).

236 BVerfGE 103, 142 (155).

237 BVerfGE 34, 238 (245).

238 BGHSt 50, 206 (213).

III. 증거사용금지

피의자가 자신에 대한 감시가 이루어지고 있는지를 알지 못한 상태에서 자   172
신의 범행에 대해 행한 진술을 그에게 불리한 증거로 사용하기 위한 목적으
로 녹취하는 일에 일련의 "밀행적" 수사방법이 이용된다.[239] 이러한 경우
피의자의 진술거부권 내지 증인의 증언거부권과의 긴장관계가 존재한다.
형사소송법은 이에 대처하기 위해 사적영역과 신뢰관계를 이와 같이 과도
하게 개입하는 일에 대해 증거사용을 금지하는 규정들을 마련하고 있다
(Rn. 447이하 참조).

IV. 참여권의 보장

검찰이 수사절차에서 *법관의 조사*를 청구할 경우 형사소송법은 피의자와 그   173
의 변호인에게 그 조사에의 참여권을 보장하고 있다(제168c조 제2항, 제168d조
제1항).

V. 법적구제수단

1. 기본권 침해적 성격을 가진 법관의 형사절차상의 처분에 대한 불복수단   174
   으로는 예외적으로 불허되는 경우를 제외하고는 원칙적으로 항고가 허용
   된다(제304조 제1항). 검찰이나 경찰에 의한 절차상의 처분에 대해서는 명시
   적으로 법적구제수단을 규정하고 있는 경우가 드물다. 하지만 기본법 제
   19조 제4항이 흠결 없는 법적 보호를 보장할 것을 요구하고 있기 때문에
   그 밖의 경우에는 형사소송법 제98조 제2항 제2문에서 제6문 사이의 규정
   에 대한 유추적용을 통한 권리구제가 가능하다. 구체적인 내용에 대해서

---

239 문제점에 관해서는 *Köhler* ZStW 107, 1995, 10 ff.

는 법적 구제수단에 관한 편장(Rn. 565이하 참조)에서 설명하기로 한다.

175 2. 이와는 달리 수사절차의 개시와 관련해서는 그것이 명백하게 자의적인 수사절차의 개시가 아닌 한,[240] 거기에 대한 아무런 권리구제수단이 인정되지 않는다.[241] 어떤 절차상의 처분에 침해적 성격이 존재하지 않을 경우 피의자가 (최초로) 법관의 면전에서 신문을 받을 때에 그에 관해 진술할 수 있으면 족한 것으로 인정되고 있다.

240 BVerfG NStZ 1984, 228; *Beulke* Strafprozessrecht, Rn. 321.
241 BVerfG NStZ 2004, 447.

6

절차상의
강제처분

특 히 절 차 확 보 를 위 한 강 제 처 분

피의자의 출석을 확보하기 위한 처분

임시적 보안처분의 부과

집행확보를 위한 대상물의 보전

Strafprozessrecht

176   형사절차의 목적은 구속력있는 판결을 통해 범죄혐의에 의해 위태롭게 된 법의 타당성을 피의자와의 관계에 있어서도 회복시키는 것이다. 따라서 형사소송법은 피의자에게 소송주체로서 권리만 부여하는 것이 아니라 일정한 의무도 지우고 있는데, 특히 확정판결이 내려질 때까지 절차에 응해야 하고 유죄판결이 있을 경우 부과된 제재를 수인할 의무를 부담시킨다. 피의자가 적극적으로 절차에 참여해야 하는 것은 아니지만, 절차를 피해갈 우려가 있거나 경우에 따라 사후에 그에 대해 부과될 제재를 무위로 돌릴 위험이 있는 경우도 있다. 이러한 경우 형사사법기관에게 절차를 확보하기 위한 처분을 통해 그러한 위험을 막을 수 있는 권한을 인정하고 있다. 이에 따르면 절차확보는 다음의 세 가지를 의미한다. 첫째 피의자에 대한 출석강제(Rn. 177 이하), 둘째 사후에 부과될 가능성이 있는 제재의 집행가능성의 확보(Rn. 221 이하), 셋째 보안처분의 예방목적을 위해 임시적인 보안처분의 부과(Rn. 217 이하)가 그것이다.

A. 피의자의 출석을 확보하기 위한 처분

형사소송법은 특히 피의자의 출석을 확보하기 위해 미결구금(Rn. 178)이외에   177
체포(Rn. 199 이하), 구인(Rn. 206 이하) 그리고 체포를 위한 수배명령(Rn. 210 이하)
을 인정하고 있다. 체포와 구인 그리고 수배명령의 요건은 부분적으로 미결
구금의 요건과 동일하다.

Ⅰ. 미결구금

미결구금(Untersuchungshaft)은 수사절차(제112조 제2항 제1호)와 집행절차에   178
서의 피의자(피고인)의 신병확보(제457조 제2항) 이외에도 재범의 위험성을 방지
(제112a조)하고 증거인멸을 막는데(제112조 제2항 제3호) 이용된다. 실무상으로는
90퍼센트 이상의 구속명령이 도망의 위험 때문에 부과된다.[242] 이 때문에 여
기서 미결구금은 절차확보를 위한 처분으로 소개한다.

1. 요건

미결구금의 전제조건은 다음과 같다: 유력한 범죄혐의, 구속사유 그리고 비   179
례성(제112조 제1항).

a) *유력한 범죄혐의*(제112조 제1항 제1문). 이에 관해서는 앞에서 설명하였다   180
  (Rn. 137).

b) *구속사유*(제112조 제1항 제1문, 제2항, 제112a조): 무죄추정의 원칙이 적용되어   181

---

242 *Schöch* FS Lackner, 1987, S. 991 (1007).

야 함에도 불구하고 자유박탈을 정당화하기 위해서는 범죄혐의라는 요건 이외에 절차의 위태화라는 요건, 즉 구속사유(Haftgrund)가 있어야 한다. 고전적인 구속사유는 도망 및 증거인멸의 염려이다. 근자에는 여기에 재범의 위험성과 범죄의 중대성이라는 구속사유가 추가되고 있는데 이러한 요건은 문제가 없지 않다.

182　　ⓐ *도망의 염려*(제112조 제2항 제1호, 제2호): 일정한 사실관계를 기초로 할 때 피의자가 도주하고 있거나 (도주 혹은 변론무능력상태의 야기를 통해)[243] 형사절차를 피해 갈 위험이 있다는 점이 확인되어야 한다. 이 경우 법률은 개별 사건의 모든 사정들을 사실(Tatsachen)에 기초하여 비교형량할 것을 법률상 요구한다. 단순한 추측이나 추상적인 고려에 터잡은 판단은 충분하지 않다. 그럼에도 불구하고 실무는 종종 피의자의 인격이나 사적인 사실관계를 충분하게 고려하지 않고 형벌을 받을 것이 고도로 예상되면 기계적으로 이 조건을 긍정하고 있다.[244]

183　　ⓑ *증거인멸의 염려*(제112조 제2항 제3호): 두 번째 고전적인 구속사유인 증거인멸의 염려는 피의자가 스스로 혹은 제3자를 사주하여 증거방법을 물리적으로 공격하거나(제112조 제2항 제3a호) 절차규정에 위반되게 인적 증거방법에 대해 정신적으로 영향을 미침으로써(제112조 제2항 제3b호) 진실탐지를 위태롭게 하는 유력한 혐의가 있는 경우에 인정된다. 증거를 인멸할 수 있다는 단순한 가능성만으로는 충분하지 않다. 피의자에게 이러한 가능성을 실행할 개연성이 있음이 추가적으로 인정되어야 한다.[245] 범행에 대해 묵비하거나 부인하는 것만으로는 족하지 않다. 그럼에도 불구하고 실무는 미결구금의 위협을 주거나, 자백을 할 경우에는 증거인멸의 우려라는 구속사유를 탈락시켜 줄 것이라는 기대감을 피의자에게 줌으로써

243　같은 입장으로는, *Kohlhaas*의 반대하는 평석이 실린, KG JR 1974, 165.

244　*Neidhard*의 찬동하는 평석은 OLG Braunschweig JZ 1965, 619, OLG Düsseldorf StV 1982, 585 (585 f.); OLG Frankfurt a.M. NJW 1965, 1342; OLG Karlsruhe NJW 1978, 333, 비판으로는 SK-StPO/*Paeffgen* § 112 Rn. 24; 실무에 관해서는 *E. Volk* Haftbefehle und Begründungen, 1995, S. 73 ff., 126 ff.

245　OLG München NStZ 1996, 403.

자백할 마음가짐을 촉진하려는 시도를 한다.[246] 실무는 피의자가 혐의를 받고 있는 범죄의 구체적인 행위태양을 보고 증거인멸의 우려가 있다고 판단하기도 한다. 은닉이나 착오유발을 전형적인 행위태양으로 두고 있는 범죄가 문제되는 경우에는 이러한 행위태양을 근거로 삼아 형사소송법 제112조 제2항 제3호의 명시적 내용에 반하여 증거인멸의 염려가 있다는 결론을 내리는 일도 드물지 않다.[247]

ⓒ *재범의 위험성*(제112a조): 앞의 두 가지 고전적 구속사유가 절차의 확보를 위해 사법정형적인 범행상쇄라는 목표에 방향을 맞추고 있는 반면에, 입법자는 제2차 세계대전 후 미결구금에 대해 피의자의 재범의 위험을 방지한다는 예방적 목적도 덧붙였다.[248] 본질상 이러한 형태의 미결구금은 동시에 일종의 임시적 보안감호(vorläufige Sicherungsverwahrung)에 해당한다(형법 제66조 참조).[249] 형사소송법은 보안감호 이외의 다른 보안처분의 경우에는 임시적으로 부과할 가능성도 인정하고 있는 반면에(Rn. 127 참조), 보안감호의 경우에는 그에 상응하는 제도를 인정하고 있지 않다. 미결구금은 재범의 위험성을 이유로 하여 그와 같은 임시적인 기능을 한다(제112a조).[250] 물론 형법 제66조가 보안처분의 종국적인 부과를 위해서 요구하고 있는 요건을 형사소송법 제112a조가 미결구금에 대해 요구하고 있는 요건과 비교해 보면 미결구금 규정이 그 문언에 따를 때 훨씬 폭넓은 범위의 범죄에 대해 이러한 형태의 "보안구금(Sicherungshaft)"을 허용하고 있음을 알 수 있다.[251] 여기에 내재된 모순을 제거하려면 보안감호의 사후적 부과의 요건으로 예상될 수 있는 유력한 이유(dringende Gründe)라는 요건도 형사소송법 제112a조에 따른 미결구금에 대해 요구하여야 한다. 이점은 특히 다음과 같은 두 가지 의미를 가지고 있다:

---

246 자세하게는 *Weider* StraFO 1995, 11.
247 같은 입장으로는 예컨대 OLG Köln NJW 1961, 1880 (1881). 비판으로는 SK-StPO/*Paeffgen* § 112 Rn. 32.
248 합헌성에 관해서는 BVerfGE 19, 342 (349 ff.); 35, 185 (192).
249 같은 입장으로는 *Roxin* Strafverfahrensrecht, § 36 Rn. 14.
250 이와 견해를 같이 하는 타당한 입장으로는 *Roxin* Strafverfahrensrecht, § 36 Rn. 3.
251 같은 입장으로는 *Roxin* Strafverfahrensrecht, § 36 Rn. 3.

첫째, 재범의 위험성을 이유로 한 미결구금은 이미 과거에 자유형을 선고받고 그 형기를 종료(형법 제66조 제1항 제2호, 동조 제3항)한 적이 있는 피의자에 대해서만 부과할 수 있게 해야 할 것이다. 예외적으로만, 즉 형법 제66조 제2항의 사례에서는 연속적으로 3회의 중급이상의 범죄를 범한 경력이 있는 경우에만 과거의 유죄판결이 없는 경우에도 형사소송법 제112a조에 따라 피해자에 대해 "보안구금"이 인정될 수 있을 것이다. 둘째, 형사소송법 제112a조 제1항 제2문의 범위내에서 행해질 재범의 위험성에 대한 사전예측은 형법 제66조 제1항 제3호의 강화된 기준에 따라야 할 것이다.

이외에도 지배적인 견해에 따르면 형사소송법 제112a조에 따른 미결구금은 다음의 경우에도 가능하다.[252]

185 ⓓ *"범죄의 중함"*: 입법자는 1964년 형사소송법 제112조 제3항을 통해 사형이 법정형으로 정해진 중한 범죄의 경우 구속사유 없이도 미결구금을 허용하려고 하였다. 그 이후 이러한 미결구금 대상범죄들은 더 확장되어 보다 덜 중한 범죄까지 추가되었다. 그럼에도 불구하고 연방헌법재판소는 헌법합치적 해석을 통해 아쉬운 대로 이 규정을 종래의 전통적인 체계와 다시 조화될 수 있도록 만들었다.[253] 그에 따르면 형사소송법 제112조 제3항에 언급한 범죄들에 대한 단순한 범죄혐의로는 충분하지 않고 제112조를 통해 인정된 재량의 범위내에서 절차의 위태화라는 측면이 고려되어야 한다고 한다. 하지만 도망이나 증거인멸의 염려 혹은 재범의 위험성이라는 요건 중 어느 것도 개별사례에서 구체적 사실을 통해 적극적으로 확정해서는 안될 것이다. 그 보다는 오히려, 행위자를 유리하게 하는 사실을 근거로 해서 구속사유를 예외적으로 부정할 수 있는 경우가 아닌 한, 제112조 제3항에 열거된 범죄에 대한 유력한 혐의가 있는 경우에는 원칙적으로 그러한 구속사유가 존재하는 것으로 추측하여야 할 것이다.[254]

---

252 SK-StPO/*Paeffgen* § 112a Rn. 8 ff.
253 BVerfGE 19, 342 (350). 비판으로는 *Wolter* ZStW 93, 1981, 452 (483).
254 *Beulke* Strafprozessrecht, Rn. 214; 유사한 입장으로는 *Fezer* Strafprozeßrecht, Rn. 5/14.

c) 마지막으로 형사소송법 제112조 제1항은 미결구금이 범죄 및 예상되는 제재의 중대성(Bedeutung)과 비례성이 인정되지 않을 경우에는 부과되어서는 안된다는 점을 명시적으로 확정해두고 있다. 이러한 공식화는 민법 제228조(타인의 물건에 의해 초래된 자기 또는 제3자에 대해 임박해 있는 위험을 방지하기 위해 그 물건을 손괴 또는 파괴한 자는 그 손괴 또는 파괴가 위험의 방지를 위해 필요하거나 그로인한 손해가 위험과 비례하지 않는 것이 아닌한 위법하게 행위한 것이 아니다. 행위자가 그 위험에 책임이 있었던 경우에는 그 손해에 대해 손해배상을 해야한다: 역자 주)에서 사용되고 있는 공식과 일치한다. 이로부터 우리는 유력한 범죄혐의라는 구속사유가 인정될 경우 피의자의 이익이 형사사법의 이익에 본질적으로 우월하지 않는 한 미결구금이 항상 비례적이라는 결론을 도출할 수 있다. 이점을 기초로 하면 형사소송법 제113조 제1항은 경한 범죄의 경우 증거인멸의 염려를 이유로 한 미결구금은 전적으로 배제하고 여기에 덧붙여 엄격한 도망의 염려를 요구한다(제113조 제2항). 사소(私訴)범죄사건의 경우에는 미결구금이 언제나 인정될 수 없다고 하는 견해도 있다.[255] 친고죄의 경우 고소가 없으면 미결구금은 일주일의 한도 내에서만 허용된다(제130조). 6개월을 초과하는 미결구금은 특별한 사유를 요한다(제121조 제1항). 이러한 경우 재범의 위험성을 이유로 한 미결구금은 1년을 초과해서는 안된다(제122a조). 구속사유를 배제할 수 있는 보다 가벼운 수단이 존재하는 경우에는 피의자를 구금하지 않도록 하는 것이 바람직하다(제116조, 제116a조).[256]

187

미결구금은 그로 인한 피의자의 개인적인 부담이 "사건의 중대성" 및 예상되는 형벌의 중대성과 비례하지 않는 경우에만 부과되지 말아야 한다. 지배적인 견해는 이점으로부터 미결구금은 그 불비례성이 적극적으로 확

255 OLG Karlsruhe GA 1974, 221.
256 OLG Frankfurt a.M. StV 2000, 374.

인되는 경우에는 배제된다는 결론을 도출하고 있다.[257] 피의자가 구체적인 사건의 사정에 따라 구속사유를 충족시키고 그로써 절차를 위태롭게 하는 행위를 할 유력한 혐의가 있는 한 미결구금은 정당화된다. 이러한 점에서 피의자는 정당방위의 침해자 내지 적어도 방어적 긴급피난의 위난 야기자에 비견될 수 있다. 이러한 사례들의 경우 침해자 내지 위난야기자의 이익이 그에 의해 침해된 이익에 비해 본질적으로 우월하지 않는 한, 모든 필요한 수단들이 비례적인 것으로 인정된다.[258] 이러한 평가는 미결구금에도 그대로 타당할 수 있다.[259] 형사소송법 제114조 제3항의 형식규정도 이러한 맥락을 토대로 하고 있다. 이에 따르면 구속영장을 발부할 때 비례성에 관한 판단은 피의자가 그것을 주장하거나 그 주장이 명백한 경우에만 이루어져야 한다.

188   지배적인 견해에 의하면 범죄의 형상(죄상)과 경중을 결정하는 범죄의 결과반가치, 행위반가치 그리고 심정반가치 요소들이 "사건의 중대성" 여부를 판단하는 요소들이라고 한다.[260] 특별예방적 또는 일반예방적 관점들도 여기서 함께 고려되어야 한다고 한다.[261] 예상가능한 형벌도 마찬가지로 고려되어야 하는데, 이는 형법 제46조에 의거하여 사전적으로 이루어지는 가정적 양형을 통해 조사되어야 한다고 한다. 하지만 여기에는 한편으로 불필요한 이중평가가 개입한다. 왜냐하면 양형론에서 지배적인 입장인 책임범위이론에 의거한 양형은 한편으로는 행위책임요소에 근거하고 다른 한편으로는 예방적인 관심사도 고려하기 때문에 예상되는 형벌의 확정과 "사건의 중대성"의 심사는 본질상 중첩되기 때문이다.[262] 다른 한편 이로써 범죄혐의가 비례성심사에서 가장 결정적인 요소로 되고 본래

---

257   KK-StPO/*Boujong*, § 112 Rn. 44; Meyer-*Goßner* § 112 Rn. 8; 비판으로는 SK-StPO *Paeffgen* § 112 Rn. 10.

258   이와 같은 비례성의 기준에 관해서는 *Hruschka*, Strafrecht, 100 ff. (114).

259   이러한 생각에 관해서는 *Beulke* Strafprozessrecht, Rn. 216.

260   BVerfGE 16, 194 (202).

261   OLG Frankfurt a.M. NStZ 1986, 568; 비판으로는 SK-StPO/*Paeffgen* § 112 Rn. 16.

262   이와 같은 입장으로는 *Baumann* JZ 1962, 649 (652).

적인 구속사유에 해당하는 절차방해적 요소들은 무의미하게 되고 만다. 이렇게 되면 결국 중한 범죄의 경우 비례성심사는 아무런 교정수단이 되지 않는다는 결론에 이르게 된다. 이와는 달리 절차방해적 요소의 중대성에 초점을 맞춘다면 고전적인 구속사유들은 그 요소가 가지는 무게에 따라 다음과 같이 평가될 수 있을 것이다. 즉 증거인멸의 염려라는 사유의 경우 피의자가 인멸한 증거방법이 어떤 가치를 가졌고 피의자가 어느 정도로 증거를 인멸하였는지, 즉 단순히 흔적만 제거하였는지, 문서를 은폐하였는지 혹은 증거인멸을 위한 살인을 하였는지에 따라 달라질 수 있는 것과 마찬가지로 도망의 염려라는 사유도 국내에 단순히 숨어 있었던 것인지 아니면 어떤 물건이나 사람에 대한 공격의 모습을 띠었는지에 따라 구별될 수 있다.

2. 절차

a) 구속영장에 의한 미결구금의 부과주체는 예외없이 판사이다(제114조 제1항). **189** 수사절차에서는 원칙적으로 관할의 기초가 되는 지역 내의 구법원(Rn. 66 참조)의 *수사판사가 담당한다*(제125조 제1항). 이에 반해 법원조직법 제120 조에 의거한 형사사건이 문제되는 경우에는 형사소송법 제169조 제1항(법원조직법 제120조에 의해 제1심이 고등법원의 관할에 속하는 사건에서는 준비절차에서 구법원의 판사가 담당해야할 업무를 관할법원인 고등법원의 수사판사가 맡을 수 있다. 검찰총장이 수사를 하는 경우에는 연방재판사의 수사판사가 그를 대신하여 담당한다: 역자 주)에 따라 구속의 주체가 정해진다. 공소제기 후에는 사건을 심리하는 수소법원이 주체가 된다(제125조 제2항).

b) 미결구금의 부과는 서면의 구속영장이라는 *방식*으로 행해진다(제114 **190** 조).[263] 구속영장의 *집행*은 검찰 또는 경찰에 의한 체포, 즉 피의자에 대한

---

263 *Haller/Conzen* Das Strafverfahren, Rn. 959의 예.

신병확보와 구속영장의 내용에 대한 고지로 이루어진다(제114a조). 그 이후의 절차는 다음과 같이 진행된다.

191 ⓐ 늦어도 체포한 다음날에는 형사소송법 제125조, 제169조에 따라 피의자를 원칙적으로 *담당 판사에게 구인해야 한다*(제115조 제1항). 이 기간 내에 담당 판사 앞에 구인하는 것이 불가능한 경우에는 피의자를 인접 구법원의 수사판사에게 구인해야 한다(제115a조 제1항).

구인이 되면 담당 판사는 즉시 가족에 대한 통지(제114b조 제1항), 피의자에 대한 신문(Vernehmung)(제115조 제2항), 그리고 구속영장에 대해 재판(제115조 제4항, 제116조, 제120조)이라는 세 가지 과제를 수행해야 한다. 여기서 구속영장이 그대로 유지되면 피의자에게 법적구제수단(Rechtsbehelfe)에 관해 고지를 해야 한다(제115조 제4항).

192 ⓑ 구속영장의 전제조건이 결여되어 있거나[264] 절차가 종국적으로 중단되거나, 피고인이 무죄석방 혹은 형벌집행이 개시되거나 혹은 수사절차에서 검찰이 구속취소를 청구하면, 구속영장이 *취소(aufheben)*되어야 한다(제120조). 도망의 염려가 경미한 수단으로 대처될 수 있는 경우에는 구속영장의 *집행이 정지(aussetzen)*되어야 한다(제116조 제1항). 실무상 집행정지를 위한 보다 경한 수단으로서 가장 중요한 수단은 신고의무의 부과와 보증금의 부과이다(제116조 제1항 제1호, 제4호). 증거인멸의 염려가 있거나 재범의 위험성이 있는 경우 구속의 집행정지 여부는 영장 담당 판사의 의무합치적 재량사항이다(제116조 제2항, 제3항).

193 ⓒ 미결구금이 6개월을 초과하는 경우에는 특별하게 취급되어야 한다. 6개월을 초과하는 미결구금은 사건이 특별하게 어렵거나, 수사의 범위가 특별히 광범위하거나 혹은 다른 *중대한 사유* 때문에 판결을 내리지 못하여 구속의 지속을 정당

---

264 지배적인 견해에 의하면 구속영장이 (더 이상) 존재하지 않거나 피의자가 바뀌었거나 또는 구속무능력자인 경우를 제외하고는, 바로 다음의 구법원의 수사판사는 서류의 내용을 알지 못하기 때문에 석방시킬 권한이 없다. LG Frankfurt a.M. StV 1985, 464. 참조. 전체적인 개관에 관해서는 *Roxin* Strafverfahrensrecht, § 30 Rn. 24 f.

화시켜주는 경우에 한해서만 허용된다(제121조 제1항). 중대한 사유의 인정여부는 유럽인권협약(EMRK) 제5조 제3항 제2문과 자유권적 기본권의 중요성 때문에 엄격히 제한된다.[265] 법원의 업무가중이 중대한 사유로 인정되려면 그것이 단기간 지속되어 피할 수 없었던 경우이어야 한다.[266] 따라서 절차의 종결을 지체하는 공무의 중대한 태만은 중대한 사유로 인정되지 않는다.[267]

6개월을 초과하는 미결구금의 경우 따라야 할 특별절차는 다음과 같다: 구속의 계속이 필요하다고 인정할 경우 담당판사가 직권으로 주고등법원에 서류를 제출하여야 한다(제121조 제1항). 주고등법원은 당사자를 심문(Anhörung)한 후에(제122조 제2항) 구속의 계속을 명하고, 당해 고등법원은 최소한 3개월 이내에 다시 심사를 하여야 한(제122조 제4항). 구속영장이 취소되면 동일한 사건에 대해서는 더 이상 구속영장이 발부되지 못한다.[268]

3. 구속적부심사

구속이 취소되거나 구속집행이 정지되도록 하기 위해 형사소송법은 두 가지 *법적 구제수단*을 피의자에게 인정하고 있다. 하나는 구속적부심사청구(Antrag auf Haftprüfung)이고 다른 하나는 구속영장항고(Haftbeschwerde)이다.[269]   **194**

a) *구속적부심사청구*(제117조 이하)는 형사소송법 제126조에 정해진 담당 판사에 대해 이루어지고, 이 경우 담당판사는 이 청구에 대해 구두변론을 거쳐야 한다(제118조 제1항). 구속적부심사의 청구는 임의로 수회까지 이루어질 수 있다(제117조 제1항).   **195**

265 BVerfG NJW 2002, 207; 2006, 668. 이에 관한 평석으로는 *Jahn* NJW 2006, 652.

266 BVerfG StV 1999, 328; BGHSt 38, 43 (45).

267 BVerfG NStZ 2006, 47 (48 f.). 이에 관한 논평으로는 *Schmidt* NStZ 2006, 313.

268 같은 입장으로는 OLG Stuttgart NJW 1975, 1572 (1573). 다른 입장으로는 OLG Frankfurt a.M. NStZ 1985, 282. 이에 반대하는 평석으로는 *Wendisch* StV 1985, 197.

269 이에 관한 상세한 설명으로는 *Matt* JA 1991, 85 (85 ff., 89 ff.).

196   b) 이에 반하여 *구속영장항고*(제306조, 제310조)는 구법원의 수사판사의 구속영장에 대한 불복수단으로서 지방법원의 형사부를 항고법원으로 하여 제기된다(법원조직법 제73조 제1항).[270] 영장항고는 일회만 제기될 수 있고 반드시 구두변론을 거쳐야 하는 것도 아니며(제118조 제2항), 구속적부심사청구에 대해 *보충적인* 수단이다. 영장항고는 구속적부심사청구가 기각되는 경우에도 허용된다(제117조 제2항 제2문).

4. 미결구금의 집행

197   형사소송법은 미결구금의 *집행*에 관해 제119조에서 대략적인 윤곽만 정해두고 있다.[271] 이 윤곽은 1953년 2월 12일자의 미결구금집행규칙(UVollzO)에 의해 채워지고 있는 데, 이는 행정명령의 일종으로 영장담당 판사가 (명시적으로) 달리 지시하지 않을 경우 미결구금시설에 근무하는 자가 이를 적용해야 한다는 규정을 통해 그 효력이 확보되어 있다. 형사소송법 제119조 제3항의 일반조항에 따르면 미결구금의 수용자에 대해서는 구금의 목적이나 수용시설 내의 규칙이 요구하는 경우에 한해서만 제약이 가해질 수 있다. 포박은 폭력행사의 위험, 자상의 위험 혹은 도주의 위험을 예방하기 위해서만 허용될 수 있다(제119조 제5항). 미결구금 수용자는 자신의 의사에 반하여 다른 사람과 한 방에 수용되어서는 안된다(제119조 제1항 제1문, 제2항 제1문).[272] 서신왕래는 형벌집행법(StVollzG) 제28조-제31조에 따라 통제된다. 정보기본권의 제한과 관련해서는 법원실무가 통일되어 있지 않다. 인쇄된 작품은 원칙적으로 허용되지만 라디오청취나 텔레비전시청은 원칙적으로 금지되고 있다. 배우자나

---

270 제1심 법원으로서의 주 지방법원의 구속재판이 문제되는 경우, 법원조직법 제121조 제1항 제2호에 따라 항고는 고등법원에 제기한다. 법원조직법 제120조의 형사사건에서 구속영장이 문제되는 경우에는 연방대법원이 항고법원이 된다. 법원조직법 제135조 제2항.

271 자세하게는 *Seebode* Der Vollzug der Untersuchungshaft, 1985.

272 분명하게 이러한 입장을 취한 판결로는, *Seebode*의 찬동하는 평석이 실린, LG Frankfurt a.M. StV 1999, 324.

자녀들의 면회는 증거인멸의 염려가 존재하는 경우에도 자주 허용되어야 하는 바, 증거인멸의 염려는 대화감시를 통해 방지할 수 있다.[273] 집행처분은 경우에 따라 판사가 내린다(제119조 제4항, 제126조). 긴급한 경우에는 형사소송법 제119조 제6항 제2문에 따라 교정공무원이 임시처분을 내릴 수도 있지만 판사의 사후통제를 받아야 한다. 판사의 처분에 대해서는 보통항고(einfache Beschwerde)가 가능하다(제304조). 미결구금의 집행에 대해서는 폭넓은 법규의 개정이 요망된다.[274]

5. 보론: 유럽의 구속영장

유럽의 구속영장은 유럽연합내의 한 국가에서 다른 국가에로의 이송요청을 내용으로 한다. 유럽의 구속영장의 전제조건은 국제형사사법공조법(IRG) 제80조 이하에서 규정하고 있다.[275]

198

II. 체포

긴급을 요하여 사전에 구속영장을 발부받는 것이 불가능한 경우에는 검사, 경찰관 혹은 사인이 임시로 자유를 박탈할 필요가 있다. 이러한 목적을 위해서 이용되는 것이 임시체포(vorläufige Festnahme)제도이다(제127조, 제163a조, 제163c조). 임시체포제도는 인정신문을 위해서 뿐 아니라 피의자의 출석을 확보하기 위해서도 이용된다.

199

---

273 BVerfG NStZ 1994, 52; LG Berlin StV 1992, 282.

274 2004년 9월 22일자 미결구금집행법 개정법률안에 관해서는 www.dvjj.de/data/pdf/2b82ac953 34e8e7d4fe959b95094f1dd.pdf.

275 이에 관한 입문적 내용은 *Hackner/Schomburg/Lagodny/Gleß* NStZ 2006, 663 (665 ff.).

1. 요건

200   a) 형사소송법 제127조 제2항에 의하면 검사와 경찰관은 지체의 위험이 있는 경우 *구속영장의 요건*(Rn. 179 이하 참조)이 충족되면 임시체포를 할 권한이 있다.

201   b) 뿐만 아니라 누구라도 형사소송법 제127조 제1항에 따라 *현행범인*과 도망중인 혐의자를 임시로 체포할 권한이 있다. 현행범인의 신원을 즉시 확인할 수 있는 방법이 달리 없을 경우에도 마찬가지이다. 판례에 의하면 인식가능한 객관적인 사정에 비추어 유력한 범죄혐의가 있는 것이 명백한 경우에는 현행범이 된다.[276]

2. 절차

202   체포 후에는 다음과 같은 절차에 따라야 한다.

203   a) 경찰과 검찰은 지체 없이, 늦어도 체포한 다음 날까지는 피의자가 체포된 지역내의 구법원의 수사판사에게 피체포자를 구인해야 한다(제128조 제1항). 판사는 구인된 피의자를 신문해야 한다(제128조 제1항, 제2문, 제115조 제3항). 구속영장의 요건이 존재하는 것으로 인정되면 구속영장을 발부해야 하고(제128조 제2항 제2문) 피의자에게 이를 고지해야 한다(제128조 제2항 제3문, 제115조 제4항). 구속영장의 요건이 결여되어 있는 경우 판사는 석방을 명하여야 한다(제128조 제2항 제1문). 피체포자에 대해 이미 공소가 제기된 상태인 경우에는 형사소송법 제129조가 적용된다.

---

276   BGH (ZS) NJW 1981, 745 (746); OLG Hamm NStZ 1998, 370; 이에 찬동하는 입장으로는 SK-StPO/*Paeffgen* § 127 Rn. 10; 다른 견해로는 KG VRS 45, 35; 같은 취지로는 *Meyer-Goßner* § 127 Rn. 4.

b) 사인에 의해 체포된 자는 통상적으로 인근의 경찰서에 보내져야 한다. 피   **204**
체포자에 대해서는 형사소송법 제163a조 제4항에 따라 경찰서에서 신문
이 이루어져야 하고 그 이후에는 앞에서 설명한 절차와 동일한 절차가 개
시되어야 한다.

3. 특별 체포권

앞의 체포제도와는 다른 몇 가지 체포권도 법률상 인정되어 있다. 특히 법원   **205**
조직법 제183조 제2문, 조세법 제404조, 형사소송법 제230조 제2항 후단, 형
사소송법 제127b조 제1항 등에 이러한 특별한 체포가 규정되어 있다(이에 관
해서는 Rn. 638 이하 참조).

III. 구인

구인(Vorführung)은 신문을 위해 강제 소환을 할 수 있게 하는 수단이다.   **206**

1. 요건

즉각적 소환은 소환 대신에 구속영장(Rn. 179 이하)도 발부될 수 있을 경우에   **207**
한해서만 허용된다(제134조 제1항). 그 밖의 경우에는 구인에 앞서 서면을 통한
소환과 소환명령이 있어야 한다(제133조).

2. 절차

a) 구인 명령은 판사(제134조)와 검찰(제163a조 제3항 제2문, 제134조)의 권한이다.   **208**
경찰에게 구인할 권한이 인정될 수 있는 경우는 형사소송법 제127조 제2

항에 의거하여 체포의 권한이 있는 경우에 한한다. 구인된 피의자는 신문을 받기 위해 지체없이 판사에게 구인되어 판사의 신문을 받아야 한다. 구인된 다음날이 경과될 때까지 피의자의 신병을 구금상태에 두어서는 안된다(제135조).

209 　b) 수소법원에게 인정되는 특별한 구인 권한도 있다(제230조 제1항 후단).

Ⅳ. 수배 (Fahndung)

210 　체포를 위한 수배명령(Ausschreibung zur Festnahme)과 거주지탐지를 위한 수배명령(Ausschreibung zur Aufenthaltsermittlung)은 구별되어야 한다.[277]

1. 체포를 위한 수배명령

211 　a) 여기에는 두 가지 상이한 상황을 구별해야 한다. 먼저 구속영장이 있으면 비례성이 인정되는 범위내에서 의무합치적 재량에 따라 처음부터 체포를 위한 수배가 가능하다(제131조 제1항). 다음으로 구속영장은 없지만 영장발부의 요건(Rn. 179 이하 참조)이 존재하는 경우, 임시체포를 위해 그것이 필요하고 구속영장의 사전발부가 공개수배에 지장을 초래할 우려가 있을 것을 요건으로 하여, 체포를 위한 수배장이 발부될 수 있다(제131조 제2항 제1문).

212 　b) 구속영장이 있는 경우 수배의 명령주체는 원칙적으로 판사 또는 검찰이지만, 지체의 위험이 있는 때에는 수사관도 수배명령을 내릴 수 있다(제131조 제1항). 구속영장이 없는 경우에는 검찰 또는 그 수사관이 수배를 명할 수 있다. 단 이 경우 사후적으로 일주일내에 구속영장을 발부받아야

277 　전반적인 내용에 관해서는 *Hilger* NStZ 2000, 561 (562 f.). HdB-StA/*Vordermayer* S. 117 f.

하고(제131조 제2항 제2문), 형사소송법 제131조 제4항(피의자는 가능한 정확하게 표시되어야 하고 필요한 만큼 묘사되어야 한다. 사진을 첨부해도 무방하다. 혐의가 인정된 행위, 그 행위가 행해진 장소와 시간, 그리고 체포를 위해 중요한 의미가 있을 수 있는 상황도 기재되어야 한다: 역자 주)의 방식규정을 준수해야 한다.

c) 중대범죄(Straftat von erheblicher Bedeutung)에 대한 혐의가 존재하는 경우에는 거주지탐지라는 다른 방식의 수배가 성공할 가능성이 희박할 것을 요건으로 하여(보충성조항) *공개수배* (*Öeffentlichkeitsfahndung*)도 허용된다(제131조 제3항 제1문).[278] 공개수배를 명하는 *주체*는 원칙적으로 판사 내지 검찰이고, 지체의 위험이 있는 때에는 수사관도 가능하다(제132조 제3항 제2문). 후자의 경우에는 지체없이 검사의 사후확인을 받아야 한다(제131조 제3항 제3문, 제4문). 피의자의 신병이 확보되면 형사소송법 제115조, 제115a조에 따라 피의자를 판사에게 *구인*해야 한다. **213**

2. 거주지탐지를 위한 수배명령

a) 피의자나 증인의 거주지가 알려져 있지 않은 경우에는 형사소송법 제131a조 제1항, 제2항에 따라 거주지탐지를 위한 수배장이 발부될 수 있다. **214**

b) 이 수배명령의 주체는 검찰이지만, 지체의 위험이 있는 때에는 검찰의 수사관도 할 수 있다(제131b조 제1항 제2문). 이경우 형사소송법 제131a조 제4항 제1문, 제131조 제4항의 방식규정에 따라야 한다.[279] 증인의 거주지탐지가 문제되는 경우에는 추가적으로 그가 피의자가 아니라는 사실이 표시되어야 한다(제131a조 제4항 제2문). **215**

---

278 자세하게는 *Pätzel* DRiZ 2001, 24 (31).

279 이에 관해서는 HK-StPO/*Lemke* § 131c Rn. 2.

216   c) 중대범죄에 대한 범죄혐의가 존재하는 경우에는 형사소송법 제131a조 제4항에 따라 보충적으로 공개수배를 내릴 수도 있다. 공개수배가 성공할 가능성이 희박할 경우에는 사진의 공개도 포함시킨다(제131b조 제1항).[280] 증인의 거주지탐지는 증인의 우월적 이익에 배치되는 경우에는 허용될 수 없다(제131a조 제4항 제3호). 거주지탐지를 위한 공개수배의 명령주체는 원칙적으로 판사이고, 지체의 위험이 있는 때에는 검찰이나 그 수사관도 주체가 될 수 있다(제131c조 제1항 제1문). 장기적인 공개수배가 명해질 경우에는 형사소송법 제131b조 제2항의 확인의무가 여기에도 타당하다. 증인에 대한 거주지탐지의 경우에도 마찬가지로 그가 피의자가 아님을 표시하여야 한다(제131b조 제2항 제2문).

---

280   자세하게는 HK-StPO/*Lemke* § 131 Rn. 9.

B. 임시적 보안처분의 부과

형법전에는 형벌(Strafe) 이외에 보안처분(Maßregeln der Besserung und Sicherung)
도 규정되어 있다(형법 제61조 참조). 보안처분은 책임상쇄에 기여하는 것이 아
니라 위법한 행위에 나타나고 있는 재범의 위험성을 예방하기 위한 것이다.
보안처분의 법적 근거에 관해서는 아직 일치점을 찾고 있지 못하다.[281] 최소
한의 합의점을 요약하면 보안처분은 위험방지를 일차적 근거로 삼고 부차적
으로는 선고받은 자의 재사회화에 대한 요청을 통해 정당화될 수 있고, 이러
한 기능 안에서 형벌을 대체, 대행, 혹은 보충한다. 재범의 위험성이 범해진
범죄 자체에서 드러나고 있는 한, 그러한 범죄에 대한 유력한 혐의와 함께 동
시에 통상적으로 재범의 위험성도 존재한다는 유력한 이유도 인정된다. 이
러한 위험성은 형사절차가 종결되어 확정력이 생기기 전에 대처해야 할 위
험성이다. 형사소송법 제126a조(Rn. 218), 제132a조(Rn. 219)는 이러한 목적을
위해 임시적 자유박탈이라는 보안처분을 허용한다. 형사소송법 제111a조
(Rn. 220)는 임시적인 운전면허의 박탈이라는 보안처분도 부과할 수 있도록 하
고 있다. 형사소송법 제112a조에 의거한 "보안구금"도 이와 유사한 제도이다
(Rn. 179이하 참조).

I. 가수용

형법 제63조와 제64조에 의한 사후적 수용(사후적 보안감호를 말함: 역자 주)을 위
한 사전조치로 가수용(einstweilige Unterbringung)이 명해질 수 있다. 가수용을
명하기 위해서는 피의자가 책임무능력상태 혹은 한정책임능력상태에서 위

---

[281] 이에 관한 개관으로는 *Jakobs* AT, Rn. 1/54 ff. 보안처분 특히 보안감호에 대한 비판으로는 *Köhler*
AT, S. 55 ff., S. 642 f.

법한 행위로 나아간 것이라는 *유력한 이유*, 형법 제63조 이하의 사후적 수용을 예상하게 하는 *유력한 이유*, 그리고 공공의 안전에 대한 위험방지를 위한 임시 수용의 필요성 및 비례성이라는 요건을 요한다(제126a조 제1항). 유력한 이유는 유력한 범죄혐의와 짝개념을 이루고 있는데, 유력한 범죄혐의의 경우는 책임능력의 문제가 중요하지 않다는 점에 양자의 차이가 있다.[282]

가수용은 판사만 명할 수 있다. 그 절차는 미결구금의 경우와 거의 유사하다(제126a조 제2항, 제3항).

II. 임시적 직업금지

219   공판절차에서 피의자에 대해 직업금지(Beruftsverbots, 형법 제70조)가 선고될 것으로 예상되는 *유력한 이유*가 인정될 경우, 판사는 직업을 *남용할 구체적인 위험성*이 현존할 것을 요건으로 하여 임시로 직업금지를 명할 수 있다(제132a조 제1항).[283] 이 경우에도 비례성원칙이 지켜져야 하는 것은 당연하다.

III. 임시적 운전면허의 박탈

220   공판절차에서 피의자에 대해 운전면허의 박탈(형법 제69조)이 선고될 것으로 예상되는 유력한 이유가 인정될 경우, 판사는 임시로 운전면허를 박탈할 수 있다(제111a조). 형법 제69조 제2항이 일정한 범죄의 경우 운전면허를 종국적으로 박탈할 때 남용에 대한 진단이 필요없는 것과 마찬가지로, 실무는 운전면허를 임시로 박탈할 때 앞서 언급한 일정한 범죄와 관련해서 유력한 범죄혐의가 존재한다는 사실로부터 남용의 위험이 현존하는 것으로 인정한다.[284]

---

282 *Meyer-Goßner* § 126a Rn. 4.
283 후자에 관해서는 OLG Karlsruhe StV 1985, 49.
284 개관으로는 Hdb-StA/*Kindsvater* S. 215 f.

형사소송법 제111a조에 의한 운전면허의 임시적 박탈과 형사소송법 제94조 제3항에 의한 운전면허증의 압수(Beschlagnahme)는 구별되어야 한다. 운전면허증 압수는 운전면허는 그대로 존속시키는 제도이고, 지체의 위험이 있는 경우 검사나 검사의 수사관에 의해서도 명해질 수 있다(제98조 제1항 제1문 후단). 운전면허증의 압수는 운전면허증이 몰수될 수 있을 경우에만 가능하기 때문에 판사가 임시적인 운전면허의 박탈을 명할 경우에만 허용될 수 있다.

C. 집행확보를 위한 대상물의 보전

221 박탈(Verfall), 몰수(Einziehung), 폐기처분(Unbrauchbarmachung) 및 벌금형(Geld-strafe)의 집행을 보전하기 위해 형사소송법 제111b조 이하는 특별한 처분을 인정하고 있다.[285]

I. 보전의 종류

222 1. 박탈(형법 제73조-제73e조) 또는 몰수(형법 제74조 이하)가 가능한 객체는 형사소송법 제111b조와 제111c조에 따른 공식적인 압수(förmlichen Beschlag-nahme)의 객체가 된다.

223 2. 긴급 압수(dringlicher Arrest)는 박탈을 확보하기 위하거나 대체가치(Wer-tersatz)의 몰수(형법 제73a조, 제74c조)를 확보하기 위해 명해질 수 있다(제111b조 제2항). 소송비용의 확보에 관해서는 형사소송법 제111d조가 규정하고 있고, 벌금형의 집행 확보에 관해서는 형사소송법 제111d조와 제111e조가 규정하고 있다.

II. 주체

224 압수나 긴급압수 명령은 원칙적으로 판사의 *권한*이다(제111e조 제1항, 제111c조, 제111d조). 지체의 위험이 있는 때에는 검찰도 이러한 권한을 행사할 수 있다. 수사관은 지체의 위험이 있을 때 그 집행확보를 위해 동산의 압수만 명할 수 있다(제111e조 제1항 제2문). 검찰의 압수 등의 명령에 대해서는 일주일 이내에 판사의 확인이 있어야 한다(제111e조 제2항).

285 자세하게는 Hdb-StA/*Mayer* S. 507 ff.

절차상의
강제처분

특히 증거확보를 위한 강제처분

의학적 조사

사진과 지문날인

압수

수색, 신원확인, 검문, 일제검거

검문정보 전산망입력

관찰기록 명령

통신비밀에 대한 개입

고객 및 비용에 관한 정보

관찰

잠입수사관

자료통합

A. 의학적 조사

Ⅰ. 피의자에 대한 신체검사

225 신체의 *검사(Untersuchung)*는 피의자의 신체에 대한 *수색(Durchsuchung)*과 구별된다. 신체검사는 신체 내지 신체의 일부의 상태를 확인하거나 신체 내부의 대상물을 찾는 경우로서 보다 엄격한 규정인 형사소송법 제81a조, 제81d조에 따라 수행되는 검사를 말한다. 그 밖의 경우에는 형사소송법 제102조 이하에 따라 판단되어야 할 수색이 문제된다. 이러한 의미의 수색은 자연적으로 드러나 있는 신체에 있는 대상물에 대한 의학적 보조수단에 의하지 않은 수색에 대해서도 적용된다.[286]

1. 요건

226 신체검사를 위해서는 형사소송법 제81a조 제1항 제1문에 따라 초기혐의 외에 그로부터 획득되어야 할 사실에 대한 *증거적 가치(Beweisbedeutsamkeit)*가 인정(예, 혈중알코올 농도)되어야 한다. 신체검사는 강제처분의 일종으로 피의자가 조사를 거부할 때에만 명해질 수 있다(제81a조 제1항 제2문). 검사의 종류와 범위는 비례성원칙의 적용을 받는다.[287] 따라서 마약치료의 경우 강제로 연화제를 투입하는 것은 비인간적이고 저급한 처우로서 인권에 반한다.[288]

---

286 *Meyer-Goßner* § 102 Rn. 9.

287 BVerfGE 16, 194; 17, 108.

288 EGMR NJW 2006, 3117. 이에 관한 평석으로는 *Gaede* HRRS 2006, 241; 논평으로는 *Schuhr* NJW 2006, 3538; K. H. *Schumann* StV 2006, 661; 다른 입장으로는 BVerfG NStZ 2000, 96 (obiter dictum). 이에 관한 평석으로는 NStZ 2000, 381.

2. 주체

신체검사의 *명령주체*는 판사이지만, 검사의 목적달성에 지장을 초래할 우려 **227**
가 있을 경우에는 검사와 수사관도 명령을 내릴 수 있다(제81a조 제2항). 검사
목적에 지장을 초래할 우려라는 개념은 지체의 위험성이라는 개념에 상응하
는 개념이다(Rn. 170 이하 참조).

3. 검사실행

신체검사는 의사가 행한다(제81a조 제1항 제2문). 이때 형사소송법 제81d조에 **228**
따라 수치심 유발방지를 위한 조치를 취해야 한다. 피의자는 신체검사에 협
조할 하등의 의무가 없다. 형사소송법 제81a조는 신체검사의 실행과정에서
필요한 강제 및 상당히 직접적인 강제를 위한 기본적 규정이다.[289]

4. 증거사용의 제한

형사소송법 제81a조 제3항은 사용제한과 폐기의무에 관해 규정하고 있다. **229**
의사가 아닌 자가 검사를 한 경우 증거능력이 인정될 수 없는 것은 아니
다.[290] 신체검사가 유럽인권협약 제3조의 한계를 넘어선 경우 그로부터 획
득된 증거는 유럽인권협약 제6조 제1항에 따라 증거로 사용할 수 없다.[291]

II. 혐의없는 자에 대한 신체검사

"증인으로 고려의 대상이 되는 자" 에 대한 신체검사는 그의 신체에 접촉해 **230**

---

289 OLG Dresden NJW 2001, 3643 (3644). BayObLG NJW 1964, 459 (460).
290 BGHSt 24, 125.
291 BGMR NJW 2006, 3117.

있는 흔적과 대상물에 대한 검사, 혈액채취, 그리고 친자확인에 국한된다 (제81c조 제1항, 제2항). 증인으로 고려의 대상이 되는 자로 그 인적범위를 제한 하고 있다고 해서 신문받을 능력이 없는 자를 배제해야 하는 것은 아니다. 입법자가 인적 범위를 제한한 목적은 자의적으로 다수의 혐의없는 자에 대한 집단적 검사를 하지 못하게 하는데 있을 뿐이다.[292]

1. 요건

231 *초기혐의* 외에 그로부터 획득될 사실의 *증거적 가치*(예, 혈중알코올 농도)와 *비례성원칙*(제81c조 제2항 제1문 후단, 제4항)이 요건으로 요구된다. 강제처분의 일종으로 이러한 신체검사는 피검사자가 검사에 불응할 경우에만 명해져야 한다 (제81c조 제2항 제1문).

2. 주체

232 명령권한 있는 주체는 형사소송법 제81a조의 경우와 유사하게 규정되어 있다 (제81c조 제5항).

3. 검사실행

233 혐의 없는 자에 대한 신체검사에 대해서도 형사소송법 제81a조의 경우와 같은 유사한 제한이 타당하다(제81c조 제2항 제2문, 제81d조). 강제검사는 형사소송법 제81c조 제6항의 한계내에서만 가능하다.

---

292 *Dünnebier* GA 1953, 65.

4. 증거사용금지

증언거부권자(제52조 이하)는 자신의 신체에 대한 검사도 거부할 수 있다(제81c **234**
조 제3항 제1문). 이점에 관해서는 형사소송법 제81c조 제3항 제2문 후단, 제52
조 제3항 제1문과 마찬가지로 피검사자에게 고지되어야 한다. 고지가 이루
어지지 않은 경우는 증거로 사용하지 못한다.[293]

III. 사체검사

시신의 신체에 대한 검사는 형사소송법 제94조, 제87조-제91조의 적용을 받 **235**
는다.

IV. 분자유전학적 검사

유전자(DNA)분석이 중요한 수사수단으로 발전하고 있다. 최근에는 유전자검 **236**
사를 위해 이른바 미세흔적만 있으면 충분한 것으로 인정되고 있다. 2005년
에는 분자유전학적 검사에 관한 규정이 개정[294]됨에 따라 수사처분의 가능
성이 확대되었다.

　형사소송법 제81e조 이하를 적용함에 있어서 유전자 검사가 현재의 형사
절차에서 사실인정에 (진압적으로) 이용되는지 아니면 장래의 형사절차에서
비로소 (예방적으로) 이용되는지에 따라 구별되어야 한다.

1. 검사실행과 정보보호

형사소송법 제81f조 제2항에 의하면 모든 경우 전문 감정인에 의해 검사가 **237**

293　BGH StV 1993, 563.
294　DNA 분석 포렌직에 관한 수정법률 (BGBl. I 2005 S. 2360).

이루어진다(제81f. 제2항 제1문, 제81g조 제3항 제1문, 제81h조 제3항). 각 규정들에서의 증거사용에 대한 제한 및 정보보호규정은 정보에 대한 자기결정권 보호에 기여한다(제81e조 제1항 제3문, 제81f조 제2항 제2문-제4문, 제81g조 제2항, 제3항 제4문, 제5항, 제81h조 제3항).

2. 진압적 검사

238 진압적 처분의 영역에서는 검사재료의 출처에 따라 그리고 검사의 방향에 따라 다음과 같은 상황이 구별되어야 한다.

a) 사람에게서 발견된 시료에 대한 검사

ⓐ 요건

239 *사람*에게서 발견된 시료에 대한 검사는 다음과 같은 전제조건하에서 행해진다:

- 피의자에게서 발견된 경우는 형사소송법 제81e조 제1항 제1문, 제81a조 제1항에 의해 피의자 자신의 것인지 피해자의 것인지를 구별하여 그에 대해 검사한다.
- 증인으로 고려되고 있는 자에게서 발견된 경우는 제81e조 제1항 제2문, 제81c조 제1항에 의해 그 자의 것인지 피의자의 것인지를 구별하여 그에 대해 검사한다.
- 서면으로 동의한 제3자에게서 발견된 경우(제81h조, 집단적 유전자검사)는 그것이 생명, 신체적 완전성, 인격적 자유 혹은 성적 자기결정권을 침해하는 범죄의 실체규명에 이용되는 한 그 제3자의 것에 대해 검사한다.

형사소송법 제81h조는 동의에 의한 집단적 유전자검사 사례만을 규정하고 있다. 강제적인 검사도 허용되는지에 대해서는 견해가 대립한다. 실무는 당사자가 거부할 경우 그를 피의자로 취급함으로써 형사소송법 제81e조에 따른 검사가 가능한 것으로 문제를 해결하려고 한다. 하지만 이는 법치국가적으로 인정될 수 없다. 헌법적으로 보장된 정보에 대한 자기결정권 하나만 보더라도 다른 단서가 존재하지 않는 경우에는 개인에 대해 범죄혐의를 인정할 수 없기 때문이다.[295] 형사소송법 제81e조 제1항 제2문, 제81c조의 취지가 자의적으로 다수의 혐의없는 자에 대한 집단적 유전검사를 못하게 하는 데 있는 것이 아니라고 보는 것은 타당하지 않다.[296] 이렇게 보는 것은 문언의 의미와 입법자의 의사에 반하는 해석이다(Rn. 225이하 참조).

ⓑ 절차

피의자와 증인에 대한 검사일 경우에는 이들이 서면으로 동의하지 않을 경우, *판사가 서면으로 검사를 명해야 한다*(제81f조 제1항, 제81e조). 집단적 유전자검사의 경우에도 서면에 의한 판사의 명령이 요구된다(제81h조 제3항).   **240**

b) 흔적물(Spurenmaterial)에 대한 검사

사람에게서 발견된 흔적물에 대한 검사일 경우에는 판사의 명령이 요구되지 않는다. 이 경우 형사소송법 제81f조 제1항은 제81e조 제1항을 준용하지 않는다.   **241**

3. 예방적 검사

장래의 형사절차에서의 유전자DNA-신원확인을 위해서는 형사소송법 제81g조에 따라 피의자로부터 신체의 조직을 추출할 수 있다.   **242**

a) 요건

먼저 성적 자기결정권에 대한 모든 범죄 또는 중대범죄에 대해 초기혐의가 있을 것이 요구된다(제81g조 제1항 제1문). 중대범죄에는 모든 중죄 및 법적 평화를 현저하게 손상하여 시민들 사이의 법적 안정성에 대한 법감정을 크게 침해할 정도의 경죄가 해당한다.[297] 법정형의 상한이 2년을 초과   **243**

---

295 BT-Drs. 15/5674, S. 13 (14); BVerfG NJW 1996, 1587 (1588); BGHSt 49, 56; *Beulke* Strafprozessrecht, Rn. 242b 참조.
296 이와 반대되는 견해로는 SK-StPO/*Rogall* § 81h Rn. 5.
297 BVerfGE 103, 21 (34).

하는 자유형에 해당하는 범죄가 통상적으로 여기에 속한다고 할 수 있다.[298] 구 형사소송법 제81g조는 위험한 신체상해죄와 특별히 중한 절도죄를 그 예로 제시하였다. 이외에 범행수행, 인격 혹은 그 밖에 다른 사실을 기초로 하여 볼 때 피의자에 대해 장차의 형사절차에서도 중대범죄에 대해 수사가 있을 것이라는 *예측(Prognose)*이 있을 것이 추가로 요구된다.[299] 이 두 가지 요건은 반복적으로 범했다는 혐의가 존재할 경우 모든 그 밖의 다른 범죄에도 동일하게 요구된다(제81g조 제1항 제2문).

b) 절차

244   명령주체와 그 방식에 관해서는 형사소송법 제81a조 제2항, 제81f조 제1항 제2문, 제81g조 제3항에 따른다.[300]

V. 시설수용(감정유치)후 관찰

1. 요건

245   형사소송법 제81조에 의한 수용(관찰을 위한 수용)은 형사소송법 제126a조에 의한 수용(가수용)과 엄격하게 구별되어야 한다. 후자의 경우는 예방적 목적에 이용되지만, 전자는 공판절차의 준비를 위해 피의자의 심리적 상태를 검사하는 목적에만 이용된다(제81조 제1항).

246   *긴급한 혐의*(제81조 제2항 제1문)와 정신병원 수용의 필요성, 그리고 *비례성 원칙*이 요건으로 요구된다(제81조 제2항 제2문).

---

298 *Rieß* GA 2004, 623 참조.

299 합헌성에 관해서는, *Senge*의 평석이 실린, BVerfG NStZ 2001, 328 (329 f.). 소극적 예측을 요건으로 하려는 입장에 관해서는 BVerfG NStZ 2001, 328 (332); 상세한 내용에 대해서는 Hdb-StA/*Messer/Siebenbürger* S. 84 ff., S. 183 ff.

300 관할에 관한 상세한 내용으로는 BGHSt 45, 376 (377 f.).

2. 절차

시설수용 후 관찰을 명령할 수 있는 주체는 공판절차의 진행을 *담당하는* 법 247
원에 국한된다(제81조 제2항 제1문, 제3항). 전문감정인, 변호인 그리고 검찰의 의
견을 청취하여야 한다(제81조 제1항, 제33조 제2항). 결정에 대해서는 즉시항고가
가능하다(제81조 제4항).

3. 실행

형사소송법 제81조 제1항의 시설수용 후 관찰명령은 자유박탈 그 자체만을 248
정당화한다. 이 경우 유치기간은 6주를 초과해서는 안된다(제81조 제5항). 관찰
대상자에 대해 신체검사가 이루어져야 한다면 형사소송법 제81a조 이하에
따라 독자적인 검사명령이 내려지고 그 한계를 지키면서 검사가 이루어져야
한다(Rn. 225 이하 참조).

B. 사진과 지문날인

249 형사절차나 감식(Erkennungsdienst)을 위해 형사소송법 제81b조에 따라 피의자의 의사에 반해서도 그의 사진이나 지문을 찍을 수 있고 측정 등을 할 수 있다. 이러한 처분들이 형사소추의 목적을 위해 행해진 경우에는 이에 대한 법적 구제수단으로는 제98조 제2항의 유추를 통해 형사소송법 제304조의 항고가 인정될 수 있다(Rn. 565 이하 참조). 이에 반해 감식처분에 대해서는 행정법적 구제수단으로 불복해야 한다.[301]

---

301 BVerwGE 16, 89 (94); BGH NJW 1975, 2075 (2076).

C. 압수

형사소송법은 압수(Beschlagnahme)를 증거확보의 목적으로 행하는 대상물에 **250**
대한 강제적 보전수단이라고 한다(제94조 제2항). 수사의 원칙에 의하면 보전
은 형사소추기관의 의무사항에 해당한다(제94조 제1항).

I. 요건

압수의 요건은 *초기혐의*(제152조), 대상물의 잠재적 *증거가치*(제94조 제1항), 그 **251**
리고 *비례성*이다(형사절차 및 벌과금부과절차에 관한 지침 제73a호).[302] 강제처분의
일종인 공식적인 압수명령은 피압수자가 보전되어야 할 대상물의 제출을 거
부하는 경우에만 인정된다(제94조 제2항).

II. 절차

압수*명령*은 원칙적으로 판사의 권한이지만,[303] 지체의 위험이 있는 때에는 **252**
검찰과 그 수사관도 압수명령을 내릴 권한이 있다(제98조 제1항).[304] 검사와 수
사관에 의한 압수명령이 있을 경우 형사소송법 제98조 제2항 제1문의 경우
3개월 이내에 판사의 확인을 받아야 한다. 그 밖의 경우에는 당사자 스스로
도 판사의 명령을 청구할 수 있다(제98조 제2항 제2문)(Rn. 565 이하 참조).

---

302 BGH StV 1988, 90.

303 *Haller/Conzen* Das Strafverfahren, Rn. 1017의 예.

304 점유가 없거나 임의 제출된 대상물은 형사소추를 담당하는 다른 공무원에 의해서도 보전될 수
     있다. 언론에 대한 압수는 오직 법원에 의해서만 명하여질 수 있다. 형사소송법 제98조 제1항 제
     2호. 이에 관해서는 *Achenbach* NStZ 2000, 123 ff.

III. 실행

253 압수는 대상물의 취거 또는 처분제한의 명령(예, 일정 공간의 봉인)에 의해 이루어진다. 압수의 *효과*는 다음과 같다. 물건에 대해서는 봉인(Verstrickung)이 이루어지고(형법 제136조), 검사의 공소제기 이전까지는 경찰에게, 그 이후에는 법원에게 간수의무(Verwahrungspflicht)가 생긴다(제98조 제3항, 형사절차 및 벌과금부과절차에 관한 지침(RiStBV) 제74호).[305] 그 대상물이 형사소추의 목적을 위해 더 이상 필요하지 않는 경우에는 즉시 압수가 취소되어야 한다. 압수는 저절로 종결되는 것이 아니라 늦어도 판결의 확정력과 함께 법원의 재판이 있어야 비로소 종결된다.

IV. 압수금지

254 압수 대상물에는 몇 가지 예외가 있다. 이 예외인정에 의해 피의자의 진술거부권(Rn. 110) 또는 증인의 증언거부권이 우회적으로 무시되는 결과가 방지될 수 있다고 한다. 그 예외는 다음과 같다:

255 1. 첫째, 피의자의 불가침적 핵심영역에 관한 관념의 표시가 들어있는 서류들(Schriftstücke)은 압수대상이 될 수 없다.[306] 연방재판소는 피의자가 자신을 변호하기 위해 작성해 둔 서류도 여기에 포함된다고 한다.[307]

256 2. 둘째, 피의자와 증언거부권이 있는 자 사이의 서면의 통지(Mitteilungen), 증언거부권과 관계되는 기록들(Aufzeichnungen)과 그 밖의 다른 대상들도

---

305 당사자에게도 유리한 측면에 관해서는 RGZ 108, 251; BGH NStZ 1987, 517. 이에 대한 평석으로는 *Amelung* StV 1988, 326.

306 BVerfGE 44, 353. 이에 관한 평석으로는 *Knapp* NJW 1977, 2119. *Beulke* Strafprozessrecht, Rn. 463; *Fezer* Strafprozeßrecht, Rn. 7/42 ff 참조.

307 BGHSt 44, 46 (48).

압수대상에서 제외된다. 물론 이러한 대상들이 피의자나 증언거부권자의 점유 하에 있어야 한다[308](제97조 제1항, 제2항 제1문의 전단). 하지만 증언거부권자가 피의자의 범죄에 연루되어 있다는 혐의를 받고 있는 경우에는 압수대상이 될 수 있다 (제97조 제2항 제3문의 전단, 제4항, 제5항의 제2문의 전단). 범죄로부터 나온 물건과 범죄의 도구(producta sive instrumenta sceleris)가 문제되는 경우에도 마찬가지이다(제97조 제2항 제3문의 후단, 제4항, 제5항 제2문의 전단). 범죄에 연루된 언론인의 점유 하에 있는 대상물의 경우에는 압수금지의 예외가 보충적으로만 인정되어 보다 특별한 비례성심사를 받아야 한다(제97조 제5항 제2문의 후단).[309] 변호인의 우편물은 압수될 수 없다(Rn. 126이하).

3. 전기통신의 내용이나 그 접속자료를 기록한 저장매체는 통신비밀이 아니므로 압수대상이 될 수 있다.[310] 이동무선통신기기에 대해서도 마찬가지이다. 이러한 경우들에 있어서는 아직 수신되지 않은 정보들에 대한 접근이 가능하기 때문에 통신비밀에 대한 침해를 방지하기 위해서는 절차에 합치되는 특별한 안전장치를 예정해 두어야 한다. 이에 관해서는 형사소송법 제110조 제2항 제2문이 유추적용될 수 있다.[311]

4. 공무상의 서류들이 공개되어 연방이나 주의 이익을 저해할 우려가 있을 경우에는 압수에서 제외될 수 있다(제96조). 이러한 압수금지는 특히 형사소송법 제54조에 따른 진술금지를 우회적으로 피해가는 것을 못하게 하는데 기여한다. 형사사건에서 밀실절차(in-camera-Verfahren)는 허용되지

257

258

---

308 의료보험카드는 그 외의 경우에도 압수되어서는 아니 된다. 형사소송법 제97조 제2항 제1호 후단.

309 이에 관하여 구체적인 내용으로는 BVerfG 1 BvR 538/06 v. 27.2.2007, http://www.bverfg.de/entscheidungen/rs20070227_1bvr053806.html.

310 BVerfG NJW 2006, 976 (978). 이에 관한 평석으로는 *Günther* NStZ 2006, 643; *Heckmann* jurisPR-ITR 4/2006 Anm. 5.

311 BerlKommTKG/*Klesczewski* § 113 Rn. 9.

않는다.[312] 문서에 대한 부당한 비공개에 대해서는 피의자가 행정법적 구제수단을 이용할 수 있다(행정법원법(VwGO) 제40조 제1항 제1문).[313] 형사법원은 이 경우 자체적으로 압수를 명할 수 있다.[314]

259   5. 압수의 실질적 요건을 위반한 경우에는 *증거사용금지*의 효과가 부여된다. 하지만 형사소송법 제98조의 형식적 요건에 대한 위반이 있을 경우는 그렇지 않다.[315]

V. 우편물압수

260   우체국에 있는 발송물에 대해서는 형사소송법 제99조 이하의 특별규정이 적용된다.

     압수명령은 원칙적으로 판사의 권한이고, 지체의 위험이 있는 때에만 검사에게도 권한이 인정되지만, 수사관은 압수를 명할 권한이 없다(제100조 제1항). 검사가 우편물압수를 명할 경우 형사소송법 제100조 제2항 사례들에서는 3일 이내에 판사의 확인을 받아야 한다. 이 경우 당사자도 스스로 판사의 명령을 청구할 수 있다(제100조 제4항 제1문)(Rn. 252). 우편물압수는 일반적인 압수의 경우와 유사하지만 다음과 같은 예외도 있다. 발송물의 *개봉*은 원칙적으로 판사의 권한이고 판사는 이 권한을 검사에게 위임할 수 있다(제100조 제3항). 지배적인 견해에 의하면 형사소송법 제97조가 예상하는 것과 같은 대상물에 대한 압수제한은 우편물압수에 대해서는 적용되지 않는다.[316] 그 이유는 증언거부권자가 당해 서류를 점유하고 있지 않은 점 때문이라고 한다. 하

---

312   BGH NJW 2000, 1661.
313   BVerwG NJW 1984, 2233.
314   BGHSt 38, 237. 이에 관한 평석으로는 NStZ 1993, 94.
315   *Beulke* Strafprozessrecht, Rn. 463; *Fezer* Strafprozeßrecht, Rn. 7/42 ff.; *Roxin* Strafverfahrensrecht, § 34 Rn. 18.
316   SK-StPO/*Rudolphi* § 97 Rn. 15.

지만 이러한 태도는 사물의 본질에 부합하지 않는 관찰방법이다. 기본법 제
10조 제1항은 편지가 우체국(회사)의 점유 하에 있는 단계에서도 문자적 통신
의 신뢰성을 보호하고 있기 때문이다. 따라서 점유하고 있지 않다는 사실은
중요한 문제가 아니다.[317]

절차상의 강제처분

---

317 상세한 내용으로는 *Köhler* ZStW 116, 1995, 10 (40). 그럼에도 유럽인권재판소는 유럽인권협약
제6조, 제8조에 대한 위반이라고 하지 않았다. 이에 대해서는, 이에 찬동하는 *Arndt*의 평석이 실
린, NJW 1979, 1755 참조.

D. 수색, 신원확인, 검문, 일제검거

261 수색(Durchsuchung)은 혐의자의 발견 또는 (입증에 중요한) 대상물의 발견을 위한 것으로, 일정한 공간이나 당사자를 그 대상으로 한다. 혐의자에 대한 수색과 혐의없는 자에 대한 수색은 구별되어야 한다.

I. 혐의자에 대한 수색

1. 요건

262 수색의 요건은 형사소송법 제102조에 의하면 다음과 같다. 첫째 *초기혐의*, 둘째, 압수가 금지되지 않는 *증거적 가치* 있는 대상물이 혐의자의 공간이나 신체에 존재한다는 범죄수사학적 경험에 근거한 추측,[318] 셋째 *비례성이다*[319] (형사절차 및 벌과금부과절차에 관한 지침 제74호).

2. 절차와 형식

263 수색의 *명령주체*는 원칙적으로 판사이고,[320] 지체의 위험이 있는 때에만 검찰과 그 수사관에게도 명령권이 인정될 수 있다(제105조 제1항). 수색영장에는 범죄혐의와 수색할 증거방법이 표기되어 있어야 한다.[321] 수색영장의 효력기간은 발부된 때로부터 6개월이다.[322]

---

318 OLG Frankfurt a.M. NStZ-RR 2005, 270.
319 BVerfG StV 1997, 394.
320 *Haller/Conzen* Das Strafverfahren, Rn. 1006의 예.
321 BVerfGE 42, 212 (220); 96, 44 (51); BVerfG StV 2005, 643.
322 BVerfGE 96, 44 (52 ff.).

3. 실행

수색을 하기 위해서는 상대방을 보호하기 위해 일정한 방식에 따라야 한다. 야간수색은 예외적으로만 인정된다(제104조). 일정한 공개성을 준수해야 한다 (제105조 제2항, 제3항, 제106조). 상대방의 요구에 따라 수색의 목적과 결과를 증명해야 하고(제107조), 압수된 대상물이 표기되어야 하고 문서로 작성되어야 한다(제109조). 수색 대상인 서류에 대한 정확한 검열(Durchsicht)은 검사가 해야 하고 검사의 지시가 있을 경우 그 수사관도 검열할 수 있다(제110조 제1항). 온라인 수색(Online-Zugriff)과정에서 개인용 컴퓨터에 대해 비밀리에 이루어지는 조사는 형사소송법 제102조 이하의 적용대상이 될 수 없다.[323] 수색은 혐의자의 신체의 외부에 대한 조사만을 허용한다. 신체에 대한 침습은 인정하지 않는다. 피의자의 신체에 더한 침습이 이루어지는 검사에 관해서는 형사소송법 제81a조가 규정하고 있다(Rn. 225).

264

4. 우연한 획득물

수색을 통해 의도하지 않게 수사대상이 된 범죄가 아닌 다른 범죄에 대한 증거방법이 드러나게 된 경우, 이러한 이른바 우연한 획득물(Zufallsfund)은 임시로 압수될 수 있다(제108조).

265

II. 혐의없는 자에 대한 수색

혐의자에 대한 수색의 경우 보다 그 요건이 더욱 엄격하다. 즉 혐의없는 자에 대한 수색도 초기혐의와 *비례성원칙*의 준수를 요건으로 하지만, 증거적 가치있는 대상물을 발견할 수 있을 것이라는 추측 대신에 피의자가 혐의없는

266

---

323 이와 다른 견해로는 *Beulke/Meininghaus*의 비판하는 평석이 실린 BGH (ErmR) StV 2007, 6 (아래 Rn. 339 참조.).

149
절차상의 강제처분

자의 공간에 머물고 있거나 증거방법이 거기서 발견될 것이라는 *사실에 근거한 혐의*[324]를 필요로 한다(제103조 제1항 제1문).

형법 제129a조(테러단체조직죄: 역자 주), 제129b조 제1항의 범죄(외국에서의 범죄단체와 테러단체에 관한 죄: 역자 주)에 대한 유력한 혐의가 있는 때의 체포현장에서의 수색(Ergreifungsdurchsuchung)은 혐의가 단순히 그 주거가 있는 건물과 관련성을 가지기만 해도 충분하다(제103조 제1항 제2문). 형사소송법 제103조 제1항 제2문에 의한 수색은 지체의 위험이 있는 경우에도 경찰에게는 명령권이 인정되지 않는다(제105조 제1항 제2문). 이 경우에는 우연히 발견된 획득물(Rn. 265)이라도 압수될 수 없다(제108조 제1항 제2문).

III. 검문

267 1. 모든 혐의자에 대해 검찰이나 경찰은 혐의자의 *신원확인(Identifizierung)*을 위해 (혐의자나 물건에 대한 수색을 포함한) 필요한 처분을 할 수 있다(제163b조 제1항, 제163c조). 단순한 동일성확인은 형사소송법 제163b조 제2항에 따라 혐의없는 자에 대해서도 허용된다. 어느 경우이든지 동일성확인을 위해서도 비례성원칙이 준수되어야 한다.[325]

268 2. 공개적으로 접근할 수 있는 장소에 위치하고 있는 *검문소(Kontrollstellen)*에서는 모든 사람에 대해 신원확인과 수색을 할 수 있다(제111조). 이러한 검문소를 설치하려면 일정한 사실, 즉 한편으로는 형법 제129a조, 제129b조, 제250조 제1항 제1호의 범죄나 제129a조에 언급된 범죄의 혐의를 근거지우는 사실과, 다른 한편으로는 검문이 혐의자의 체포나 증거방법의 발견에 이를 수 있다는 가정을 정당화할 수 있는 사실을 토대로 하여야 한다. 그 외에는 수색에 관한 규정이 그대로 적용된다(제111조 제2항, 제3항).

---

324 이에 관해서는 BGH StV 2002, 62.
325 AG Hamburg StV 1985, 364; 이에 찬동하는 입장으로는 *Roxin* Strafverfahrensrecht, § 33 Rn. 13.

3. *일제검문(Razzia: 일제단속)*이란 평판이 좋지 않은 일정한 장소에 머물고 있 **269**
   는 자들 모두에 대해 한꺼번에 이루어지는 신원확인방법을 말한다. 형사
   소송법은 이를 위해 아무런 구체적인 근거를 규정하고 있지 않다.[326] 그
   허용성과 관련해서는 형사소송법 제163b조, 제163c조, 제102조 이하, 제
   127조가 적용될 수 있다.

4. 연방경찰법(BPolG) 제22조 제1a항[327]에 의하면 연방경찰은 이른바 *경계* **270**
   *검문(Schleierfahndung)*을 할 권한이 있다.[328]

---

326 이와 같은 개념정의로는 *Roxin* Strafverfahrensrecht, § 35 Rn. 18.
327 이 규정은 2007년 6월 30일 실효되었음.
328 헌법상의 문제제기에 관한 상세한 내용으로는 *Seebode* FS Mangakis, S. 693 (703 ff.).

E. 검문정보 전산망입력(Schleppnetzfahndung)

271 검문소(제111조)나 국경에서의 대인검문시(연방경찰법 제2조 제2항 제2호, 제21호, 제23호, 제29호)에 수집되어 저장되는 자료들은 형사소송법 제163d조의 범위내에서 전산자료에 입력될 수 있다.

272 Ⅰ. 이러한 전산입력을 위해서는 두 가지 *전제조건*이 필요하다. 하나는 조직범죄 영역의 *전형적 범죄목록*에 있는 범죄에 대한 일정한 사실에 기초한 혐의(제163d조 제1항 제1문, 제112조, 제100a조 제1문 제3호, 제4호)가 있어야 하고, 다른 하나는 바로 그러한 사실이 입력된 자료의 사용을 통해 범죄자의 신병을 확보하거나 범죄의 실체규명에 이를 수 있다는 근거가 인정되어야 한다.

273 Ⅱ. *명령의 주체*는 판사이고, 지체의 위험이 있을 경우에는 검찰이나 그 수사관에게도 권한이 인정된다(제163d조 제2항 제1문). 이러한 경우 지체 없이 판사의 확인을 받아야 하는데, 그 기간은 3일을 초과할 수 없다(제163d조 제2항 제2문). 이 명령은 일정한 *방식*에 따라야 하고 유효기간이 미리 정해져 있어야 한다(제163d조 제3항).

274 Ⅲ. 이 명령을 수행함에 있어서는 특별한 *사용제한규정, 삭제규정,* 그리고 *통지규정*(제163d조 제1항 제3문, 제3항 제2문, 제4항 제2문, 제4문, 제5항)을 준수해야 한다. 형사소송법 제163d조 제4항 제5문은 저장된 자료를 다른 범죄(그 범죄의 경중여하에 상관없이)의 수사를 위해서도 사용하는 것을 허용한다.

F. 관찰기록 명령
(Ausschreibung zur polizeilichen Beobachtung)

동영상을 만들기 위해 형사소송법 제163e조는 앞서 언급한 대인검문(Rn. 271 **275** 이하) 내지 경찰법에 의한 대인 검문시에 수집되어 저장된 자료들을 비밀리에 채집하는 것을 허용한다.

Ⅰ. 이를 위한 전제조건은 다음과 같다. 즉 중대 범죄에 대한 초기혐의가 있 **276** 어야 하고, 피의자와 그의 동반자 및 그와 친분관계 있는 자에 대해서만 가능하며, 다른 처분을 통해서는 거주지 탐지나 사건의 진상규명이 성공할 가망성이 없거나 중대한 지장을 받을 우려가 있는 경우에만 이러한 수사방법을 사용할 수 있다(보충성). 성공가망성이 없는 경우란 다른 수사 가능성이 더 이상 없을 경우를 말한다.[329] 중대한 지장은 다른 처분을 투입할 경우 중대한 절차지연이 초래될 경우를 가리킨다.[330] 비용절감은 원칙적으로 고려요소가 아니다.[331]

Ⅱ. 판사만이 이 명령을 내릴 권한이 있지만, 지체의 위험이 있는 경우 검찰 **277** 에게도 명령권이 인정된다(제163조 제4항 제1문, 제2문). 후자의 경우 3일내 에 지체 없이 판사의 확인을 받아야 한다(제163e조 제4항 제3호, 제4호). 명령 은 일정한 유효기간을 미리 예정해 두고 내려야 한다(제163e조 제4항 제5호, 제6호, 제100b조 제2항 제5문).

153
절차상의 강제처분

---

329 *Meyer-Goßner* § 100a Rn. 7.
330 KK-StPO/*Nack* § 100a Rn. 23.
331 LR/*Schäfer* § 100a Rn. 43.

G. 통신비밀에 대한 개입
(Eingriffe in das Fernmeldegeheimnis)

278 전기통신의 중요성이 점증하고 있을 뿐 아니라 전기통신의 디지털화가 전면적으로 이루어지는 상황에서 수사기관은 전기통신을 비밀리에 탐지함으로써 다양한 정보들을 획득할 수 있다. 이에 대해서는 기본법 제10조 제1항이 한계를 설정해두고 있다. *통신비밀(Fernmeldegeheimnis)*은 전기통신의 경우 사적 영역을 보장해준다. *전기통신(Telekommunikation)*이란 정보와 동일시될 수 있는 신호를 그에 상응하는 기술적 장치를 통해 송신, 중계 그리고 수신하는 모든 기술적 과정을 말한다(전기통신법(TKG) 제3조 제22호 이하 참조).[332] 통신의 비밀에는 그 *내용* 뿐 아니라 전기통신이 종료될 때 까지의 *사정*들[333](예, 통화자료 내지 접속자료)[334]도 포함된다.[335] 휴대전화기의 이용자가 알면서도 기기를 열어둔 경우 통신중계소의 자료(Stand-by-Standortdaten)도 통신의 비밀에 속한다.[336] 뿐만 아니라 통신비밀은 전기통신이 거리를 극복하고 그를 위해 정보중계자를 필요로 하는 만큼 특별한 보호를 요한다. 이 때문에 통신비밀은 제3자의 개입에 고도로 노출되어 있다.[337]

Ⅰ. 전기통신의 감청

---

332 자세한 내용은 BerlKomm TKG/*Säcker* § 3 Rn. 36 f.

333 BVerfGE 67, 157 (172); 85, 386 (396).

334 전자는 전기통신법 제96조 제1항의 새로운 용어이며, 후자는 형사소송법 제100g조 제3항의 용어이다. 이에 관하여 자세하게는 BerlKommTKG/*Klesczewski* § 96 Rn. 4 ff.

335 BVerfG NJW 2006, 976 (978).

336 따라서 BGH NJW 2003, 2034 (2035)가 타당하다. 이에 반대하는 평석으로는 *Fezer* NStZ 2003, 625 (626 ff.); *Weßlau* StV 2003, 370; 반면 이에 찬동하는 입장으로는 BerlKommTKG/*Klesczewski* § 88 Rn. 15.

337 BVerfGE 106, 28 (29 f.).

1. 형사소송법 제100a조는 *전기통신의 감청(Telekommunikationsüberwachung)*
   만을 허용한다. 이러한 전기통신의 감청은 연방재판소에 의하면 수화기가
   잘못 놓여져 있어서 실내에서의 대화가 전달되는 경우에도 인정된다.[338]
   하지만 본질상 이러한 경우는 형사소송법 제100c조에 따라 허용여부가 결
   정되는 음향신호에 의한 주거감청이지 전화감청은 아니라고 봐야 한다.
   이메일로 악성 바이러스(Trojanern)를 침투시켜서 주거내의 컴퓨터를 탐지
   하는 것도 마찬가지로 전화감청에 해당하지 않는다.[339] 제공자에 의한 정
   보가 중간 저장되고 있는 한 전기통신은 종료된 것이 아니다. 따라서 이에
   대한 개입은 형사소송법 제100a조의 전제조건하에서만 허용된다.[340]

2. 전기통신의 감청의 *요건*으로는 한편으로 형사소송법 제100a조 제1항 제
   1호에서 언급되고 있는 *목록범죄* 중의 하나에 관계된 혐의로서, 구체적인
   사실에 의해 구체화된 혐의가 있어야 하고, 다른 한편으로는 *보충성*의 요
   건이 필요하다. 전기통신의 감청은 피의자와 피의자의 정보중계자에 대
   해서만 이루어질 수 있다(제100a조 제2문).

3. 감청에 대한 *명령권한*은 판사에게 부여되어 있지만, 지체의 위험이 있을
   때에는 검찰도 명령할 수 있다(제100b조 제1항 제1문, 제2문). 이 경우 3일 이내
   에 지체없이 판사의 확인을 얻어야 한다(제100b조 제1항 제3문).[341] 명령은 일
   정한 *방식*에 따라야 하고(제100b조 제2항 제1문-제3문) 유효기간도 미리 정해
   져 있어야 한다(제100b조 제3항 제4문, 제5문). 전기통신의 감청의 구체적인 실
   행은 전기통신법(TKG) 제110조와 전기통신감청법(TKUeV) 제6조 이하에
   의한다(3.11.2005의 명령(VO), BGBl. I S. 3136).

---

338 BGH NJW 2003, 2034 (2035).

339 BGH (ErmR), PStR 2007, 23; BGH 3. StS, B. v. 31.1.2007, StB 118/06,
     www.bundesgerichtshof.de.

340 BerlKommTKG/*Klesczewski* § 88 Rn. 13. BVerfG HRRS 2007, Nr. 125에 의해서도 고려되었
     다. 이에 대한 논평으로는 Schlegel HRRS 2007, 41.

341 실무에서 이러한 요건이 "형해화" 되고 있음에 관해서는 *Kinzig* StV 2004, 560 (562) 참조.

4. *감청의 제한, 기록삭제의무 및 통지의무에 관해서는* 형사소송법 제100b 조 제2항-제4항, 제6항, 제101조 제1항 제1문이 적용된다.

5. 형사소송법 제100a조는 형사소송법 제97조와 같은 *증거사용금지*는 규정 하고 있지 않다. 전기통신이 불가침적 핵심영역에 해당하는 것이라면 그에 관한 녹음은 이른바 대 도청[sog. großer Lauschangriff, 사생활공간에서의 도청을 대도청이라고 하고, 그 외의 공간에서의 도청을 소도청이라고 함(Rn. 299 참조): 역자 쥐의 경우와 같이 증거사용에 제한이 있어야 한다.[342] 전기통신이 형 사소송법 제52조-제53a조에서 보호된 신뢰관계에 있는 자들 사이에 이 루어졌는지는 중요하지 않다는 판례[343]의 태도도 재고되어야 한다.[344] 변호인과의 통화는 형사소송법 제148조 제1항에 의해 감청의 대상에서 제외되어 있다(Rn. 126).

증거사용에 관해서는 형사소송법 제100b조가 특별규정에 해당한다. 이 규정은 전기통신의 감청을 허용하는 것으로 인정된 범죄목록의 범죄에 대 한 진상규명을 위해서 감청기록을 언제나 증거로 사용할 수 있음[345]을 전 제로 삼고 있다. 이 외에도 이 규정은 목록범죄가 문제되는 한 다른 범죄 의 소추를 위해서도 증거로 사용될 수 있다고 한다(제100b조 제5항).[346] 하지 만 목록에 들어 있지 않은 범죄에 대한 증거로 감청기록은 원칙적으로 사 용할 수 없다.[347] 물론 그 기록이 감청명령의 대상이 되는 목록범죄와 직 접적인 관련성을 맺고 있는 경우에는 달리 볼 여지가 있다.[348] 연방재판 소에 따르면 목록범죄가 아닌 범죄가 목록범죄와 소송상 한 개의 사건을

---

342 같은 입장으로는, 이에 찬동하는 *Roggan*의 평석이 실린, LG Ulm StV 2006, S. 9.

343 같은 입장으로는 BGH NStZ 1999, 416. 반대 입장으로는 *Löffelmann* ZStW 118 (2006), 359 (361 ff.).

344 이에 관해서는 *Bergemann* GS Lisken, S. 69; Köhler ZStW 107, 1995, 10 (43); *Paeffgen* FS Rieß, S. 413 (423 ff.).

345 BGHSt 48, 240. 이에 관한 평석으로는 *Arloth* NStZ 2003, 603.

346 합헌성에 관해서는 BVerfG NJW 2005, 2766.

347 BGHSt 32, 10. 이에 찬동하는 평석으로는 *Schlüchter* NStZ 1984, 372; *Allgayer* NStZ2006, 603 (605 f.); *Beulke* Strafprozessrecht, Rn. 476.

348 BGHSt 26, 298 (302).

이루고 있는 경우[349] 혹은 목록범죄에 접속되어 있는 접속범죄(Anschluss-delikt)인 경우가 그러한 경우라고 한다.[350] 연방재판소에 따르면 연쇄적인 전기통신의 감청이 있을 경우 획득된 사실을 증거로 사용할 수 있는지에 대한 법원의 심사는 최후의 감청처분에 제한되어야 한다고 한다.[351]

II. 정보기관에 대한 제한

기본법 제10조 유보에 관한 법률(G-10-Gesetz, 독일 기본법은 제10조에서 신서비밀,   **284**
우편비밀 그리고 통신비밀을 불가침적인 것이라고 표현하면서 이에 대해 높은 가치를 부여
하고 있다. G-10-Gesetz는 일정한 요건하에 이러한 불가침성을 제한하는 법률로 이른바
감청법(Abhoergesetz)라고도 부른다: 역자 주) 제3조 내지 제5조에 따라 정보기관
에 의해 획득된 인적 관련 자료들은 이 법률 제4조 제4항 내지 제7조 제4항
제1호와 제2호의 요건하에서만 형사소추기관에 제공될 수 있다.[352]

III. 정보요청(Auskunftsersuchen)

1. 형사소송법 제100g조 제1항 제1문에 의하면 형사소추기관은 전기통신회   **285**
   사에 대해 개인의 (과거의 혹은 장래의) 전화접속자료(제100g조 제3항)에 관한
   정보를 요구할 수 있다.[353]

a) 이 경우 정보요청은 중대범죄나 최종설비(전기통신법 제3조 제3호)를 수단으   **286**
   로 범해지는 범죄에 대한 구체적 사실에 기초한 *초기혐의*를 전제조건으로

---

349   BGHSt 28, 122 (128); BGH NStZ 1998, 426 (427).
350   BGHSt 30, 317 (319). 이에 대한 비판적인 평석으로는 *Odenthal* NStZ 1982, 390; *Klesczewski*의
     반대하는 평석이 실린 OLG Karlsruhe StV 1994, 529; 결과적으로 타당하지만 다른 견해로는
     OLG Düsseldorf NStZ 2001, 657; OLG Karlsruhe NJW 2004, 2687 (2688).
351   BGH NStZ 2006, 402 (404).
352   자세하게는 BerlkommTKG/*Klesczewski* § 110 Rn. 10 ff.
353   이 규정의 효력은 2007년 12월 31일까지 한시적으로 되어 있었음.

하는 경우에만 명해질 수 있는 *보충적 수사처분이다*(제100g조 제2항). 이 경우 정보는 피의자 또는 피의자의 정보중계소의 접속자료에 관한 것이어야 한다(제100g조 제1항 제2문). 뿐만 아니라 형사소송법 제100h조 제1항 제2문은 무선전화선 접속자료에 대한 요청(Funkzellenabfrage)도 허용하고 있다.[354]

287   b) *명령을 발할 수 있는 권한*은 형사소송법 제100a조, 제100b조의 경우와 마찬가지로 규정되어 있다(제100조 제1항 제3문)(앞의 G. Ⅶ.1.c를 참조). 명령장은 일정한 *방식*을 준수해야 하고(제100h조 제1항 제1문, 제100b조 제2항 제1문-제3문), *유효기간*이 정해져 있어야 한다(제100b조 제3항 제4문 이하). 형사소송법 제101조 제1항의 *통지의무*가 적용된다.

288   c) 정보가 형사소송법 제53조 제1항 제1호 및 제4호에서 보호된 신뢰관계에 있는 자들 간의 전기통신과 관련된 경우에는 증언거부권이 범죄와 연루된 경우가 아닌 한 *증거사용이 금지*된다(제100h조 제2항).[355] 형사소송법 제100g조 제3항은 증거사용의 제한을 위하여 형사소송법 제100b조 제5항의 규정내용(Rn. 283참조)을 의미에 맞게 준용한다.

289   2. 보론: 전기통신법 제111조-제113조는 전기통신사업자에 대해 의무에 따라 수집되어[356] 자료로 저장된 고객에 관한 정보를 형사소추기관에 자동적으로[357] 혹은 매뉴얼에 따라[358] 제공할 의무를 부여하고 있다. 뿐만 아니라 형사소송법 제100i조 제4항은 정보제공의무를 규정하고 있다. 전기통신사업자와 그 종업원에게는 정보를 제공하지 못하도록 하고 있지만

---

354 LG Magdeburg StV 2006, 125; *Beichel-Benedetti*의 비판적인 평석이 실린 LG Rottweil StV 2005, 438.
355 제한적인 입장으로는 das BVerfG.
     http://www.bverfg.de/entscheidungen/rs20070227_1bvr053806.html.
356 Berlkomm/*Klesczewski* TKG § 111 Rn. 12 ff.
357 Berlkomm/*Klesczewski* TKG § 112 Rn. 4 ff.
358 Berlkomm/*Klesczewski* TKG § 113 Rn. 3 ff.

(전기통신법 제88조 제3항 내지 제95조 제1항 제3문), 형법 제138조에 따른 신고의
무가 있는 경우에만 예외를 인정한다(전기통신법 제88조 제3항 제4문).[359] 전기
통신법의 규정 그 자체는 통신비밀에 대한 개입 근거를 제공하고 있는 것
이 아니라 단지 기술적, 조직적 전제조건만을 제시하고 있다. 이러한 조건
들은 자료저장에 관한 유럽연합-지침을 이행함으로써 변경할 수 있다.[360]
유럽연합-지침에 의하면 전기통신사업자는 적어도 1년 6개월까지 접속자
료를 보관하여야 한다.

IV. 보론: "국제이동통신사용자식별- 캐처" ("IMSI-Catcher")

전기통신의 감청은 사용된 접속망의 주체가 누구인지를 알 수 있어야만 성   **290**
공할 수 있다. 피의자가 어떤 핸드폰으로 혹은 어떤 심(SIM)카드를 이용하여
전화했는지를 알아내기 위해서는 일정한 측정기기, 즉 부여된 기기번호(IMEI)
와 카드번호(IMSI)만을 탐지하는 이른바 IMSI-Catcher를 이용할 수 있다. 이
를 통해 형사소추기관은 전기통신을 감청(제100조 제1호)하거나 피의자를 체
포(제2호)를 할 수 있게 된다.

전기통신 감청의 경우에는 형사소송법 제100a조의 *전제조건*이 준수되어   **291**
야 하고, 체포의 경우에는 중대범죄에 대한 혐의가 있어야 한다. 두 경우 모
두 수사의 결과를 본질적으로 어렵게 만들지 않는 한 다른 처분들을 먼저 활
용해야 한다(제100i조 제2항). *명령*을 내릴 권한 있는 자, *방식* 그리고 *기간*은 전
기통신감청에 준하여 규정되어 있다(100i조 제2항 제1문-제3문). 처분을 *실행*할
경우 조사의 한계를 준수해야 한다(제100i조 제3항).

---

359 Berlkomm/*Klesczewski* TKG § 88 Rn. 36 ff.

360 공적으로 접근가능한 전자통신서비스 및 공공통신망의 공급시에 생산되거나 처리되는 데이터
의 저장에 관한 유럽의회와 유럽위원회의 지침 및 그 지침의 변경에 관해서는 2002/58/EG, Drs.
Eur.-Parl. 2005/0182 (COD).

H. 고객 및 비용에 관한 정보
(Auskunft aus Kunden- und Gebührendateien)

292 **I.** 통행세신고시스템(Mauterfassungsystem)에 있는 자료를 수집하거나 처리할 경우에도 (그 속에 들어 있는 SIM 카드를 이용하기 때문에) 전기통신이 문제된다. 물론 이 과정에서 획득된 자료들은 회계목적[361]에만 사용되어야 한다(화물트럭 등 중장기 자동차의 연방고속도로의 이용에 대한 구간별 요금 징수에 관한 법률(ABMG) 제4조 제2항, 제7조 제2항).[362]

293 **II.** 금융법(KWG) 제24c조는 은행에 대해 은행의 고객에 관한 일정한 자료를 수집할 의무를 부과하고 있다. 이러한 자료들은 연방금융감독원에 의한 자동화된 절차에 연계되어 형사소추의 목적으로도 이용될 수 있다(금융법 제24조 제3항 제2호).

---

361 실체에 대한 조사의 경우에는 인정된다. AG Friedberg NStZ 2006, 517 (518).

362 2004년 12월 2일에 공포되고, 2006년 9월 19일 자 법률에 의해 최근 개정된 법률 (BGBl. I S. 2146).

J. 관찰(Observation)

기술적 수단을 사용하지 않은 단기간의 관찰은 형사소송법 제161조 제1항 제1문, 제163조 제1항 제1문의 적용을 받는 반면, 형사소송법 제163f조는 장기간의 관찰에 관한 특별규정이고, 형사소송법 제100c조-제100f조는 기술적 수단을 사용한 관찰에 관한 특별규정이다. 특히 형사소송법 제100c조-제100f조는 연방헌법재판소의 지침에 대한 이행규정들이다.[363]

Ⅰ. 장기 관찰

1. 기술적 수단을 사용하지 않은 관찰이 24시간 이상 계속되거나 일시중단은 있지만 이틀을 초과한 기간동안 그러한 관찰이 이루어질 경우가 있다. 이러한 장기 관찰은 형사소송법 제163f조 제1항 제1문의 범위내에서만 인정된다. *중대범죄*와 관련한 초기혐의가 존재하면 장기 관찰이 *보충적 처분*으로 허용될 수 있다.

2. 관찰 *명령*의 부과는 원칙적으로 검찰의 권한에 속하지만, 지체의 위험이 있는 때에 한해 검찰의 수사관도 명할 수 있다(제163f조 제3항 제1문). 이 경우는 3일내에 검찰의 확인을 받아야 하고(제163f조 제3항 제2문), 특별한 *방식과 기간*에 따라야 한다(제163f조 제4항).

Ⅱ. 기술적 수단의 투입

1. 피의자를 *주거 바깥*에서 관찰하기 위한 기술적 수단의 투입은 보충적 처

---

[363] BVerfGE 109, 279. 이에 대한 논평으로는 *Denninger*, ZRP 2004, 101; *Ruthig* GA 2004, 587.

분으로서 검찰 외에 검찰 수사관도 동일한 권한을 가지고 명할 수 있다.[364] 이 경우 비밀리에 영상물을 촬영하는 것은 모든 범죄혐의의 경우 허용되지만(제100f조 제1항 제1문), 그 밖의 다른 기술적 수단의 투입(예, 위치추적장치,[365] 이동경보기, 야간투시기)은 *중대범죄*에 대한 혐의가 있는 경우에만 가능하다(제100f조 제1항 제2문). 기술적 수단을 *설치*하는 일도 명령의 내용에 포함된다.[366] 장기간 장비가 투입될 경우에는 형사소송법 제163f조의 요건도 존재해야 한다.[367]

298 2. 기술적 수단의 투입은 원칙적으로 피의자에 대해서만 부과될 수 있지만(제100f조 제3항 제1호), 진상규명을 위해 필요한 경우에는 피의자와 관련 있는 자에 대해서도 기술적 수단이 투입될 수 있고 다른 사람으로 하여금 촬영하게 할 수도 있다(제100f조 제3항 제2문 이하). 제3자에게 기술적 수단의 영향력이 미치게 되는 것이 불가피한 경우에는 그 제3자에 대해서도 기술적 수단을 투입할 수 있다(제100f조 제4항).

III. 이른바 소 도청(sog. kleiner Lauschangriff)

299 1. 주거 안이 아닌 장소[368]에서 공개되지 않게 행한 말에 대한 녹음명령은 목록범죄에 대한 혐의(제100a조 제1문)를 *전제조건*으로 하여 오직 보충적으로만 가능하다(제100f조 제2항).

---

364 Meyer-*Goßner*§ 100f Rn. 10.
365 GPS의 사용도 그러하다. BVerfGE 112, 304; BGHSt 46, 266. 이에 찬동하는 평석으로는 Steinmetz NStZ 2001, 344; 이에 반대하는 평석으로는 *Bernsmann* StV 2001, 385; *Kühne* JZ 2001, 1148.
366 BGHSt 46, 266; 반면 이러한 목적을 위한 취거는 그렇지 않다. BGH (ErmR), NJW 1997, 2189.
367 *Beulke* Strafprozessrecht, Rn. 264.
368 따라서 피의자의 자동차나 교도소의 접견실에서는 허용된다. *Heger*의 평석이 실린 BGH JR 1998, S. 162; BGHSt 44, 138. 이에 대한 평석으로는 *Duttge* JZ 1999, 261; *Roxin* NStZ 1999, 150.

2. 녹음명령을 내릴 권한은 판사에게 있지만, 지체의 위험이 있을 때에는 **300**
검찰 또는 그 수사관도 명령을 내릴 수 있다(제100f조 제2항 제2문). 후자의 경
우에는 지체 없이 판사의 확인을 받아야 하고, 이 경우 판사의 확인을 얻
는 데에 3일을 초과해서는 안된다(제100f조 제2항 제3호, 제98b조 제1항 제2문).
명령의 방식, 기간,[369] *사용제한, 삭제의무, 고지의무 등은 전기통신 감청
의 경우*(앞의 G: V. 1. 참조)와 동일하다(제100f조 제2항 제3문, 제4항, 제100조 제1항).
서류의 작성은 제101조 제4항에 따른다(Rn. 298참조).

Ⅳ. 음향시설을 이용한 주거감시

1. 주거내에서 이루어진 공개되지 않은 말에 대한 녹음은 제100c조 제2항에 **301**
열거된 목록범죄(중에서도 *구체적으로도 중한 사례*: 제100c조 제1항 제2문)에 대한
구체적 사실에 근거한 혐의(제100c조 제1항 제1호)를 *전제조건으로 한다.*[370]
이 처분은 진상규명을 위한 *적합성이* 인정되어야 하고(제100c조 제1항 제3
호), *보충적으로만* 부과되어야 한다(제100c조 제1항 제4호). 뿐만 아니라 이
처분은 *사생활의 핵심영역*[371]을 침해하지 말아야 하고(제100c조 제3항) 형
사소송법 제53조에서 보호된 신뢰관계를 침해해서도 안된다(제100c조 제4항
제1문의 전단).

2. 이 *명령의 부과주체*는 주지방법원의 국가안보사건전담부(법원조직법 제74a **302**
조 제4항)이며 *검사의 청구가* 있어야 한다(제100d조 제1항 제1문). 지체의 위험

---

369 이에 대한 위반에도 불구하고 증거평가금지에 해당되지 않는다. 이와 같은 입장으로는, *Fezer*의
비판하는 평석이 실린, BGH JZ 1999, 524.

370 새로운 규율로 인해 빠뀐 점에 관해서는 BVerfGE 109, 279. 이에 대한 평석으로는 *Lepsius* Jura
2005, 433, 586. 신법에 관해서는 *Löffelmann* NJW 2005, 2033; *Rasuschenberger* Krimalistik
2005, 654.

371 병실에서 혼잣말을 하는 것도 이에 속한다. BGHSt 50, 206. 이에 관한 평석으로는 *Ellbogen*
NStZ 2006, 179; *Lindemann* JR 2006, 191.

이 있는 경우에만 재판장이 단독으로 명할 수 있다(제100d조 제2항 제2문). 후자의 경우 지체없이 재판부의 확인을 얻어야 하고, 이 경우에도 3일을 초과해서는 안된다(제100d조 제1항 제3호). 이 명령은 특별한 *방식*에 따라야 하고(제100d조 제2항 제3항), 미리 유효*기간*이 정해져 있어야 한다(제100d조 제4항 제4문 이하). 6개월을 초과하는 연장에 관해서는 주고등법원이 결정한다(제100d조 제1항 제6호).

303   3. 도청의 *실행도중*에 사생활의 핵심영역이나 형사소송법 제53조에서 보호하고 있는 신뢰관계와 관련되는 단서들이 드러날 경우에는 지체없이 녹음을 중단하여야 한다(제100c조 제5항 제1문, 제6항 제1문 전단). 지방법원은 이 처분의 허용여부를 지속적으로 심사해야 하고(제100d조 제4항), 심사에서 녹음을 삭제할 수도 있다(제100c조 제5항 제1문, 제6항 제1문 후단). 자료가 형사절차에 더 이상 필요없는 경우에는 이를 폐기하여야 한다(제100d조 제5항). 자료에는 일련번호를 붙여야 할 의무도 존재한다(제100d조 제7항). 형사소송법 제100d조 제8항에 따라 검사는 당사자들에 대해 고지의무를 진다.

304   4. 사생활의 핵심영역 내지 형사소송법 제53조에서 보호된 신뢰관계에 대한 감시로부터 획득된 사실은 *증거로 사용될 수 없다*(제100c조 제5항 제3문, 제6항 제1문 후단). 증거사용금지에 관한 법원의 결정은 다른 절차에 대해서도 구속력이 인정된다(제100c조 제7항). 형사소송법 제52조와 제53a조에서 보호된 신뢰관계에 대한 도청으로부터 얻은 사실은 이를 증거로 사용하는 것이 비례성에 반하는 경우에는 증거로 사용해서는 안된다(제100c조 제6항 제2문). 두 경우 모두 증언거부권자가 범죄에 연루되어 있는 경우에는 예외가 인정된다(제100c조 제6항 제3문). 뿐만 아니라 획득된 정보들은 형사절차에서 형사소송법 제100c조 제2항의 목록범죄의 입증에만 사용되어야 한다(제100d조 제6항 제1문)(Rn. 283 참조).

5. 당사자는 형사소송법 제100d조 제10항에 따라 이 명령의 부과 또는 실행
   방식에 불복하여 법원의 재판을 청구할 수 있다.

K. 잠입수사관(Verdeckter Ermittler)

305 　모든 잠입수사가 형사소송법 제110a조 이하에 규정되어 있는 것은 아니다. 경찰관이 단기간에 하는 비밀수사(NOEP)나 형사소추기관이 정보원(V-Mann)과 하는 공동의 비밀수사의 허용성에 관해서 연방재판소는 형사소송법 제160조 제1항 제2문, 제163조 제1항 제2문을 근거규정으로 삼고 있다.[372] 이에 반해 *잠입수사관(VE)*은 가장신분을 가지고 지속적으로 수사하는 경찰관을 말한다 (제110a조 제2항 제1문).

306 　I. 잠입수사관의 투입요건은 범죄혐의에 따라 다르다. 형사소송법 제110a 조 제1항 제1문에 *열거되어 있는 중대범죄*에 대한 혐의가 존재하는 경우 잠입수사관투입을 위해서는 *보충성*이 있어야 한다. 그 밖의 다른 범죄의 혐의가 존재하는 경우에는 구체적 사실에 기초한 *재범의 위험성*이 있다 는 예측(제110a조 제1항 제2문)이외에, 실제로 다른 대안적 수단이 없을 것까 지 요구된다(제110a조 제1항 제4문).

307 　II. 잠입수사관을 투입할 수 있는 *명령권*은 경찰이 가진다. 잠입수사관이 주 거에 들어가거나 일정한 피의자에 대해 수사할 경우에는 판사의 동의를 받아야 하고(제110b조 제2항 제1문), 그 밖의 경우에는 검찰의 동의가 요구된 다(제110b조 제1항 제1문). 지체의 위험이 있는 때에는 사후에 검찰의 동의 를 지체 없이 받으면 되고, 필요한 동의를 3일 이내에 받지 못하면 투입 을 중단해야 한다(제110b조 제1항 제2문, 제2항 제2문). *일정한 방식과 기간을* 준수하여야 하고(제110b조 제1항 제3문, 제2항 제5문), 형사소송법 제110d조 제

---

372 BGHSt 41, 42 (45); 45, 321 (324). 이에 찬동하는 입장으로는 *Beulke* Strafprozessrecht, Rn. 424. 비판적인 입장으로는 SK-StPO/*Wohlers* § 163a Rn. 41.

1항에 따라 *고지의무*도 준수되어야 한다. *서류작성*은 형사소송법 제110d조 제2항에 따른다.

III. 잠입수사관은 투입될 때 가장신분을 가지고 법률행위를 할 수 있다(제110a조 제2항 제2문); 가장신분을 만들고 유지하기 위해 부진정문서를 작성하는 것도 허용된다(제110a조 제3항). 형사소송법 제110c조 제1문의 요건이 충족되면 타인의 주거의 출입도 허용된다. 잠입수사관이 범죄구성요건에 해당하는 행위를 한 경우에는 직무권한의 범위내에서 정당화될 수 있다(제110c조 제3문)(형사절차 및 벌과금부과절차에 관한 지침 Anlage D II 2.2). **308**

IV. 잠입수사관으로부터 획득된 사실은 형사소송법 제110a조 제1항에 열거된 범죄에 대한 진상규명을 위해서만 사용될 수 있다(제110e조 제3문)(Rn. 283 참조). 이 사실들을 증거로 제시할 경우 직접주의와의 충돌과 관련하여 유의해야 할 사항에 관해서는 후술한다(Rn. 436참조). **309**

절차상의 강제처분

L. 자료통합

310 수집된 자료들과 다른 자료들을 통합하기 위해 형사소송법 제98a조에 따라 전산자료의 *저인망식 조사(Rasterfahnung)*가 허용되고,[373] 형사소송법 제98c조에 따라 *자료통합(Datenabgleich)*도 허용된다.[374]

---

373 경찰의 전산자료의 저인망식 조사의 합헌성에 관해서는 *Volkmann*의 평석이 실린 BVerfG JZ 2006, 906 참조.

374 이에 관하여 자세하게는 *Siebrecht* StV 1996, 566 (568 ff.).

Strafprozess-recht

8

수사절차의
종결

공소제기
절차중단
소송조건

311   수사절차는 검찰이 공소를 제기할 것인지 말 것인지에 관해 검찰로 하여금 결정을 내릴 수 있게 하는 목적에 기여한다. 공소제기여부에 대한 검찰의 결정에서 핵심사항은 충분한 범죄혐의가 존재하는지의 여부이다(제170조 제1항, 제203조). 충분한 범죄혐의가 부정될 경우 검찰은 반드시 절차를 중단해야 한다(제170조 제2항). 충분한 범죄혐의가 긍정될 경우 검찰은 기소편의주의원칙(Opportunitätsprinzip)이 적용되는 예외사유가 없는 한 원칙적으로 공소를 제기해야 한다(제170조 제1항). 공소를 제기하지 않아도 되는 예외사유가 인정되는 경우, 검찰은 수사절차의 종결여부를 결정하지 않는 상태를 유지하여서는 안되고 수사절차를 종결하여야 한다.

A. 공소제기

공소(*Anklage*)는 법원으로 하여금 형사사건에 독자적으로 개입하도록 요구 312
하는 요청이다. 탄핵주의(Akkusationsprinzip)에 따르면 공소는 형사법원이 개
입을 위한 전제조건이기도 하다(제151조).

Ⅰ. 내용

검찰은 통상적으로 관할법원에 공소장(Anklageschrift)을 접수시킴으로써 공 313
소를 제기한다(제199조 제2항, 제200조).[375] 공소장[376]에는 공소문(Anklagesztz)
(제200조 제1항 제1문), 증거방법, 경우에 따라서는 변호인의 성명, 관할법원에
공판심리를 개시할 것을 요구하는 신청을 포함하고 있어야 한다(제200조 제
1항 제2문). 예외적으로 구법원의 단독판사에게 공소를 제기하는 경우가 아닌
한, 수사의 중요한 결과내용에 대한 개요까지 포함하고 있어야 한다(제200조
제2항).[377]

Ⅱ. 효력

검찰의 종결처분 및 공소제기의 효력은 다음과 같다. 314

1. 탄핵주의의 당연한 귀결로서 공소제기는 *심판대상*을 확정한다(제155조). 315
   심판대상은 인적 요소와 물적 요소로 나뉘어 진다.[378]

---

375 공소의 특별한 방식에 관해서는 형사소송법 제266조, 제407조 제1항, 제409조, 제417조, 제418조
     제3항을 참조.
376 *Haller/Conzen* Das Strafverfahren, Rn. 185 ff의 예.
377 그밖에 구체적인 내용으로는 RiStBV Nr. 110. 자세하게는 Hdb-StA/*Eschelbach* S. 613 ff.
378 *Krack*의 찬동하는 평석이 실린 BGHSt 46, 130 (133).

316   a) 개정된 공판절차에는 공소장에 *구체적*으로 *적시된 자*의 행위만 문제될 수 있다. 예컨대 어떤 증인이 피고인의 무죄를 인정하고 자신의 유죄를 인정하는 자백을 함으로써 피고인이 교체되는 일은 발생하지 않는다. 이러한 경우에는 공소장에 기재된 자에 대한 절차가 종결되어야 한다(이 사례의 경우에는 무죄판결에 의해 종결됨). 공소장에 구체적으로 기재된 자가 아닌 다른 자의 행위는 그에 대한 별개의 공소제기가 있어야만 심판의 대상이 된다(앞의 사례에서는 그 증인에 대한 수사절차를 개시해야 함).

317   b) 공소장에는 법원의 조사가 진행되어야 할 사건(Tat)이 기재되어야 한다. 이 경우 출발점이 되는 것은 판례가 인정하는 사실상의 소송상 사건개념(sog. faktische prozessuale Tatbegriff)이다. 이에 따르면 "자연적인 관찰방법"에 따를 때 피고인이 하나의 범죄구성요건을 실현한 "과거의 단일한 실제과정(einheitliches geschichtliches Lebensvorgang)"이라고 할 경우는 한 개의 소송상의 사건(eine prozessuale Tat)으로 인정된다.[379] "행위자의 개개의 행위태양들을 사실심의 서로 다른 절차에서 분리해서 평가할 경우 그와 같은 분할이 부자연스러운것으로 여겨진다면, 행위자의 개개의 행위태양들이 서로 내적으로 결합되어 있는 단일한 것으로 보아야 한다."[380] (자세하게는 Rn. 519 참조).

318   2. 이와 같은 의미의 한 개의 사건의 범위 내에서 공소제기는 수소법원에 대해 형사사건의 소송계속(*Rechtshängigkeit*)의 효과를 가져온다. 이 때문에 동일한 사건을 다른 법원에 재차 기소할 경우는 소송장애(Rn. 349 참조)의 효과가 생긴다.

---

379 BGHSt 23, 141 (145 ff.)
380 BGHSt 13, 21 (26).

3. 공소제기를 통해 *절차의 주도권(Verfahrensherrschaft)*이 법원으로 넘어간   319
   다. 주도권이 법원에 넘어간다는 의미는 공소제기 이후의 절차에 대해 법
   원이 책임을 진다는 의미이다.

4. 공소제기 시점의 *주소지의 재판적(Gerichtsstand des Wohnsitzes)*이 기준이   320
   되기 때문에 공소제기 시점의 주소지가 재판적을 확정한다(제8조).

5. 피의자(Beschuldigte)가 기소된 자(Angeschuldigte)로 된다(제157조).   321

6. 검찰이 수사서류에 *종결이라는 기재(Abschlusvermerk)*(제169a조)를 하면 수   322
   사에 방해가 되지 않는 한 변호인은 무조건적인 *서류열람권(Akteneinsicht)*
   을 가지게 된다 (제147조 제2항). 변호인이 없는 피고인의 정보권에 대해서
   도 마찬가지이다(제147조 제8항).

7. 마지막으로 검찰은 필요적 변호사건의 경우 긴급시 직권으로 법원에 대해   323
   *국선변호인의 선정(Bestellung eines Pflichtverteidiger)*을 청구해야 한다(제141
   조 제3항 제2문).

수사절차의 종결

B. 절차중단

324　절차중단(Einstellung) 사유는 충분한 범죄혐의가 결여되어 있는지(Rn. 325 이하) 그렇지 않은지(Rn. 329d 이하)에 따라 두 가지로 구별된다.[381]

Ⅰ. 충분한 범죄혐의의 결여를 이유로 한 절차중단

325　형사소송법 제170조 제2항 및 제203조에 따르면 검찰은 충분한 범죄혐의가 결여되어 있는 경우에는 반드시 절차를 중단해야 한다. 다음 세 가지가 이 경우에 해당한다.

326　1. 소송조건이 결여된 경우(Rn. 344 이하 참조)

327　2. 검찰의 심증에 따라 수사한 사실의 실체관계가 *불가벌(nicht strafbar)*인 것으로 확인된 경우(구성요건해당성이 없거나, 위법성이 조각되거나, 책임이 조각되거나 혹은 그 밖의 다른 이유의 형벌배제사유가 존재할 경우)

328　3. 피의자가 *사실상의 이유*때문에 유죄가 아닌 것으로 밝혀지거나(예, 알리바이 때문에) 그 밖의 다른 절차진행을 통해 볼 때 공판절차에서 법원이 증거조사를 하더라도 피의자에 대해 범행이 입증될 수 없을 것이라는 예측이 있는 경우

381　자세하게는 Hdb-StA/*Vordermayer* S. 527 ff.

II. 기소편의주의를 이유로 한 절차중단

몇차례 법률개정을 통해 입법자는 여러 가지 절차중단의 가능성을 발전적으
로 도입하였지만, 그들 간의 내적인 체계가 드러날 만큼 체계화하지는 못했
다.[382] 이러한 규정들은 형사절차의 목표라는 관점에서 해석하는 경우에만
나름대로 이해할 수 있다. 형사절차는 불확실한 조건하에서 법을 회복시키
는데 기여한다. 이 경우 형벌은 무엇보다도 책임상쇄에 기여하지만 자기목
적이 아니라 최후수단으로서 사회일반에 널리 퍼져 있거나 행위자에게 뿌리
박혀있는 범죄행위에의 경향성을 예방하여야 한다.[383] 하지만 이와 같은 내
적인 목적에 연관되어 있다는 사실만을 가지고는 형벌을 부과할 만한 공공
의 이익이 결여되어 있다고 할 수 없다(예, 절도범이 기회범으로 후회하는 경우). 법
치국가는 형사사법 이외에도 서로 다른 다양한 법적으로 보호된 이익들도
후원해야 한다. 따라서 형사소추에 대한 이익보다 우위에 있는 그와 같은 외
부의 이익들이 공판절차의 진행으로 인해 위태로워지게될 경우라면 검사가
절차를 중단할 수 있어야 한다.

329

1. 절차중단사유

절차중단사유는 다음과 같은 체계로 이루어져 있다.[384]

330

a) 범죄가 그 책임의 측면 뿐 아니라 범죄에 의해 위반된 규범의 안정성이라
는 측면에서 보더라도 매우 경미하여 공소의 제기가 비례적이지 않은 것
으로 드러난 경우 절차를 중단할 수 있다. 전형적으로 사소범죄(Privatkla-
gedelikte)와 친고죄(Antragdelikte)에 대한 고소가 없는 경우가 이에 해당한

331

---

382 체계화에 관한 설명으로는 *Bloy* GA 1980, 161 ff.

383 BGHSt 20, 264 (267); BVerfGE 35, 202 (231 ff.); 45, 187 (253 ff.); 그 밖에 *Köhler* AT, S. 44 ff 참조.

384 자세하게는 Hdb-StA/*Vordermayer* S. 549 ff.

다.385 다른 경죄(Vergehen)의 경우에도 사건의 구체적 사정을 감안할 때 행위 자체가 경미한 것으로 나타나거나(제153조, 혹은 부분적으로 제153b조) 또는 그 범죄의 성격상 범행 후에 행위자를 유리하게 취급할 가치가 있는 행위 때문에 그와 같은 경미성이 인정될 수 있을 때(제153a조, 혹은 부분적으로 제153b조)에도 유사한 경우에 해당한다. 가해자-피해자-조정(Täter-Opfer-Ausgleich)이 성공한 경우에도 마찬가지이다(Rn. 698 이하 참조).386

332 b) 범죄가 앞에서 언급한 의미의 경미사례에 해당하지 않더라도, 형법 제52조에서 제55조 사이에 정해진 형벌가중의 한계(상상적 경합과 실체적 경합의 경우 처단형을 정하는 양형원칙에 관한 규정을 말함: 역자 주)때문에 피의자에 의해 범해진 다른 범죄에 비하면 예상되는 전체형의 관점에서 볼 때 부수적인 경우로서 낮게 평가되는 경우도 있다. 이렇게 되면 이 중요하지 않은 부수범죄에 대한 형을 유죄판결에 추가시키는 데 드는 비용은 부과될 형을 최소한도로만 가중할 경우의 비용과 더 이상 비례관계에 있지 않다(예, 모살죄로 기소되어 있는 자는 운전면허없이 피해자를 역과한 것인지 운전면허가 있었는지는 중요한 문제가 아니다). 형사소송법 제154조, 제154a조는 소송경제의 이유에서 검찰에게 그 행위를 일종의 소송상의 불가벌적 사전행위, 수반행위 혹은 사후행위로 취급하여 공소대상에 포함시키지 않아도 될 재량을 인정하고 있다.

333 c) 국가안보사건을 소추할 경우 공개적인 공판절차에서 이 사건의 실체관계를 모두 밝히는 것이 독일연방공화국의 이익을 저해할 수 있다는 딜레마에 처하게 되는 경우가 드물지 않게 있을 수 있다. 그와 같은 외부적인 공

---

385 형사소송법 제154d조도 여기에 속한다. 즉 고발인은 민사법적 또는 행정법적 선결문제를 해명하는 것을 필요하다고 여기지 않는 경우에 비로소 형사절차의 실행에 대한 아무런 적법한 이해관계를 갖지 않게 된다.

386 언급되지 않은 형사소송법 제153a조의 지시사항부과에 관한 상세한 내용으로는 *Beulke* FS Dahs, S. 209 (216 ff.).

공의 이익이 형사소추의 이익 보다 우위에 있는 때에는 검찰은 이 경우에
도 절차를 중단할 수 있어야 한다. 형사소송법 제153d조가 이러한 절차중
단을 그대로 인정하고 있는 반면, 제153e조의 절차중단은 피의자가 범행
후 절차중단이라는 혜택을 받을만한 일정한 행위를 했을 경우 인정된다.

d) 타인의 강요에 의해 스스로 범죄자가 된 자를 보호하는 것이 그 자를 형사   334
소추함으로 생기는 이익에 비해 우월한 경우, 형사소송법 제154c조는 직
접적인 법익보호가 우위에 있음을 이유로 삼아 이와 같은 형사소추에 따
른 두 가지 이익의 충돌을 절차중단을 통해 해결하고 있다.

e) 국제형법에 따르면 독일의 형사관할권은 외국에서 범해진 범죄에 대해서   335
도 미친다(형법 제5조-제7조). 외국에서의 범죄는 타국의 법질서만을 위태롭
게 하는 것이기 때문에 법의 회복을 위해 형벌을 부과할 공공의 이익이 국
내에서의 범죄에 비해 경미한 경우가 비교적 많다. 이러한 경우는 형사소
송법 제153c조 제1항에 따라 절차중단이 가능하다. 형사소송법 제153c조
제2항은 외국에서 형이 집행되었거나 국내에서 예상되는 형에 외국에서
받은 형을 산입해 본 결과 중요하지 않거나, 외국에서 무죄의 확정판결을
받은 경우 등과 같이 외국과의 관련성이 있는 경우에도 절차중단을 허용
한다(Rn. 333 이하 참조). 국제사회 전체에 대한 범죄가 문제되는 되는 경우
에도(국제형법전(VStGB) 제6조-제14조), 형사소송법 제153f조는 충분한 국내관
련성이 결여된 때에는 형사소추를 면제하는 것을 허용한다.

f) 마지막으로 외국인에 대한 형사소추가 드물지 않게 그를 외국으로 인도   336
하거나 추방(체류 등에 관한 법률(AufenthG) 제53조 이하)하여야 할 결과를 초래
하는 경우가 있는 바, 이 때문에 공판절차에 드는 비용과 예상가능한 법효
과가 비례하지 않을 수 있다. 따라서 형사소송법 제154b조는 이 경우에도
절차중단을 허용한다.

2. 절차

337 공소제기의 전과 공소제기 후에 중단절차가 다를 수 있다.

338 a) 공소제기 전에는 몇 가지 사례의 경우 검찰은 공판절차개시에 관하여 결정을 할 권한이 있는 법원의 동의 없이 절차를 중단할 수 있다.[387] 그 밖의 경우에는 권한 있는 법원의 동의가 요구된다.[388] 이 두 가지 경우 모두 형사소송법 제153a조 제1항의 부담 또는 지시사항을 명하는 자리에서 피의자의 동의가 필요하다.

339 b) 공소제기 후에는 원칙적으로 법원이 앞의 규정에 따라 절차를 중단하지만 검찰의 동의를 얻어야 하고, 형사소송법 제153조 제2항, 제153a조 제2항의 경우에는 추가적으로 기소된 자(Angeschuldigte)의 동의도 얻어야 한다. 형사소송법 제153c조 제3항, 제153d조 제2항, 제153f조 제3항은 공소제기 후에 검찰에게 독자적으로 공소를 취소하는 것을 허용하고 있다.

340 c) 검찰의 동의는 법원조직법시행법(EGGVG) 제23조 이하의 규정을 통해 법정에서 강요될 수 있는 것은 아니다.[389] 반대로 법원의 절차중단결정에 대해서도 원칙적으로 불복할 수 없다.[390] 중죄가 문제되고 있거나 당사자의 동의가 요건인 경우 그 동의가 없는 때에는 항고가 허용된다.[391]

341 d) 검사가 형사소송법 제153조 제1항에 따라 절차를 중단한 경우에도 지배

---

387 형사소송법 제153조 제1항 제2호, 제153a조 제1항 제7호, 제153c조 제1항, 동조 제2항, 제153d조 제1항, 제153f조, 제154조 제1항 제154a조 제1항, 제154b조 제1항 내지 제3항, 제154c조 제154d조, 제154e조.

388 형사소송법 제153조 제1항 제1호, 제153a조 제1항 제1호, 제153b조 제1항, 제153e조.

389 OLG Hamm MDR 1985, 785.

390 OLG Hamm MDR 1977, 749.

391 BGHSt 47, 270. 이에 찬동하는 평석으로는 *Radtke* JR 2003, 127.

적인 견해에 따르면 절차는 언제나 다시 재개될 수 있다. 이에 반해 법원에 의한 절차중단 결정이 있는 경우에는 제한적인 확정력이 생긴다(제153조 제2항). 이 경우 절차를 다시 재개하기 위해서는 새로운 사실이나 증거가 있어야 한다.[392] 형사소송법 제153a조 제1항 제5호에 대해서도 마찬가지이다. 형사소송법 제154조, 제154a조에 따라 형사소추가 제한될 경우에는 공소에서 배제된 행위가 언제라도 다시 추가될 수 있다.[393] 다만 형사소송법 제154조 제5항의 경우에는 추가를 위해 법원의 결정이 필요하다.

3. 문제점

실체진실과 정의의 관점에서 보면 형사소송법 제153조 이하에서 불확정 개념들을 사용하여 여기에 재량권을 인정하는 것은 비판받아 마땅하다.[394] 뿐만 아니라 형사사법이 상업화될 위험과 사회적으로 선별적 소추가 아루어질 우려도 존재한다.[395] 사법정형성의 관점에서 보더라도 몇 가지 의문점이 제기될 수 있다. 검찰이 단독으로 결정을 내리기 때문에 전통적으로 인정되어 온 형법의 법관유보(Richtervorbehalt)와 충돌된다(기본법 제92조).[396] 절차중단이 그러한 혜택을 받을 만한 사후행위에 종속되어 있기 때문에 피의자가 일정한 부담(Auflage)을 충족시킬 것을 조건으로 절차를 중단해준다는 제안은 그렇지 않을 경우에는 공소를 제기하게 될 것이라는 위협과 결부된다. 이 때문에 형사절차에 적극적으로 협력하도록 강제되어서는 안된다는 피의자의

---

392 BGHSt 48, 331. 이에 관한 평석으로는 *Beulke* JR 2005, 37; *Heghmann* NStZ 2004, 633; *Kühne* JZ 2004, 743.

393 BGHSt 32, 84. 이에 반대하는 평석으로는 *Maiwald* JR 1984, 479; 구별되는 입장으로는 *Beulke* Strafprozessrecht, Rn. 336.

394 이와 같은 입장으로는 *Roxin* Strafverfahrensrecht, § 14 Rn. 15.

395 이와 같이 타당한 입장으로는 *Schmidhäuser* JZ 1973, 529. 실증자료에 관해선 *Kaiser* NStZ 1984, 343.

396 이와 같은 입장으로는 *Roxin* Strafverfahrensrecht, § 14 Rn. 15.

권리와 긴장관계가 생기게 된다.[397] 뿐만 아니라 절차중단의 전제조건 충족
여부가 확인되는 절차는 공판심리의 엄격한 형식요건도 요구하지 않는 문제
가 있다(Rn. 377이하 참조). 더 나아가 법적 평화(법적 안정성)를 위한 노력이라는
관점에서 보면, 절차중단 처분에 대해서는 확정력이 인정되지 않거나 제한
된 범위내에서만 확정력이 인정된다는 문제점도 여전히 존재한다.

397 *Dencker* JZ 1973, 144 (149) 참조.

C. 소송조건

소송조건은 그것이 결여될 경우 형사사건에 대한 처리가 종지부를 찍어야   343
할 정도로 중요한 사정들을 말한다.[398]

I. 법원의 재판권

1. 피의자에 대해 독일의 *형사재판권*이 인정되어야 한다(법원조직법 제18조, 제   344
   19조).

2. 피의자가 다른 국가에 이송되어 있고 그 다른 국가가 독일의 요구에 따라
   그 국가가 보장하고 있는 법적구제수단을 일정한 조건과 결합시켜 놓은
   경우 이와 같은 *이송조건*의 준수는 소송장애사유가 된다(형사사건에서 국제
   공조에 관한 법률(IRG) 제72조).

3. *정규법원에 관할권*이 허용되어 있어야 한다(법원조직법 제13조).

4. 법원의 *관할*이 인정되어야 한다(Rn. 61이하).

II. 형사사건의 소추가능성

1. 친고죄의 고소가 있거나 기관고발사건의 경우 기관의 소추에 대한 위임   345
   이 있어야 한다.

---

398   *Meyer-Goßner* FS Eser, S. 373 (388); *Volk* Grundkurs StPO, § 14 Rn. 2.

346 2. 피의자가 국회의원의 *면책특권*(기본법 제46조 제2항-제4항, 형사소송법 제152a조)에 의해 형사소추되지 않는 경우 국회가 그에 대한 형사소추를 허가하지 않는 한 소송장애 사유가 존재한다.

347 3. 적법한 공소제기와 적법한 *공판개시결정*이 있어야 한다(Rn. 365 이하).

348 4. *공소시효*가 완성되지 않거나 법률상의 사면이 없어야 한다.

349 5. 사건에 대한 *형사절차가 아직 개시되지 않고 있어야 한다.* 그 사건에 대해 확정력있는 판결이 이미 내려져있거나 다른 법원에서 공판개시결정[399]을 통해 소송계속중이어서는 안된다. "일사부재리의 원칙(ne bis in idem)"은 외국의 판결에 대해서는 적용되지 않는다.[400] 단 국제법적 조약(예, SDU 제54조)이 있을 경우에는 그렇지 않다.[401]

III. 피의자에 대한 소추가능성

350 1. 피의자는 형사미성년자가 아니어야 한다(형법 제19조).

351 2. *피고인이 생존해 있어야 하고 변론능력(verhandlungsfähig)이 있어야 한다.*[402] 절차의 진행을 하면 피고인이 사망의 위험 또는 변론무능력의 위험에 처하게 되거나[403] 혹은 다른 이유에서 절차가 종결될 시점까지 살아있지 못하게 될 경우에도 마찬가지이다.[404]

---

399 BGHSt 29, 341 (343).

400 *Beulke* Strafprozessrecht, Rn. 280.

401 이에 관해서는 EuGH, StV 2006, 393 참조.

402 BGHSt 41, 16 (18); 46, 345.

403 BVerfGE 51, 324 (345 f.).

404 BerlVerfGH, LVerfGE 1, 56 = NJW 1993, 515 (517).

3. 피고인은 법률상 인정된 예외가 아닌 한 공판정에 출석하고 있어야 한다   **352**
   (제230조 제1항)(Rn. 388 이하).

VI. 그 밖의 소송조건

1. 최근 그 밖의 소송조건들이 계속 논의의 대상이 되고 있고, 일부는 실무에   **353**
   서 인정되어 있기도 하다. 이에 관한 논의에서 소송조건들은 재량에 친화
   적이지 않고 손쉽게 확인가능한 사정들에 결부되어 있다는 점이 간과되
   고 있다.[405]

2. "비례성의 원칙": 연방헌법재판소는 구 동독의 간첩에게 유리하도록 그   **354**
   에 대한 형사처벌이 비례성원칙에 반한다고 하면서 이 원칙을 소송장애
   사유로 인정하였다.[406]

3. *함정수사(Lockspitzel)*: 유럽인권재판소는 국가가 범죄행위를 유혹하는 행   **355**
   위를 소송장애로 보고 있다.[407] 독일연방재판소는 이에 반해 이 문제를
   양형의 문제로 파악하고 있지만,[408] 극단적인 경우에는 형사소송법 제153
   조 및 제153a조에 따라 절차중단도 할 수 있다고 한다.[409]

4. *과도한 절차지연*: 판례에 의하면 과도한 절차지연은 원칙적으로 소송장   **356**
   애가 아니라[410] 양형에서 고려되어야 한다고 한다.[411] 극단적인 경우에는

---

405 타당하게도 *Volk* Grundkurs StPO, § 14 Rn. 25 f.도 이와 같다.

406 BVerfGE 92, 277. 이에 대한 논평으로는 *Classen* NStZ 1995, 371 및 *Volk* NStZ 1995, 363.

407 EGMR StV 1999, 127. 이에 대한 평석으로는 *Kempf/Sommer*, NStZ 1999, 48; 극단적인 사례에
 대해서는 BVerfG NJW 1995, 651.

408 BGHSt 32, 345 (352); 45, 321 (325 f.). 이에 대한 비판적인 평석으로는 *Roxin* JZ 2000 369.

409 BGHSt 33, 283 (283 f.)

410 BGHSt 35, 137 (139 f.)

411 구체적으로는 BGHSt 45, 308 (309 f.). 개관으로는 *Krehl/Eidam* NStZ 2006, 1 (8 f.).

형사소송법 제153조에 따라 절차중단사유로 파악되기도 한다.[412] 물론 절차지연이 정상적인 정도를 넘어서는 경우 법원이 이를 소송장애사유로 받아들이는 경우도 있다.[413] 하지만 상소절차 때문에 생기는 지체는 이와 무관하다.[414]

---

412 BGHSt 46, 159 (169); 더욱 상세히는 *Krehl/Eidam* NStZ 2006, 1 (9).
413 BVerfG wistra 2004, 15; BGHSt 46, 159 (171 f.); *Krehl/Eidam* NStZ 2006, 1 (9 f.) 참조.
414 BGH NStZ 2006, 346 (347 f.).

9

공판절차에로의
이행절차

기소강제절차

중간절차

Strafprozess
-recht

A. 기소강제절차(Klageerzwingungsverfahren)

357 국가의 기소독점이 인정되는 만큼 형사절차에 대한 피해자의 영향력은 감소된다. 절차중단은 특별히 피해자와 관련되기 때문에 기본법 제19조 제4항의 헌법위임을 근거로 하여 절차중단결정에 대해 법적구제수단을 취할 가능성이 피해자에게 인정되어야 한다. 따라서 기소강제절차(제172조 이하)는 검사로 하여금 기소법정주의를 준수하도록 강제하는 목적에 이바지 한다.

Ⅰ. 권리자로서의 피해자

358 검찰은 공소제기를 거부할 경우 모든 고소제기자에 대해 그 이유를 통지하여야 한다(제171조). 고소인이 동시에 피해자인 경우에는 이 거부결정에 대해 피해자에 대해서도 추가적으로 기소강제절차가 인정될 수 있다. 피해자는 이에 관해 고지를 받아야 한다(제171조 제2문). 이 경우 피해자의 범위에는 공소제기된 범죄에 의해 직접적으로 자신의 법익을 침해당했다고 주장하는 피해자 뿐 아니라,[415] 그 피해자가 사망한 경우에 피해자의 가까운 친족도 포함된다. 이러한 결론은 형사소송법 제395조 제2항 제1문(위법한 행위로 인해 사망한 자의 부모, 자녀, 형제자매 그리고 배우자 또는 동거인을 부대공소권자로 규정하고 있는 조항이다: 역자 주)에서 나온다. 그 밖에 "정당한 응보요구"를 할 수 있는 자격이 있는 자는 누구라도 피해자로 간주될 수 있다.[416]

---

415 *Meyer-Goßner* § 374 Rn. 5.
416 같은 입장으로는 *Eb. Schmidt* Lehrkommentar II, § 171 Rn. 12; 이에 찬동하는 입장으로는 *Roxin* Strafverfahrensrecht, § 39 Rn. 5.

II. 사전절차

피해자는 공소제기를 거부하는 결정에 대해 통지받은 후 *2주일 내에* 상급관   **359**
청에 항고를 제기해야 한다(제172조 제1항). 통상적으로 주 고등법원에 대응하
는 주 고등검찰청이 여기에 해당한다.[417] 그 후 검찰이 수사를 재개하였다가
다시 중단한 경우에는 피해자는 재차의 항고를 제기할 필요없이 이미 제기
한 항고를 언제나 활용할 수 있다.[418]

III. 주 고등법원에 기소강제신청

항고에 대해 주 검찰총장이 기각결정을 내리면 이 기각결정에 대해 피해자   **360**
는 법원의 재판을 신청할 수 있다(제172조 제2항 제1문). 피해자의 신청에 대해
관할권을 가지는 법원은 주 고등법원이다(제172조 제4항). 신청할 수 있는 *기간*
은 1개월이고(제172조 제1항 제1문), 이 경우 신청에는 이유를 적시해야 하고 구
체적인 피의자에 대해 충분한 범죄혐의를 입증하는 증거방법을 제시해야 하
며 변호인의 서명도 있어야 한다(제172조 제3항)는 특별한 *방식*을 준수해야 한
다. 뿐만 아니라 판례에 따르면 불복신청의 이유는 주 고등법원이 수사서류
의 도움없이도 신청이유의 적졿성을 심사 할 수 있을 정도로 검찰의 중단결
정을 자세하게 논박하고 있어야 한다.[419]

이와 같은 요구조건에 대해서는 과도하다는 비판이 제기되고 있다.[420] 기   **361**
소강제신청 사건의 극 소수만 인용되고 있는 것도 이와 같이 지나친 요구조

---

417 자세하게는 Hdb-StA/*Nötzel* S. 963 ff.
418 같은 입장으로는 *Eb. Schmidt* Lehrkcmmentar II, § 172 Rn. 10 f.; 이에 찬동하는 입장으로는 *Roxin*
     Strafverfahrensrecht, § 39 Rn. 10.
419 OLG Schleswig NStZ 1989, 286. 이에 찬동하는 평석으로는 *Wohlers* NStZ 1990, 98. OLG
     Hamm GA 1993, 231.
420 *Bischoff* NStZ 1988, 63 (64); 이에 찬동하는 입장으로는 *Roxin* Strafverfahrensrecht § 39 Rn. 12.

건 때문이다. 하지만 이렇게 높은 요건을 요구하는 데에는 이유가 없는 것은 아니다.[421] 개혁 형사소송법의 기본구조에 따르면 법원에 의한 사실관계의 판단에 앞서 혐의에 대한 독립적인 형사소추기관의 독자적인 판단이 선재되어 있다. 이때문에 법원의 재판을 구하는 신청을 피해자가 하더라도 법원이 검찰의 지위를 대신하게 될 위험이 존재한다. 이러한 위험을 감수하기 위해서는 신청인이 신청서만을 통해서 공소장 대신에 충분한 범죄혐의가 존재한다는 것을 적극적으로 개연성 있는 것으로 만들 수 있어야 한다.

362   신청을 이유 있는 것으로 받아들인 경우 주 고등법원은 검찰의 수사서류를 참조할 수 있을 뿐 아니라 수명법관이나 수탁판사에게 수사를 명할 수도 있다(제173조 제1항, 제3항). 주 고등법원이 신청을 인용하려고 하면 먼저 피의자에 대해 의견진술의 기회를 제공해야 한다(제173조 제2항, 제175조 제1문, 제33조 제3항).[422] 주 고등법원은 피해자의 신청에 대해 결정의 형식으로 재판한다. 신청이 이유있는 것으로 인정되는 한 주 고등법원은 공소제기를 결정한다. 검찰이 그때까지 법적인 이유에서 독자적인 수사의 착수를 거부하고 있었던 경우에는 주 고등법원이 수사의 착수도 명할 수 있다.[423] 이 경우 검찰은 수사의 착수와 공소의 제기라는 두 가지를 모두 수행해야 한다. 공소제기를 해야 할 의무는 형사소송법 제175조 제2문에서 분명히 도출된다. 수사에 착수해야 한다는 점은 판례의 일관된 태도이다.

---

421 합헌성에 관해서는 BVerfG NJW 1993, 382; 2004, 1585
422 BVerfGE 42, 172 (175).
423 *Kuhlmann*의 반대하는 평석이 실린 OLG Zweibrücken NStZ 1981, 193; KG NStZ 1990, 355. 이에 찬동하는 평석으로는 *Eisenberg* JZ 1991, 47, 이에 반대하는 평석으로는 *Wohlers* NStZ 1991, 300.

B. 중간절차(Zwischenverfahren)

검찰이 공소를 제기하면 법원은 예외적으로 사건이 신속절차(Rn. 638 이하)에   363
적합한 경우가 아닌 한 중간절차를 통해 공판절차를 개시한다는 결정을 내
려야 한다.

I. 절차

중간절차는 검찰이 법원에 대해 공판절차의 개시를 위한 신청서류와 함께   364
동시에 공소장을 제출함으로써 개시된다(제199조 제2항). 공판절차의 개시여부
에 관해서는 공판심리를 할 관할권이 있는 법원이 결정한다(제199조 제1항). 물
론 이 결정에 참심관은 참여하지 않는다(법원조직법 제30조 제2항, 제76조 제1항 제2
문, 제122조 제2항). 재판장은 피고인에게 공소장을 송달하고, 일정한 기간 안에
증거신청 혹은 이의신청할 것을 요구하고 필요한 경우에는(Rn. 131 이하), 국선
변호인을 선정해 줄 의무를 진다(제201조 제1항, 제141조 제1항). 법원은 보충수사
를 할 수도 있고 개별적인 증거조사를 명할 수도 있다(제201조 제2항, 제202조).

II. 결정

1. 공소 허가

a) 법원은 피고인에게 공소장에 기재된 범행을 범하였다는 충분한 범죄혐의   365
   가 있다고 판단될 경우에는 공판절차의 개시를 명할 의무를 진다(제203조).
   공판개시결정[424]에서 공판심리가 진행될 법원이 지명되어야 한다(제207

---

424 *Haller/Conzen* Das Strafverfahren, Rn. 344의 예.

조, 제209조). 법원이 더 낮은 심급의 재판부가 관할이라고 판단하면 공판절
차는 그 재판부에서 개시된다(제209조 제1항). 더 상급의 재판부가 관할권이
있다고 판단하면 이 재판부에 결정에 관한 서류를 제출한다(제209조 제2항).

366   b) 법원은 형사소송법 제207조 제2항에 언급된 네 가지 경우에는 공소내용
을 변경할 수 있다. 심판대상의 변경이 있을 경우(제207조 제2항 제1호, 제2호)
에는 검찰은 새로운 공소를 제기해야 한다(제207조 제3항). 그 밖의 경우에
는 애초의 공소장이 그대로 유지되지만, 검찰은 이 공소장을 공판정에서
법원에 의해 허가된 방식으로 낭독해야 한다(제243조 제3항 제3문).

367   c) 법원은 미결구금 또는 그 기간연장을 명하거나 가수용을 명하는 결정을
해야 한다(제207조 제4항).

368   d) 공판개시결정이 없거나, 공판개시결정이 모순적이거나 혹은 불완전할 경
우에는 절차는 소송장애의 이유로 중단되어야 한다(Rn. 349 이하 참조). 연방
재판소에 의하면 이러한 하자는 공판에서 피고인을 신문할 시점까지 치
유될 수 있다고 한다.[425]

2. 기각결정

369   a) 법원은 사실상의 이유 또는 법률상의 이유에서 충분한 범죄혐의가 없거
나(제204조), 종국적인 소송장애가 존재하는 경우에는 공판절차의 개시를
기각해야 한다. 법원은 충분한 범죄혐의가 존재할 경우에도 기소편의주
의에 근거한 사유가 있는 때에는 종국적으로 절차를 중단할 수 있다(Rn.
332 참조).

---

425   BGHSt 29, 224 (228). 전반적인 문제제기에 관해서는 *Beulke* Strafprozessrecht, Rn. 361; *Fezer*
Strafprozeßrecht, Rn. 9/97-104.

b) 일시적인 소송장애가 존재하는 경우 법원은 절차를 잠정적으로 중단해야 370
한다. 피고인이 출석하지 않거나 피고인의 신상과 관련한 그 밖의 장애에
관해서는 특히 형사소송법 제205조 제1문에 따른다.[426] 다른 소송장애의
경우에도 이 규정이 유추된다. 법원은 검찰의 청구나 동의가 있으면 기소
편의주의에 근거한 사유(Rn. 332)로 잠정적으로 절차를 중단할 수 있다.

c) 공판절차의 개시를 기각하거나 종국적인 절차중단을 할 경우 법원은 구속 371
내지 미결구금명령을 취소해야 한다(제120조 제1항 제2문, 제127조 제3항 제1문).

d) 기각결정은 형사소송법 제211조에 따라 제한된 확정력이 생긴다. 그와 같 372
은 기각된 공소는 새로운 사실이나 증거가 있는 경우에만 재심의 대상이
될 수 있다.

III. 불복수단

1. 공판의 개시가 기각되면 검찰은 즉시항고를 할 수 있다(제210조 제2항 제1문). 373
   즉시항고의 이유가 받아들여지는 경우 항고법원은 어느 법원에서 공판절
   차가 개시되어야 할 것인지에 대해 스스로 결정할 수 있다(제210조 제3항).

2. 공판개시 결정에 대해서는 원칙적으로 아무런 불복수단이 없다. 유일한 374
   예외로 더 낮은 심급의 법원에 공판이 개시되는 경우 검찰에게 불복을
   인정한다(제210조 제2항 제2문). 공판절차의 개시가 기각되어 이미 확정력이
   생긴 경우에는, *새로운 증거가 존재하지 않음*을 주장하면 피고인도 개시
   결정에 대해 불복할 수 있다.[427]

---

426 *Beulke* Strafprozessrecht, Rn. 291; *Fezer* Strafprozessrecht, Rn. 9/155; *Roxin* Strafverfahrensrecht,
§ 40 Rn. 15.
427 BVerfG StV 2005, 196.

독일 형사소송법

10

공판
절차

공판준비절차

공판심리의 개요

375   중간절차에서 공판개시결정이 된 후에는 공판준비절차가 뒤따른다(Rn. 376). 그 다음으로는 수소법원이 공판심리를 진행하는데(Rn. 377이하), 공판심리에서 가장 중요한 역할을 하는 것이 증거조사이다(제416조 이하). 형사절차는 공판개시결정과 함께 두 번째의 결정적인 단계로 진입한다. 공소제기와 함께 절차의 주도권이 수소법원으로 이전하게 되고, 이로써 수소법원이 독립적이고 불편부당한 판결을 내리기 위한 활동을 하게 된다.

A. 공판준비절차

공판준비를 위해서는 재판장이 소환기한(제217조 제1항: 최소한 일주일)내에 *기일*
*(Termin)*을 지정해야 한다(제213조). 이 외에 재판장은 피고인, 피고인의 변호
인, 증인 그리고 전문감정인을 소환해야 한다(제214조, 제216조, 제218조). 검찰이
지정하였거나 법원이 직권으로(제221조) 필요하다고 여기는 증인과 전문감정
인은 항상 소환하여야 하고, 피고인의 증인과 감정인은 신청에 의해서만 소
환하여야 하는데(제219조 제1항), 이 경우에는 형사소송법 제244조 제3항에서
제4항까지의 기각사유(Ablehnungsgründe)에 해당하지 않아야 한다. 법원이 신
청을 기각하는 경우에는 피고인이 스스로 증인과 전문감정인을 소환할 수
있다(제220조 제1항). 검사와 피고인은 형사소송법 제222조에 따라 증인과 전문
감정인을 지정해야 한다.

　지방법원 혹은 주 고등법원의 제1심 공판심리의 준비를 위해서는 검찰과
피고인에게 형사소송법 제222a조에 따라 법원의 구성에 관해 통지해야 한
다. 이것이 형사소송법 제222a조에 규정된 방식으로 이루어지지 않을 경우
절대적 상고이유가 된다(제338조 제1호 a).

　형사소송법 제223조에서 제225조에 따르면 법원은 수명법관 또는 수탁판
사로 하여금 촉탁증거조사(kommissarische Beweisaufnahme)를 수행하도록 명
할 수 있다.[428]

　법원이 더 높은 심급의 법원이나 재판부가 사물관할이라고 판단되는 경
우 법원은 상위의 법원이나 재판부에 서류를 제출해야 한다. 이때 이 법원이
나 재판부는 사건의 수리여부를 결정한다(제225a조 제1항).

428　이에 관해서는 *Schellenberg* Die Hauptverhandlung, S. 13.

B. 공판심리의 개요

377 공소제기가 있으면 절차의 주도권이 법원으로 넘어간다. 이를 통해 법원은 이중적 역할을 수행하는데, 뒤에서 설명하게 되겠지만, 증거조사에서 특히 그 이중성을 보여 준다. 법원은 먼저 배심원단과 마찬가지로 공판심리중에 일어나는 모든 사정을 종합하여 자신의 심증을 형성한다. 법원은 동시에 절차 면과 실체 면에서의 지휘를 통해 스스로 능동적으로 판결을 내릴 수 있도록 공판심리를 진행해야 한다. 법원은 첫 번째 역할에서는 아직 당사자가 아닌 관찰자의 역할에 집중할 수 있을 것이지만, 두 번째 역할과 관련해서는 첫 번째 역할과 동일한 정도로 성공적으로 수행하지 못한다. 그 결과 법원은 판결을 내리기 전의 절차단계에서 독립적이고 불편부당한 기관이 되어야 할 자신의 독자적 지위를 감당할 수 없을 위험이 생긴다. 형사소송법은 세 가지 방법으로 이 위험에 대처하고 있다.

378 첫째, 형사소송법은 공판심리의 진행을 재판장에게 부여함으로써(제238조 제1항 제1문), 재판장이 나머지 법원의 구성원으로 하여금 불편부당한 관찰자의 역할을 가능한 한 유지하도록 한다. 둘째, 형사소송법은 검찰에게는 물론이고 피고인과 피고인의 변호인에게도 공판의 진행에 적극적으로 영향을 미칠 수 있는 독자적 권리를 부여하고 있다(제240조, 제243조 제3항, 제244조 제3항-제5항, 제258조). 법원으로 하여금 재판장의 실체 면에서의 역할을 심사할 수 있도록 하는 것도 여기에 해당한다(제238조 제2항). 셋째, 소송관계인에게 판결에 대해 불복수단(Rn. 570 이하, 593 이하 참조)을 이용할 수 있게 하고 있다. 이와 같은 상호 통제가능성을 통해 형사소송법은 공판심리가 법과 법률에 따라 진행되는 것을 보장하려고 하는 것이다.

379 판결은 공소장에 제기된 사실문제와 법률문제에 대한 대답이다. 이와같

은 법원의 판결절차의 진행은 *특별한 방식*(die spezifische Form)을 통해 각별한 의미가 부여된다. 판결절차의 특별한 방식 가운데 특징적인 것은 엄격한 절차진행순서(Rn. 380), 연속적 집중심리의 원칙, 구두주의와 공개주의 원칙(Rn. 381이하, 395 이하), 엄격한 출석의무(Rn. 388 이하), 소송상의 협력의무(Rn. 402 이하) 등이다.

Ⅰ. 공판심리의 과정

형사소송법은 공판심리의 가장 중요한 단계들을 특별히 규정하고 있다. 이들 규정에 명시된 특별한 절차단계 가운데 하나를 법원이 누락하면 원칙적으로 상고이유가 된다. 특히 공소장의 낭독을 하지 않는 경우가 이러한 경우에 해당한다.[429] 법원이 규정되어 있는 절차의 진행순서를 지키지 않은 경우에도 마찬가지이다.[430] 피고인은 변론종결을 포함하여 모든 소송물에 대해 종국적으로 의견을 표명할 기회를 가져야 하기 때문에[431] 피고인의 최후진술도 생략되어서는 안된다(제258조 제2항).[432]

공판심리는 다음과 같은 도식에 따라 진행한다.

| 개관 3 |

공판의 진행

Ⅰ. 사건의 호명 (제243조 제1항 제1문)

---

429 *Krekeler*의 비판적인 평석이 실린 BGH NStZ 1995, 200.
430 이에 관한 쟁점의 특수성에 관해서는 BGH StV 1991, 148.
431 이에 관해서는 *Schellenberg* Die Hauptverhandlung, S. 246 ff.
432 BGHSt 22, 278 (279). 이에 따른 상고이유에 관해서는, *Ventzke*의 비판적인 평석이 실린, BGH StV 1995, 176.

II. 확인사항

1. 소송관계인들의 출석(제243조 제1항 제2문)

2. 사용될 증거방법의 확인, 특히 증인의 확인(제243조 제1항 제2문):

실무에서는 이 단계에서 부터 더 간소한 절차로 진행됨

a) 증인에 대한 고지(제57조)

b) 증인의 퇴정(제243조 제2항 제1문)

III. 공소문의 낭독(제243조 제3항)

IV. 피고인 신문

1. 피고인에 대해 진술거부권에 관한 고지(제243조 제4항 제1문)

2. 피고인 신문(제243조 제4항 제2문)

V. 증거조사(제244조)

— 증인과 전문감정인의 신문

— 서류와 검증결과의 낭독

— 통상적으로 증거조사를 끝내는 시점에 전과 등에 관한 연방중앙기록부의 낭독

VI. 최후진술(제258조)

1. 검찰 또는 부대공소자 등의 최후진술

2. 변호인의 최후진술

3. 피고인의 최후진술

VII. 정지 및 판결 협의

VIII. 판결 선고

II. 집중심리원칙

법률문제와 사실문제는 서로 중첩되어 있을뿐 아니라 사실문제(quaestio facti)에 답하기 위해 하나하나에 대해 개별적인 증거가 필요하기때문에 *단절 없는 공판심리*(제226조 제1항)라는 집중심리원칙은 특히 판결을 협의함에 있어 공판심리에서 전개된 일들에 대한 신뢰할만한 기억을 담보하기 위해 요구된다.[433] 심판대상이 하루에 처리될 수 없을 정도로 광범위할 경우 형사소송법은 공판심리의 진행을 멈출 두 가지 가능성을 인정하고 있다: 하나는 정지이고 다른 하나는 중단이다.

381

1. *정지*(Unterbrechung)는 변론이 멈춰진 지점에서 공판심리를 속개하는 것을 가능하게 하는 제도이다. 정지는 점심시간을 위해서나 변론을 그 다음날에 할 수 있도록 하기 위해 직권으로 명해진다. 추가기소(Nachtragsanklage) (Rn. 491 이하 참조)의 경우에는 피고인의 신청에 따라 정지가 명해져야 한다.

382

a) 재판장은 3주 이내의 단기간의 정지를 명할 수 있다(제228조 제1항 제2문, 제229조 제1항).

383

b) 사건에 관해 변론이 이미 열흘간 진행된 경우[434] 법원은 한 달이내의 보다 장기간의 정지를 결정할 수 있다(제228조 제1항 제1문, 제229조 제2항 제1문).

384

c) 피고인, 판사 혹은 참심관에게 질병이 있는 경우에는 형사소송법 제229조 제3항에 따라 기간의 진행이 멈춰진다. 그 밖의 다른 소송관계인에게 질병이 있는 경우에는 그렇지 않다.[435]

385

---

433 BGHSt 23, 224 (226).
434 BGH NStZ 2006, 710 (711 f.).
435 BGH NStZ 1997, 503.

386　　d) 정지가 허용된 것 보다 장기화되면 중단과 같은 효력이 생긴다(제229조 제4항 제1문).

387　　2. *중단(Aussetzung)*은 전체 공판심리가 처음부터 새로 진행되어야 하는 효과를 가져온다(제229조 제4항 제1문). 중단을 명하기 위해서는 법원의 결정이 필요하다(제228조 제1항 제1문). 보다 신속하게 국선변호인을 찾을 수 없을 경우나(제145조), 새로운 증거방법이 조달될 수 없을 경우(제265조 제4항) 법원의 결정은 직권으로 이루어진다. 소환기간을 준수하지 않은 경우(제217조 제2항), 새로운 불리한 사정이 등장한 경우(제265조 제3항) 혹은 증거신청을 늦게 한 경우(제246조 제2항)[436] 중단을 위해서는 신청이 필요하다.

III. 출석

388　　공판심리가 모든 소송관계인의 협력 하에 진행될 수 있도록 하기 위해 형사소송법은 엄격한 출석의무를 부과하고 있다.

389　　1. 법원관계자는 출석할 권리만이 아니라 출석의무도 가지고 있다(제226조 제1항). 법관이나 참심관이 1분간만이라도 공판정을 떠나면 절대적 상소이유가 된다(제338조 제1항 제1호 전단, 제5호). 법관이 졸고 있거나 완전히 다른 데 정신이 팔려있는 경우에도 마찬가지이다.[437] 법관이나 참심관의 장기간의 질병으로 절차를 중단해야 할 위험을 피하기 위해 보충법관이나 보충참심관이 투입될 수도 있다(법원조직법 제192조). 형사단독판사는 공판심리에서 문서작성공무원(Unkundenbeamten) 없이도 공판심리를 진행할 수 있다(제226조 제2항).

436　그밖에 BGHSt 37, 1 (2) 참조.
437　BGHSt 2, 14 (15).

2. *검찰은 공판심리과정에 관청의 자격으로만 출석해야 한다.* 공판검사는 390
교체될 수 있다. 공판검사 없이 심리가 진행되면 절대적 상고이유가 된다
(제338조 제5호).

3. 변호인의 출석의무는 *필요적 변호사건의* 경우에만 인정된다(제145조, 제228 391
조 제2항).[438]

4. a) 긴급한 경우 *피고인에게는* 심지어 출석의무가 강제되기도 한다(제230 392
조). 예외가 존재하지 않는 한 피고인이 일정한 시점에만 출석하지 않은
경우는 절대적 상고이유가 된다(제338조 제5호).[439] 형사소송법은 장기간
소재파악이 되지 않는 피의자와 시종일관 혹은 일시적으로 불출석한 피고
인을 구별하고 있다. 전자에 대해서는 공판심리가 개시될 수 없지만 대신
에 증거보전절차는 인정될 수 있다(제285조 이하, 제276조).

b) *시종일관 불출석한 피고인에* 대해서는 특별 절차에서 혹은 특별한 절 393
차단계에서 예외적으로만 심리가 허용될 수 있다(제232조 이하, 제329조, 제
350조, 제387조, 제412조).

c) 이에 반하여 *일시적으로 불출석한 피고인의* 경우에는 예외적인 경우로 394
제한되어 있기는 하지만 심리가 광범위하게 인정될 수 있다. 예외가 인정
되는 경우는 피고인이 신문을 받은 후에 독단적으로 사건에서 벗어난 경
우를 말한다(제231조 제2항). 피고인이 공소사실에 대한 신문을 받기 전에
공판심리의 진행을 방해하기 위해 의도적으로 유책하게 스스로 변론무능
력상태가 된 경우에는 피고인 없이 공판심리를 진행할 수 있다(제231a조).
피고인이 질서위반적 태도로 공판의 진행을 저해하거나 저해할 것으로

---

438 형사소송법 제231c조에 의한 예외적인 출석의무면제에 관해서는 BGH NStZ 1983, 34.
439 BGHSt 21, 332 (333). 그 외에 *Beulke* Strafprozessrecht, Rn. 566 참조.

예상되는 경우에도 마찬가지이다(제231b조, 법원조직법 제177조).[440] 피고인이 출석하면 진실발견이 곤란하게 될 경우에는 피고인 없이 증인이나 공동피고인을 신문할 수 있다(제247조 제1문). 뿐만 아니라 피고인은 자신의 안녕이나 미성년 증인의 안녕에 대한 우려 때문에 일시적으로 공판정에 출석하지 않을 수 있다(제247조 제2문).

이러할 경우 재판장은 피고인이 공판정으로 돌아온 후에 중간경과에 대해 알려주어야 한다(제247조 제4문, 제231a조 제2항, 제231b조 제2항). 피고인이 불출석한 동안에 피고인의 변호인은 조력자일 뿐 아니라 형사소송법 제234조에 따라 피고인의 대리인도 된다.

IV. 구두주의와 공개주의

395 절차진행을 구두로 하고 공개하여야 한다는 점도 공판심리의 특별한 방식에 해당한다.

396 1. 구두주의에 의하면 공판심리에서 *구두로* 진술된 소송자료만 판결의 기초가 될 수 있다(제261조, 제264조). 이점은 모든 소송관계인들이 법원과 함께 공판심리의 진행에 상호작용하는 것을 보증해 준다(Rn. 47 이하 참조). 이는 직접적 증거조사에서 특별한 중요성을 가진다(Rn. 419 이하 참조). 따라서 서류는 스스로 읽어보는 것이 허용되는 경우를 제외하고는 원칙적으로 낭독되어야 한다(제249조 제2항).[441]

397 2. *공개주의*에 의하면 형사법원의 공판심리는 판결의 선고와 결정을 포함한 공판심리절차에 참여하지 못할 자의 범위를 미리 정해놓지 않고 진행

---

440 연방재판소에 의하면 피고인의 법정모독 및 피고인 불출석 상태에서의 변론을 확인하는 결정이 필요하다고 한다. BGHSt 39, 72 (73).

441 BGH NStZ 2005, 160. 이에 대한 평석으로는 *Kudlich* JuS 2005, 381.

되어야 한다.

a) 공개주의는 누구든지 법정심리에 접근할 수 있음을 인정하는 원칙이다(법   **398**
   원조직법 제169조 제1문). 다만, 공개할 목적의 녹음과 사진촬영은 허용되지
   않는다(제169조 제2문).[442]

b) 법원조직법은 공개성의 보장이 사실상 한계를 가진다는 것을 전제로 하   **399**
   고 있을 뿐 아니라, 피고인(법원조직법 제171a조)이나 증인(법원조직법 제171b조,
   제172조 제1a호, 제4호) 또는 국가의 안전보장이나 공공의 수치심("미풍양
   속")(법원조직법 제172조 제1호)이 우월한 이익으로 인정될 경우에는 공개성이
   배제될 수 있다는 일련의 *예외*도 추가적으로 규정하고 있다. 하지만 판결
   문의 공시는 모든 경우에 공개적으로 행해져야 한다(제173조 제1항). 소송관
   계인, 증인, 형사변호인, 방청객 등이 무례한 태도를 보이거나(법원조직법 제
   175조, 제177조), 증인이 되기에 의문이 있을 경우 퇴정이 명해질 수 있다.[443]

   공판심리에서의 공개주의에 대한 제한은 형벌청구권의 관철이 자기목적이 아니
   라는 점에서 나온다. 공개된다는 점 때문에 피고인은 물론이고 다른 당사자들도
   절차의 단순한 객체가 되어서는 안된다. 다른 한편 공판심리가 민감한 문제에 대
   한 심리의 공개를 통해 공공의 안전이나 국가의 비밀보호가 위태롭게 되는 결과
   를 초래해서는 안된다.

c) 공판심리의 공개를 제한할 것인지의 여부에 관해서는 법원이 결정한다   **400**
   (법원조직법 제174조 제1항). 소송관계인들이 개별적으로 퇴정되어야 할 경우
   에도 마찬가지이다(법원조직법 제178조 제2항). 이에 반해 방청객 중의 누군가

---

442 BVerfGE 103, 44 (59).
443 *Holtz* MDR 1983, 92의 BGH. Vgl. 그밖에 *Beulke* Strafprozessrecht, Rn. 377; *Fezer* Strafprozeßrecht,
     Rn. 14/77.

를 퇴정시킬지 여부에 관해서는 재판장이 결정권을 가진다(법원조직법 제178조 제2항). 이 결정에는 통상적으로 이유가 있어야 한다.[444]

401   d) 공개주의의 제한이 인정될 수 없음에도 불구하고 이를 제한한 경우에는 절대적 *상고이유*가 된다(제338조 제6호).

V. 소송상의 협력의무와 부담

402   법원과 소송관계인들은 서로 다른 방법으로 협력의무와 부담을 진다.

403   1. *법원*은 (재판장을 내세워) 포괄적인 실체지휘와 변론지휘를 한다(제238조 제1항). 법적 청문권으로부터 일련의 고지의무와 통지의무가 나온다(Rn. 34 이하). 특히 법원은 (변호인 없는) 피고인에 대한 *배려의무*를 진다. 이 의무는 이미 부분적으로 언급한 많은 특별규정[445] 이외에도 형사소송법 제265조의 고지의무로 특별히 규정되어 있다. 공소가 소송상의 사건의 범위를 제한하기는 한다. 그럼에도 불구하고 공소가 법적인 평가에서 법원을 구속하지는 않는다(제155조 제2항, 제264조 제2항). 법원이 사건을 검찰과 다르게 평가하거나 증거조사 후 사실상의 이유에서 사건이 그 전에 조사한 것과 다르게 나타나는 경우에는 법원은 피고인이 당황하지 않도록 하기 위해 그 점에 대해 실질적으로 고지해야 한다.[446] 증거조사를 통해 주된 형벌만 문제되는 것이 아니라 보안처분이나 부수형벌 혹은 부수효과가 문제되는 경우에도 마찬가지이다.

---

444 제한적으로는 BGHSt 45, 117 (120 f.).

445 이와 같은 규정들을 전체적으로 목록화하고 있는 문헌으로는 LR/*Schäfer* Einl. Rn. 6/26.

446 BGHSt 18, 56 (57); 22, 29 (31); 48, 183 (186). 이에 대한 논평으로는 *Kudlich* JA 2004, 108; BGH NStZ 2005, 111.

2. *검찰*은 공소제기의 대리인이면서도 동시에 객관의무도 진다(제160조 제2 **404**
항). 따라서 검찰은 공판단계에서부터 법원의 절차오류에 대해 지적할 의
무가 부여되어 있다(형사절차 및 벌과금부과절차에 관한 지침 제127호 제1항 제1문,
제2항). 절차오류가 피고인에게 불리한 경우에도 마찬가지이다. 절차의 사
법정형성을 유지하기 위해 검찰은 피고인에게 유리한 증거방법을 제출할
의무도 진다(제296조 제2항, 제301조, 형사절차 및 벌과금부과절차에 관한 지침 제147
호 제3항).

3. 마지막으로 피고인을 보호하는 일정한 방식이 준수되지 못하고 있는 경 **405**
우 *피고인*도 이에 대해 이의를 제기할 부담을 가진다.

a) 예컨대, 피고인은 자신에 대한 인정신문이 시작될 때까지 법관의 중립성 **406**
에 대한 우려를 주장해야 한다(제25조 제1항). 이를 부작위한 경우 피고인은
더 이상 이의제기할 수 없다.

b) 뿐만 아니라 피고인은 사건에 대해 신문이 시작될 때까지 법관의 구성이 **407**
나 법원의 장소적인 기능적 관할의 적합성 여부에 대해 이의를 제기하여
야 한다(제6a조, 제16조, 제222a조, 제222b조). 그렇게 하지 못한 경우 피고인의
이의제기는 인정되지 않는다.[447]

c) 더 나아가 판례는 피고인(또는 검찰)이 재판장의 모든 실체지휘 명령을 다 **408**
투려고 하는 경우에는 형사소송법 제238조 제2항에 따라 법원의 재판을
청구할 것을 요구하고 있다.

연방재판소가 실무적으로 하고 있는 충돌*해결*방안도 역시 이와 유사한 **409**

---

447 이에 관하여 자세하게는 BGHSt 44, 328 (332); 44, 361 (363).

생각에 토대를 두고 있다. 수사절차에서 피의자에 대한 신문이나 전기통신 감청[448]에 절차상의 하자가 있는 경우, 연방재판소에 의하면 증거사용이 금지되기 위해서는 (방어하는) 피고인이 그렇게 획득된 증거에 대한 증거평가를 형사소송법 제257조에 언급된 시점에 맞추어 적시에 다투어야 한다고 한다.[449] 피고인이 이를 다투지 않은 경우에는 그 이후의 이의제기는 인정되지 않는다. 판례에 의하면 이러한 절차상의 하자에 기한 상고는 성공할 가망성이 거의 없다. 이점은 파기환송(Zurückverweisung)후에도 마찬가지이다.[450]

410 피고인 등에게 인정되는 이와 같은 이의제기에 대한 부담은 다음과 같이 근거지워지고 있다. 즉 소송관계인이 절차위반을 다투지 않고 그것을 받아들이면 판결은 동의에 기한 것이지 절차하자에 기한 것은 아니기 때문이라는 것이다.[451] 이렇게 보아도 방어권이 부적절하게 제한되는 것도 아니고, 변호인에게는 사법의 기관으로서 특별한 책무가 부과되어 있기 때문이라고 한다. 더 나아가 이의제기할 것을 부담지우는 일은 신속한 절차에도 도움이 된다고 한다.[452] 하지만 이러한 근거지움은 설득력이 없다.[453] 변호인이 사법의 기관이기는 하지만 이는 공공의 이익이라는 관점에서도 피고인을 효과적으로 방어한다는 제한적인 의미에서만 그렇다. 절차에 관한 강행규정은 법원이 직권으로 준수해야 한다. 물론 피고인과 그 변호인에게도 신속재판의 원칙에서 의무와 부담이 부과될 수 있다는 점은 타당하다. 하지만 그렇다고 해서 그것이 법적 청문권의 보호라는 기본권을

---

448 BGHSt 51, 1.

449 BGHSt 38, 214 (218); 42, 15 (22). BGH NStZ 1997, 502. 비판에 대해서는 *Beulke* Strafprozessrecht, Rn. 150 참조.

450 *Fezer*의 논평이 실린 BGH JZ 2006, 473.

451 일관된 판례의 입장으로 RGSt 71, 21 (23); BGHSt 1, 322 (325); 3, 368 (369 f.). 제한적으로는 BGH NStZ 1984, 371.

452 BGHSt 42, 15 (23).

453 반대하는 입장으로는 *Beulke* Strafprozessrecht, Rn. 117, 150, 375, 468 f.; *Fezer* JR 1992, 385; *Roxin* Strafverfahrensrecht, § 42 Rn. 16.

침해할 경우에는 그 역시 법률의 규정이 필요하다. 이러한 법률의 규정이 존재하지 않는 한 위와같은 실무의 태도는 거부되어야 한다.

4. 공판심리에서 (법원의 심증형성과 관련하여) 절차상의 하자가 존재할 경우, 공판심리가 처음부터 반복되어야 하는 것은 아니다. 절차상의 *하자를 치유*할 가능성이 존재한다. 절차상의 하자를 치유하는 방법에는 법원이 하자 있는 재판을 취소하거나 의무에 위배하여 부작위한 재판을 다시 수행하거나 또는 하자있는 절차부분 전부를 다시 반복하는 방법 등이 있다.[454]

VI. 협상

소송관계인이 공판심리의 진행에 영향을 줄 수 있는 수단으로서 형사소송법에 명시적으로 예정되어 있는 수단 외에도 지난 몇 십년동안 독자적인 제도로 여겨지고 있는[455] 협상(Verfahrensabsprache: Deal)이라는 실무상의 제도가 있다. 가중되고 있는 업무, 점점 복잡해지고 길어지고 있는 절차 때문에, 특히 경제범죄의 경우 실무는 이미 공판심리의 초기단계에서 형을 감경시켜준다는 약속의 대가로 이루어진 피고인의 자백을 근거로 삼아 절차를 축소하려는 시도를 하고 있다.(2009년 7월 29일자 형사절차에서의 협상에 관한 법률 제1조에 의해 2009년 8월 4일부터 독일에서는 협상(Verständigung)제도가 형사소송법상 명문화된 제도로 편입되었다. 그 내용은 아래 개관4에서 제시한 판례의 원칙들을 수용한 것으로 이루어져있다. 협상의 과정과 결과는 절차의 본질적 방식으로 공판조서에 기재되어야 하며 이점은 공판심리 개시전에 협상이 행해진 경우에도 마찬가지이다: 역자 주) 하지만 이러한 실무는 다음과 같은 이유에서 법치국가적 형사절차의 근본이 되는 원칙들과 충돌을 일으키고 있다:

---

454 BGHSt 30, 74 (76); BGH StV 1986, 89. 이에 대한 논평으로는 *Schlothauer* StV 1986, 90.
455 *Beulke* Strafprozessrecht, Rn. 394.

413   형사사법은 법의 회복을 위해 진실과 정의를 추구하여야 하고 따라서 원칙적으로 누구라도 상관없이 모든 범죄를 소추하여 재판을 해야 한다(*기소법정주의*, Rn. 31이하 참조). 형사사법기관은 이러한 목적을 위해 사건의 진상을 규명해야 하고(*직권주의*: Rn. 49 이하) 애시당초 소송관계인의 관여에 만족해서는 안된다. 피고인의 유죄인정은 구두의 공개적인 공판심리에서 엄격한 증거에 따라 이루어져야 하고 그 결과에 관해 법원은 구속되지 않고 *자유심증에 따라 증거평가를 해야 한다*(Rn. 52 이하 참조). 법원이 공판을 준비하는 동안 형의 현저한 감경에 대해 피고인과 합의를 하면 이러한 원칙들이 침해될 수 있다. 왜냐하면 법원이 피고인과 피고인의 책임에 대해 거래를 하는 것은 기소법정주의에 위배되기 때문이다. 뿐만 아니라 자백의 신빙성을 심사하고, 경우에 따라서는 증거조사에 들어갈 수도 있음을 담보해 두고 있지 않을 경우에는 명시적으로 규정된 증거법칙을 무시하는 처사가 된다. 자백의 내용이 밀실에서 소송관계인의 일부만 참석하여 협상되고 공소장에 기재된 내용이 사실이라는 점을 공판심리에서 피고인이 형식적으로 확인하기만 하는 것은 공판의 구두주의와 공개주의의 의미를 호도하는 것이기도 하다. 더 나아가 협상을 무리하게 요구하는 것은 피고인을 어려운 상황에 빠뜨리는 일이 된다. 피고인은 자백을 통해 그것이 그에게 어떤 효과를 미치게 될지에 대해 확신을 하지 못한 채 자기 자신의 유죄인정에 협력해야 하기 때문이다.

414   그럼에도 불구하고 협상이 현행 형사소송법과 무조건 모순되는 것만은 아니다. 법원은 양형에서 넓은 재량권을 가지고 있고, 제한된 범위내에서만 상고심 법관의 통제를 받는다(Rn. 601 이하 참조). 자백은 항상 감경사유로 평가될 수 있는 것이기 때문에,[456] 법원이 자백을 일정한 범위 내에서 피고인에게 유리하게 작용하도록 약속하는 일은 피할 수 없는 일이다.

---

456 BGHSt 42, 191 (195); 43, 195 (210).
457 *Beulke* Strafprozessrecht, Rn. 394 Fn. 68 참조.

따라서 연방재판소는 학설상 비판[457]되고 있는 협상실무를 원칙적으로 수용하여 이를 법치국가원칙에 맞게 적응시키려는 시도를 하고 있다.[458] 유효한 협상이 되려면 다음과 같은 기준을 충족시켜야 한다(이하 도표 참조).[459]

| 개관 4 |

유효한 협상의 조건

1. 협상이 모든 소송관계인들의 협력 하에 공판심리과정에서 이루어질 것
2. 유죄선고에 관한 확실한 언급, 구체적인 형에 대한 약속, 그리고 법률상 인정되어 있지 않은 혜택에 대한 약속 등이 없을 것
3. 법원이 자백을 독자적으로 심사할 것
4. 형벌이 책임에 상응할 것
5. 법원이 사건에 대한 평가를 변경할 경우 고지의무를 이행할 것
6. 상소수단을 포기한다는 약속을 받지 않을 것

형사사법이 협상을 이행하지 못한 경우, 피고인에 대해서는 상당한 형감경이 인정되어야 한다.[460] 사후에 의견불일치가 있을 경우에는 추가로 자백을 증거로 사용하지 못한다.[461]

---

458 BGHSt 43, 195. BGH NStZ 1999, 92. 이에 관한 두 개의 재판에 관해서는 *Weigend* NStZ 1999, 57 (57 f., 61); 그 밖에 *Hefendehl*, in: Empirische und dogmatische Fundamente, kriminalpolitischer Impetus hrsg. v. *Hefendehl*, 2005, 235 (238 ff.); *Weßlau* ZStW 116 (2004), 150 (164 ff.) 참조.

459 BGHSt (GS) 50, 40. 이에 관한 평석으로는 *Dahs* NStZ 2005, 580; *Duttge/Schoop* StV 2005, 421; *Rieß* JR 2005, 430. 본질적으로 연방정부의 법률안도 이에 따른다. www.bmj.de/files/1ffbab9e482ded176a576b37ef648b5e/1233/refE%20Verst%C3%A4ndigung.pdf; 이에 대한 비판으로는 *Altenhain/Hagemeier/Haimmerl* NStZ 2007, 71 (77).

460 BGHSt 37, 10 (14).

461 BGHSt 42, 191 (194). 이에 관한 논평으로는 *Beulke/Satzger* JuS 1997, 1072.

증거조사의 직접주의

법원의 진실규명의무

증거신청권

416 증거조사는 공소문낭독과 피고인 신문이 있은 후에 이루어진다. 증거조사는 공판심리의 핵심에 해당한다. "입증이란 법관에게 어떤 사실이 존재한다는 데 대한 확신을 만들어내는 것을 의미한다".[462] 증거조사는 이와 같이 *법원의 심증형성(gerichtliche Ueberzeugungsbildung)*에 목표를 맞추고 있기 때문에 무죄추정(의 반박)과 연관되어 있다: 법치국가에서 피고인을 유죄라고 선언할 수 있는 것은 오로지 독립적이고 불편부당한 기관인 법관(Richter) 뿐이다.

417 공소제기와 함께 절차의 주도권은 *진실발견*이라는 관점에서 보더라도 법원으로 옮겨간다. 한편으로 보면 이와 같은 절차의 주도권 이전은 필요불가결한 일이라고 할 수 있다. 왜냐하면 법원의 심증형성이 문제된다면, 법원은 독자적인 증거제시를 통해 진실에 더 가까이 접근하는 일을 스스로 자신이 장악해야 하기 때문이다(제244조 제2항). 다른 한편 이렇게 됨으로써 앞서 언급하였던 법원의 이중적 역할(Rn. 377 이하)이 증거조사를 실행하는 과정에서 보다 첨예해지게 된다.

418 공판심리에서의 증거조사는 입증을 근본적으로 *새롭게*해야 한다는 목적하에 행해진다.[463] 증거조사에서는 수사단계에서의 검찰의 수사활동이 단순히 반복되는 것이 아니다. 검찰의 수사활동은 종종 상대적으로 일방만에 의해 진행된 조사와 특별한 방식없이 모든 흔적을 추적해가는 광범위하고 밀행적인 행위방식이 특징적인 반면, 공판심리에서의 조사에서는 특별하게 엄격한 방식이 지배한다. 따라서 공판심리에서는 유죄문제와 형선고의 문제에 답하기 위해 이른바 *엄격한 증명절차(Strengbeweisverfahren)*가 준수되어야 한다(Rn. 153). 엄격한 증거는 그 구체적인 모습을 *직접주의원칙(Unmittelbarkeitsgrundsatz)*을 통해 유지한다.[464]

---

462 *Roxin* Strafverfahrensrecht, § 24 Rn. 1 (강조는 원본에 의한 것임).
463 *Roxin* Strafverfahrensrecht, § 43 Rn. 1.
464 *Henkel* § 90 II 1 u. V 1 a).

A. 증거조사의 직접주의

Ⅰ. 형식적 직접주의

형식적 직접주의에 의하면 법원은 증거를 스스로 인식하여야 한다. 증거조   419
사를 다른 자, 심지어 다른 법관에게 위임해서도 안된다.[465] 이와달리 규문절
차에서 그랬던 것처럼 증거조사가 이루어진다면, 법관은 다른 사람의 눈을
통해 입증을 보도록 강요당할 것이고, 그 다른 사람의 눈에 종속되어 스스로
사실문제에 관해 판단하지 못하게 될 것이다. 형식적 직접주의는 법관이 증
거방법에 대한 스스로의 관찰을 통해 증거가치를 만드는 일을 보증해 준다.
이로부터 *증거에 대한 예단금지(Beweisantizipationsverbot)*가 도출될 수 있다.
이에 의하면 법관은 원칙적으로 증거방법을 스스로 인식함이 없이 미리 그
것을 부적합하거나 불필요한 것으로 여겨서는 안된다.

Ⅱ. 실질적 직접주의

*실질적 직접주의*에 의하면 입증되어야 할 사실에 보다 근접해 있는 증거방   420
법을 이 보다 멀리 떨어져 있는 증거방법 보다 가능한 한 선호해야 한다. 이
와 같이 대체증거에 비해 보다 원천에 가까운 증거방법에 대해 우위성을 인
정함에는 형식적 직접주의에 대한 요청에서와 유사한 생각이 바탕에 깔려
있다. 증인이 법관에게 자기 자신의 체험을 보고할 경우 법관은 스스로 증인
에 대한 신빙성을 판단할 수 있다. 이에 반해 증인이 사건의 경과에 관한 제3
자의 진술을 듣고 말하는 것에 대해 신문받고 있는 경우, 법관은 그 제3자의
진술의 신빙성 판단을 (적어도 부분적으로나마) 증인의 판단에 의존하게 된다.

---

465 이에 대한 예외로는 형사소송법 제223조 내지 제225조에 의한 촉탁신문이다.

입증되어야 할 사실과 법관과의 사이에 있는 증거의 사슬에 더 많은 연결고리가 끼어 있으면 있을수록 법관은 타인의 판단에 더 많이 의존하고, 법관이 원래의 증인에 대한 신빙성을 스스로 판단할 가능성은 그만큼 더 줄어든다.

421   제국법원(RG)은 타당하게도 이 원칙을 "형사절차의 근본적 원칙"이라고 불렀지만,[466] 이 원칙은 일정한 탄력성을 가지고 있는 특징이 있다. 피고인은 항상 직접 신문되어야 하고,[467] 형사소송법 제250조 제2문은 이미 행해진 신문의 조서를 낭독함으로써 증인의 진술을 대체하는 것을 원칙적으로 금지하고 있다. 그러나 그 밖의 경우에는 형사소송법은 대체증거를 이용하는 것을 금지하지 않는다.[468] 원본에 가까운 증거방법 뿐 아니라 대체증거도 이용할 수 있는 경우라면 실질적 직접주의는 원본에 가까운 증거방법에 우선순위를 인정할 것을 요구한다.[469] 하지만 법원이 사실을 직접 목격한 증인을 활용할 수 없는 경우라면 법원은 직권탐지의무 때문에 적어도 전문(傳聞)증인이라도 신문하지 않을 수 없다. 이러한 경우에는 보다 낮은 증거가치를 가진 이 증인의 진술이 증거로 인정될 수 있는지의 여부가 주의깊게 판단되어야 할 증거평가의 문제가 된다.[470]

III. 효과

422   1. 서류(Akten)의 내용 그 자체는 판결을 위한 기초로 무조건 *배제*된다. 이러한 결론은 형사소송법 제261조(법원은 증거조사의 결과에 관해 변론의 전 취지로부터 나오는 자신의 자유로운 심증에 따라 판단한다: 역자 주)에서 **나온다.**

---

466 RGSt 12, 104 (105).
467 이에 관하여 자세하게는 BGH NStZ 1994, 449.
468 BVerfG NStZ 1991, 445.
469 BGHSt (GS) 32, 115 (123) 참조. 물론 연방재판소는 형사소송법 제244조 제2항을 근거로 삼고 있다.
470 BGHSt 34, 15 (18, 20); 42, 15 (25).

2. 인적 증거방법인 경우에는 직접 신문을 받아야 한다(제250조 제1문, 제243조). 423
   예외적인 경우에만 조서(Protokolle)가 사용될 수 있지만, 이 경우에도 조
   서의 내용이 낭독되어야 한다.

a) *피고인*에 대한 신문(형사소송법 제233조 제3항 제2문, 제329조 제2항, 제332조를 제외 424
   하면)을 이미 행한 신문의 결과물인 조서를 낭독하는 것으로 대체해서는
   안된다. 형사소송법 제254조에 의하면 그 이전의 *법관*의 신문 결과물인
   조서는 이미 행한 자백에 대한 증거조사를 위해서나 모순진술을 확인하
   거나 제거하기 위해 필요한 경우에만 낭독되는 것을 허용한다.[471]
   　자백을 보강하기 위해 경찰조서를 형식없이 *제시(Vorhalt)하는 것*은 형
   사소송법 제254조에 의한 금지의 대상이 아니다. 물론 그렇다고 해서 그
   제시된 조서의 내용이 공판심리의 대상이 되는 것은 아니다. 피고인이 그
   에게 제시된 조서의 내용대로 진술했다는 점을 다투는 경우 이를 증거평
   가에 사용해서는 안된다.[472]

b) *증인이나 감정인*이 공판심리단계에서 비로소 증언거부권을 행사하는 경 425
   우에는 이미 행한 신문의 결과인 조서가 낭독되어서는 안된다(제252조). 하
   지만 연방재판소에 의하면 증언거부사유가 신문 후에 일부러(예컨대 결혼
   을 함으로써) 만들어진 경우에는 그렇지 않다고 한다.[473]
   　증인이나 감정인의 진술은 원칙적으로 다른 방법(예컨대, 조사자의 신문)으
   로도 공판심리에서 증거로 사용될 수 없다.[474] 지배적인 학설에 의하면
   이와 같은 증거사용금지는 그 이전에 행해진 모든 신문에 대해 타당하다

471　피의자의 서명이 결여된 경우라도 낭독 장애사유가 되지 않는다. BVerfG NStZ 2006, 46 (47).
472　BGHSt 14, 310 (312); 21, 285 (286 f.); 45, 342 (345 f.). 이에 찬동하는 입장으로는 *Fezer* Strafpro-
　　zessrecht, Rn. 13/45 f.
473　BGHSt 45, 342 (350); 이에 찬동하는 입장으로는 *Gollwitzer* JR 2001, 253; 이에 반대하는 입장
　　으로는 *Beulke* Strafprozessrecht, Rn. 420a.
474　BVerfG NStZ-RR 2004, 18; BGHSt 2, 99 (101).

고 한다.[475] 이에 반해 판례는 *법관*의 신문과 관련해서는 예외를 인정하고 있다.[476] 이에 의하면 적법하게 고지된 경우에는 법관의 신문을 통해 증인이나 감정인이 이미 행한 진술도 공판심리로 들어올 수 있다고 한다. 이는 법관의 신문이 보다 높은 질적 수준을 가지고 있음을 인정하는 결과라고 한다. 하지만 이러한 구별은 논리일관성이 없다. 형사소송법 제252조의 증거금지는 이전에 행한 모든 신문에 대해서도 타당하다고 해야 한다. 만약에 형사소송법이 이미 행한 법관의 신문에 대해 더 높은 질적 수준을 인정하고 있는 것이라면, 이미 행한 신문에 관해 작성된 조서의 낭독을 금지하는 것이 무의미할 것이다. 하지만 이러한 조서의 낭독이 법관 아닌 자의 신문 결과인 조서를 낭독하는 것과 마찬가지로 금지되어 있다면, 이로부터 우리가 알 수 있는 것은 형사소송법 제252조는 어떤 신문에 대해서도 더 높은 질적 수준을 인정하고 있는 것이 아니라는 것이다.

증인이 형사소송법 제52조 제3항에 따라 증언거부권을 고지받지 않고 피고인에게 불리한 진술을 하였다가 공판심리에서 피고인에게 유리한 진술을 한 경우, 연방재판소는 그 증인이 공판심리에서의 질문에 대해 증언거부사유를 묵비한 경우라면 그 조사자를 신문하는 것을 허용한다.[477]

증인이 공판심리에서 자신의 증언거부권을 행사하는 경우 그 증인이 증거사용에 동의하였다면 연방재판소에 의하면 법관 아닌 자의 신문에서 행한 증인의 진술을 증거로 사용하더라도 형사소송법 제252조에 반하는 것은 아니다.[478]

426   c) 그 밖에 형사소송법 제251조는 공판절차 이전에 행한 신문의 결과인 조서를 낭독함으로써 증인, 감정인, 또는 공동피고인의 신문을 대체할 수 있는

---

475   *Beulke* Strafprozessrecht, Rn. 420 m.w.N.
476   BGHSt 2, 99(106ff.); 21, 218(219). BGH StraFo 2001, 12(16f.).
477   BGHSt 48, 294(300); 이에 대한 비판으로는 *Einsenberg/Zötsch* NJW 2003, 3676.
478   BGHSt 45, 203 (206 f.). 비판으로는 *Beulke* Strafprozessrecht, Rn. 420a.

사례들을 열거하고 있다. 이 모든 사례들에 대해서는 이들 피신문자들에게 증언거부권과 진술거부권이 있다는 점에 대해 적법한 고지가 있어야 한다는 전제조건이 충족되어야 한다.[479]

형사소송법 제251조는 법관 아닌 자의 조서와 법관의 조서를 구별하고 있다. 법관 아닌 자의 조서는 제1항의 요건이 인정되는 경우에만 낭독될 수 있고, 법관의 조서는 제2항의 요건이 인정되는 경우에 낭독될 수 있다.[480]

ⓐ 증인, 감정인 혹은 공동피고인의 진술서 내지 신문조서의 낭독은 검사, 피고인 그리고 변호인이 동의한 경우에는 항상 허용된다(제251조 제1항 제1호, 제2항 제3호). 법관의 신문을 기재한 기록의 낭독은 변호인 없는 피고인의 경우에도 허용된다.

427

ⓑ 이외에 증인, 감정인, 혹은 공동피고인의 진술서 내지 신문조서의 낭독은 이들이 사망하였거나 법률상의 이유가 아닌[481] 다른 사실상의 이유[482]에서 예상 가능한 시간 내에 법원에서 신문될 수 없는 경우에 허용된다(제251조 제1항 제2호, 제2항 제1호).

428

ⓒ 뿐만 아니라 형사소송법 제251조 제2항 제2호는 증인이나 감정인의 진술의 중요성을 고려할 때 그들이 너무 먼 곳에 있어서 공판심리에 출석하는 것이 기대될 수 없는 경우에는 법관의 조서를 낭독하는 것을 인정한다. 그 진술의 중요성이 크면 클수록 거리의 정도는 약화된다.[483]

429

ⓓ 재산적 손해의 존부 및 정도에 관한 증인이나 감정인의 서류 및 문서의 낭독은 형사소송법 제251조 제1항 제3호에 따르면 증인이나 감정인이 오직 사실에 관한 의견표명을 위해 작성한 경우에만 낭독할 수 있다.[484]

430

---

479 BGHSt 10, 186 (190); 그 외 *Park* StV 2000, 218 참조.
480 *Meyer-Goßner* §251 Rn. 6 참조.
481 *Beulke* Strafprozessrecht, Rn. 414b 참조.
482 자세하게는 *Knauer/Wolf* NJW 2004, 2932 (2935).
483 형사소송법 제223조 제2항과 비교가능한 BGH NJW 1986, 1999 (2000) 참조.
484 제한적 해석에 관해서는 *Knauer/Wolf* NJW 2004 2004, 2931(2936).

431   d) 법원에 의해 소환된 증인이나 감정인이 출석하고 있는 상태라면 이들에 대한 신문은 원칙적으로 조서의 낭독으로 대체되어서는 안된다(제245조 제1항 제1문 참조). 조서의 낭독은 자백을 보강하기 위해서나 모순진술의 확인 또는 제거를 위해 필요한 경우에 한하여 허용될 수 있다(제253조).

432   e) 증인이나 감정인이 공판심리에서 비로소 증언거부권을 행사하는 경우(제55조), 조서의 낭독은 형사소송법 제250조 제2문 때문에 허용될 수 없다. 왜냐하면 형사소송법 제251조와 제253조에 언급된 예외사유들 중의 어느 것도 포함하고 있지 않기 때문이다.[485] 판례는 이 경우 조사자에 대한 신문을 허용한다.[486]

433   f) 공공기관의 증명서(Zeugnisse)와 감정서(Gutachten), 의사의 진단서, 차량운행기록에 관한 평가서, 혈액형검사 및 혈중알콜농도 검사기록 등은 아무런 제한없이 낭독될 수 있다(제256조).

434   g) 공판에서 증인을 신문하는 대신에 형사소송법 제58a조에 의해 행해진 증인에 대한 신문의 비디오녹화물을 재생할 수 있으려면, 형사소송법 제251조, 제252조,[487] 제253조, 제255조에 의해 조서의 낭독이 허용될 수 있는 경우이어야 한다(제255a조 제1항).[488] 형사소송법 제247a조 제1문에 의해 공판에서 녹화되어 중계된 증인에 대한 신문 비디오를 재차 사용하는 것은 형사소송법 제247a조 제4문에 따른다. 이 외에 형사소송법 제255a조 제2항은 피보호자 등에 대한 학대, 생명 또는 성적 자기결정권을 침해하는 범죄에 대한 재판에서 16세 미만의 증인에 대한 신문 대신에 그 이전에 법

---

485   *Beulke* Strafprozessrecht, Rn. 466.
486   BGHSt 6, 209 (211); 17, 337 (350); 비판으로는 *Eisenberg* Beweisrecht, Rn. 1127
487   BGHSt 49, 72(75) 및 이에 대한 평석 *Martin* JuS 2004, 546.
488   상세한 내용은 *Beulke* ZStW 113(2001), 709(710ff.).

관에 의해 행해진 신문의 비디오 녹화물을 재생하는 것을 허용한다.[489] 물론 이 경우에도 피고인이나 변호인이 적어도 형사소송법 제168e조에서 인정된 방식으로 이 신문에 참여할 수 있는 가능성을 가졌어야 한다(제 255a조 제2항 제1문).[490]

3. 형사소송법 제247a조 제1문에서 제3문까지는 직접주의 원칙에 대한 수정을 **435** 가하고 있다. 공판에서의 증인의 신문이 증인의 신변에 중대한 불이익을 야기할 긴급한 위험을 가져올 수 있는 경우에는 직접 신문방식 대신에 그 증인에 대해서 앞서 언급한 위험을 방지하기 위한 유일한 수단일 것을 조건으로 비디오 동시중계의 방식으로 신문이 이루어질 수 있다. 형사소송법 제251조 제1항 제2문에서 제4문까지의 사례에 대해서도 마찬가지이다.[491]

4. *잠입수사관(VE)*과 *정보원(V-Leute)*이 인지한 사실을 공판에서 사용할 경우 **436** 직접주의 원칙과의 충돌이 일어난다. 관할 내무부장관(Innenminister)이 형사소송법 제96조와 제110b조 제3항에 따라 잠입수사관을 형사절차로부터 차단할 것을 결정한다면, 관계기관(Innenbehörde)은 잠입수사관의 신원이나 주거지에 관한 아무런 정보를 제공하지 못하게 된다. 이렇게 되면 법원이 이 증인을 소환할 수 없게 되므로 이 증인은 형사소송법 제251조 제1항 제2호 제2문, 제2항 제1문의 의미에서의 불가피하게 불출석하는 자로 취급된다. 판례에 의하면 법원은 이와 같은 차단된 증인에 대한 신문을 일정한 조건하에서 이미 그에 대해 행한 신문의 결과를 담은 조서의 낭독, 신문에 대한 비디오녹화 재생(제58a조, 제168e조, 제255a조),[492] 혹은 전문증거에 관한 증인의 신문으로 대체할 수 있다고 한다. 그 조건은 다음과 같다.

489 자세하게는 BGHSt 49, 68 (70 f.). 이에 관한 평석으로는 *Kölbel* NStZ 2005, 220.
490 *Satzger* JA 2002, 838의 찬동하는 평석이 있는 EGMR StV 2002, 289; *Wohlers* FS Trechsel, S. 813(815 f.) 참조.
491 BGHSt 46, 73 (75 f.). 이에 대한 비판적인 평석으로는 *Sinn* JZ 2001, 51.
492 BGH NJW 2003, 74; BGH NStZ 2005, 43. 이에 관한 논평으로는 *Ellbogen* JA 2005, 334.

437   a) 증인차단의 허용요건이 존재하여야 한다. 차단이 허용될 경우란 신문이 잠입수사관이나 그 밖의 자의 신체, 생명, 자유 또는 다른 잠입수사관의 계속적인 활용가능성을 위태롭게 할 계기가 존재하는 경우를 말한다(제110b조 제3항, 제96조).

438   b) 잠입수사관의 익명성을 유지하기 위해 과단성이 덜한 예방조치(제1단계는 형사소송법 제68조, 제247a조 제1문, 법원조직법 제172조 제1a호[493] 등과 같은 외적인 제한을 가하는 조치이고, 제2단계에서는 제223조 이하, 제251조 제1항 제2문과 같은 수탁판사 혹은 수임판사에 의해 신문받도록 하는 조치임)를 취하면서 증거조사를 할 수 있는 가능성이 인정되지 않는 경우이어야 한다.[494]

439   c) 법원이 관계기관의 차단선언에 명백한 하자가 있는지를 심사할 수 있을 정도로 관계기관이 차단이유를 밝혀야 한다.[495] 명백한 하자가 있는 경우에는 제3단계의 조치로 잠입수사관의 신문결과인 조서를 낭독하거나 혹은 그를 신문한 자를 직접 신문할 수 있다. 이 경우 법원은 증거평가에서 증거가치의 감쇄를 고려에 넣어야 한다.[496]

440   d) 최상급기관이 행한 차단선언에 대한 법원의 심사를 통해서도 차단의 이유에 드러난 명백한 하자가 제거되지 않을 경우에는 결국 증거사용이 금지되어야 한다.[497]

493   BGH NStZ 2006, 648 (648 f.).
494   BGHSt (GS) 32, 115 (126)의 3단계이론도 이와 같다.; BGHSt 33, 83 (90); 34, 15 (19), 36, 159 (161-163); 42, 175 (177); 이에 관해서는 *Lesch* StV 1995, 542 (543 ff.).
495   BVerfGE 57, 250 (288).
496   BGHSt 46, 93 (104); 더욱 엄격한 입장으로는 EGMR (van Menchelen/Niederlande), Rep. 1997-III, S. 712 f.; 이에 관해서는 *Safferling*, NStZ 2006, 75 (81).
497   BGHSt 36, 159 (163).

5. 이러한 요건들은 형사소송법 제54조와 제96조에 근거를 둘 수 있는 비공
   개수사관(NOEP), 정보원(V-Leute) 그리고 개별사례의 정보원(Informanten)
   에 대한 차단에 대해서도 동일하게 적용된다.[531]

498 *Hilger* NStZ 1992, 524 Fn. 154; 이에 찬동하는 입장으로는 *Beulke* Strafprozessrecht, Rn. 426.

B. 법원의 진실규명의무

442   법원은 "진실발견을 위해 직권에 의한 증거조사의 범위를 판결을 위해 의미 있는 모든 사실관계와 증거방법에까지 확장해야 한다"(제244조 제2항). 형사소송법 제244조 제3항 및 제4항에 의하면 법원의 진실규명의무(Die gerichtliche Aufklärungspflicht)의 내용과 정도는 다음과 같다.[499]

443   Ⅰ. 법원은 사실관계를 다른 소송관계인들의 신청여부와 무관하게 직권으로 조사한다. 법원의 진실규명의무의 범위는 다음과 같은 (간략)공식으로 요약할 수 있다:

444   1. 법원은 스스로 판단해서 적합성, 필요성, 접근가능성이 인정되는 증거들로 여겨지고, 그에 대한 조사가 요구되고 또 조사가 허용되는 한, 판결에 중요한 모든 사실관계에 대해 직권으로 증거를 조사해야 한다.[500]

445   2. 이와 같은 법원의 직권에 의한 증거조사의무는 다음과 같은 맥락에서 근거지워질 수 있다: 쟁점되는 증거(증거조사되어야 할 증거)는 기소된 소송상의 사건에서부터 나온다. 기소된 소송상의 사건과 관계없는 증거는 형사절차에서 의미가 없기 때문에 증거조사의 대상이 되지 못한다. 이러한 의미에서 주요사실(bedeutsame Tatsache)이 문제되는 경우에는 그 사실은 원칙적으로 증거를 필요로 한다. 판사는 직무상(제22조 제5호 참조) 주요사실을 스스로 인지해 두고 있지 않기 때문에 증거방법을 통해서만 그 주요사실의 존부여부에 관한 심증형성에 이를 수 있다. 어떤 물건이나 사람이 증거방법이 되기 위해서는 그것이 판사로 하여금 이러한

499 *Wessels* JuS 1969, 1 (2 f.); 이에 찬동하는 입장으로는 *Roxin* Strafverfahrensrecht, § 43 Rn. 4.
500 BGHSt 3, 169 (173); 13, 326 (328); 23, 176 (188); 30, 131 (142); BGH StV 1981, 164; 1993, 194.

심증형성을 가져다주기에 *적합한(geeignet)* 경우이어야만 한다. 이 때문에 법원은 전적으로 부적합한 증거방법에 대해서까지 증거조사를 확장해서는 안 된다. 적합한 증거들이라고 해서 법원은 항상 모든 증거를 조사해야 하는 것은 아니다. 어떤 사실의 진실성이 이미 확실하다면, 그 밖의 모든 다른 증거방법들이 동일한 방향으로 입증하고 있는 경우에는 이와 관련한 증거조사를 더 이상 할 필요가 없다. 그 밖의 다른 증거방법들이 서로 다른 방향으로 분산하고 있는 경우에는 증거에 대한 예단금지원칙 때문에 판사는 원칙적으로 증거를 스스로 인지해서 어떤 사실이 입증된 것으로 전제해서는 안된다. 법원은 *필요한(erforderlich)* 증거들 가운데 *접근가능(erreichbar)*하고 조사가 요청되고 있는(*sich aufdrängen*) 그러한 증거들만을 이치에 맞게 조사할 수 있다. 뿐만 아니라 어떤 희생을 무릅쓰고라도 진실발견에 박차를 가하는 것이 형사소송법의 원칙이 아니기 때문에 법원은 접근가능한 증거들 가운데 법률적으로 *허용되는(zulässig)* 증거(증거능력 있는 증거를 의미함: 역자 주)만을 수집해야 한다. 바로 이와 같은 내적 연관성은 법원으로 하여금 형사소송법 제244조 제3항에서 제5항에 따라 증거신청을 거부할 수 있는 권한을 부여하는 다양한 이유들에 반영되어 있다. 이러한 점에서 이와 같은 규정들은 법원의 진실규명의무의 범위를 확정하는 일에도 원용될 수 있다.

이와 같은 내적 연관성은 외부로 드러나 있지는 않다. 형사소송법 제245조 제1항 제1문이 직권으로 가져온 증거방법들에 대해 증거조사를 광범위하게 허용하고 있는 것처럼 보이기 때문이다. 하지만 원래 입증되어야 할 사실이 공판에서 무의미한 것으로 밝혀진 경우에는 제출된 증거를 더 이상 조사할 필요가 없다는 점이 판례에서 인정되고 있다.[501] 이러한 맥락에서 보면 진실규명의무의 범위를 어떻게 보더라도 실제상의 차이는 없다. 왜냐하면 조사되지 않은 당해 증거들도 그 조사가 허용되지 않는 경우(제245조 제1항 제1문, 제2문)에는 아무런 차이가 생기지 않기 때문이다. 직권으로 가져온 증거가 증거조사의 대상이 되기 위한 법률상의 요건으로 그 증거가 접근가능하고 법원에 조사가 요청되고 있는 증거들일

---

501 BGHSt 17, 28 (30). 이에 찬동하는 입장으로는 *KK-StPO/Herdegen* § 245 Rn. 8.

것까지 요구하지 않는 것은 당연한 사물의 이치이다. 겉으로 보면 이러한 증거들이 부적합하거나 불필요한 것으로 보이는 경우에도 원칙적으로 조사의 대상이 될 수 있다는 점은 놀라운 일이다. 하지만 지금까지의 절차의 과정상 이렇게 되는 것이 당연하다. 즉 공소의 제기와 함께 절차의 주도권이 법원으로 옮겨지기 때문이다. 법원이 공소를 허용하고 공판절차를 개시하면, 법원은 형사소송법 제200조 제1항 제2문에 따라 공소장에서 혹은 제202조에 의해 독자적으로 획득된 증거방법을 토대로 충분한 범죄혐의를 긍정해야 한다. 이는 공판의 준비절차에서 직권으로 형사소송법 제214조와 제221조에 따라 가져온 증거방법의 적합성과 필요성에 관해 잠정적으로 긍정적인 판단을 내린 것에 대한 암묵적 승인이기도 한다. 이와 같은 현출된 증거방법들과 다른 증거방법들과의 차이는 바로이 부분에 있다. 따라서 법원은 공판심리에서 이와 같은 자신의 잠정적인 판단에 구속되어야 한다. 따라서 모든 소송관계인들이 형사소송법 제245조 제1항 제2문에 따라 만장일치로 증거조사 할 것을 포기하지 않는 한, 이러한 증거들은 조사의 대상이 되어야 한다.

446 **II.** 진실발견은 범죄구성요건을 충족하는 사실 뿐 아니라 위법성조각사유, 책임조각사유 또는 처벌조각사유를 근거지울 수 있는 모든 주요사실을 그 대상으로 한다.[502] 이에 반해 형사소송법 제244조 제2항은 *주요사실이 아닌 사실*까지 공개되는 것을 허락하지 않는다. 예컨대 점포절도사건이 문제되고 있는 경우 피고인이 어떤 단체의 회원이라는 점은 아무런 의미가 없다. 따라서 이 점은 진실발견의 대상이 아니다.

447 **III.** 증거조사가 금지되는 경우에는 증거조사가 *허용되지 않는다*. 여기에 직권주의(Instruktionsmaxime)의 한계가 존재한다. "진실은 어떤 희생을

---

502 협상의 법제화가 형사소송법 제244조 제2항에 미치게될 영향에 관해서는 *Jahn* ZStW 118 (2006), 427 (439 ff.) 참조.

무릅쓰고라도 발견되어야 한다는 것이 형사소송법의 원칙은 아닌 것이
니다" 503

1. 증거조사금지는 입증주제금지(Beweisthemaverbote, 연방공무원법 제61조 이하,
공무원의 권한범위에 관한 법률 제39조), 증거방법금지(Beweismittelverbote, 제52
조-제55조, 제81c조 제3항), 입증방법의 금지(Beweismethodenverbot, 제136a조) 그
리고 상대적 증거금지(relative Beweisverbote, 제81a조, 제98조, 제100조, 제105조,
제111e조, 제111n조)로 구분된다.

448

2. 증거조사를 제약하고 있는 전제조건들이 준수되지 않을 경우에는 소송절
차에 위반하여 획득한 이러한 증거에 대해 증거사용이 허용될 수 있는가
하는 문제가 제기된다.

449

a) 법률이 증거사용금지에 대한 독자적인 규정을 두고 있는 경우에는 항상
증거사용이 금지된다. 그 법률규정이 정보 획득시 허용되지 않는 의사왜
곡에 대해 제재를 가하기 위한 규정이건(제136a조 제3항 제2호, 제69조 제3항, 제
72조), 소송외적인 정보제공의무를 부담지울 수 있게 하기 위한 규정이건
(파산법(InsO) 제97조 제1항 제2문, 제3문, 조세법(AO) 제393조 제2항 제1문), 목록범죄
에 대한 소추에 구속되게 하기 위한 규정이건(제98b조 제3항 제3문, 제100b조
제5항, 제100d조 제6항, 제100f조 제5항, 제108조 제1항 제2문, 제110e조, 자금세탁법
(GwG) 제11조 제7항, 기본법 제10조 유보에 관한 법률(G-10-Gesetz) 제7조 제3항),
사생활의 핵심영역이나 신뢰관계를 보호하기 위한 규정이건(제81a조 제3항,
제81c조 제3항 제5문, 제100c조 제5항과 제6항, 제108조 제2항), 혹은 그 밖에 다른 이
유 때문이건(제161조 제2항, 기본법 제13조 제5항 제2문, 연방중앙기록법(BZRG) 제
51조, 비밀정보국의 서류에 관한 법률(StUG) 제4조 이하, 화물트럭 등 중장기 자동차의

450

---

503 BGHSt 14, 358 (365).

연방고속도로의 이용에 대한 구간별 요금 징수에 관한 법률(ABMG) 제4조 제2항, 제7조 제2항) 상관없이 증거사용이 허용되지 않는다.

451   b) 증거사용금지여부에 대한 법률규정이 없는 경우 증거사용이 허용될 수 있을 것인지가 문제된다. 연방재판소는 종래 이러한 경우 이른바 *권리영역설(Rechtskreistheorie)*에 따르고 있었다. 이에 따르면 증거조사를 할 경우 피고인을 보호하기 위한 규정에 위반될 경우에만 증거사용이 금지된다고 한다. 예컨대 형사소송법 제52조(개인적인 사유를 이유로 한 증언거부권에 관한 규정: 역자 주)는 피고인보호를 위한 규정이지만, 형사소송법 제55조(불리한 사실에 대한 진술거부권에 관한 규정: 역자 주)는 그러한 규정이 아니라고 한다.[504]

452   이에 대해서는 피고인은 사법정형적인 절차를 요구할 권리를 가지고 있다는 반론이 있다. 이에 따르면 증언거부권과 진술거부권은 증인을 보호하기 위한 목적만을 가지는 것이 아니라, 동시에 신뢰할 수 없는 증인에 대한 증거조사도 가능하게 하는 일에도 이바지 한다고 한다.[505] 결론적으로 학설의 태도가 타당하다. 형사소송법은 증언거부권자가 진술하는 것을 반대하지는 않지만, 그에 대한 고지의무가 있다는 것은 자신의 진술 때문에 불리해질 수도 있는 증인이 자발적으로 판단할 기회를 제공해준다. 증언거부권이 있음을 고지 받지 못한 채 진술을 강요당하는 자는 법원에 의해 갈등을 강요당한다. 진술할 것인지 말 것인지에 대한 갈등은 경험법칙에 따르면 선의의 진술자를 불리하게 한다. 이 때문에 피고인은 자신의 권리영역과 무관하게 이러한 절차위반에 대해 상고를 제기할 수 있어야 한다.

453   연방재판소는 최근 권리영역이론이 부분적으로 문제가 있다고 보고,[506]

---

504 BGHSt 11, 213 (215 f.). 이에 대한 비판적인 논평으로는 *Eb. Schmidt* JZ 1958, 596.

505 같은 견해로는 *Eb. Schmidt* JZ 1958, 596 (600 f.). 이에 동의하는 입장으로는 *Fezer* JuS 1978, 325 (327 ff.)

506 BGHSt 42, 73 (77).

그 대신에 이른바 *이익형량설(Abwägungslehre)*을 취하고 있다.[507] 이에 의하면 개별 사례에서의 형사소추에 대한 국가의 이익과 당사자의 개인적 이익이 비교형량되어야 하는 바, 피고인에 대해 비난이 가해지는 범죄의 중함과 절차위반의 중대성이 비교단위로 특별히 고려되어야 한다고 한다.

454

이와 같은 일반화는 타당하지 않다.[508] 문제의 규정들이 증거의 획득을 제한하고 있는 한, 이러한 규정들은 범죄의 중함과 무관하게 형사소추에 대한 요구를 그에 대립관계에 있는 당사자의 이익에 비해 우월한 것으로 보지 않으려는 입법자의 의사를 표현하고 있는 것이라고 할 수 있다. 따라서 증거획득규정 위반에 대해서는 항상 증거사용금지라는 효과가 부여되어야 한다. 이에 반해 증거획득이 합법적이었다면 증거사용금지는 예외적으로만 인정될 수 있다. 즉 증거사용 자체가 개별 사례에서 기본권과 비례하지 않을 경우에만 증거사용금지가 고려될 수 있다. 사인에 의한 위법한 증거획득이 한계사례에 해당한다. 이러한 증거획득은 한편으로 보면 국가의 형사소추에 대한 제한을 유일한 목적으로 삼고 있는 규정을 위반한 것이 아니라고 할 수 있지만, 다른 한편으로는 이 경우 법위반적으로 획득된 정보의 사용을 허용하면 당사자에 대해 가해진 불법을 더욱 심화시키게 될 수도 있다. 본인의 생각으로는 사인에 의한 증거획득이 자체적으로 당사자들의 비밀유지에 대한 이익을 보호하는 규정(예, 형법 제240조, 제201조-제206조는 이에 해당하지만, 형법 제242조는 이러한 규정이 아님)에 위반할 경우에는 이러한 증거는 형사절차에서 사용이 금지된다고 해야 할 것으로 보인다.[509] 이렇게 하지 않으면 형사사법이 정보제공을 위한 정보조력자의 역할을 자처하게 될 것이기 때문이다. 결론적으로 다음과 같이 나누어 생각하는 것이 바람직하다.

227
증
거
조
사

---

507 BGHSt 38, 214 (221 ff.); 42, 372 (377); 44, 243 (248 f.). 개관으로는 *Wolter* FS BGH 963 ff.

508 포괄적인 설명을 하고 있는 문헌으로는 *Fezer* Grundfragen der Beweisverwertungsverbot, S. 4 ff., 8 ff., 38 f. 이와 아주 유사한 입장으로는 *Beulke* Strafprozessrecht, Rn. 458.

509 *Beulke* Strafprozessrecht, Rn. 462 참조.

455 ⓐ 앞에서 언급한 명문의 규정들 이외에도 형사소송법 제52조 제3항 제1문, 제97조 제1항, 제252조에 대한 위반도 증거사용이 금지된다는 점에 대해서는 이견이 없다. 인간존엄에 명백하게 반하는 사인에 의한 정보탐색에 대해서도 마찬가지이다.[510]

456 ⓑ 판례는 형사소송법 제53조, 제53a조, 제55조 제2항, 제81a조 제1항에 대한 위반이 있는 경우에는 원칙적으로 증거사용금지를 부정한다. 하지만 형사사법기관이 이 규정들을 의식적으로 우회해가는 경우에는 증거사용을 금지한다.[511]

457 ⓒ 판례는 형사소송법 제100f조 제1항, 제136조 제1항 제2문, 제137조의 경우에는 증거사용금지여부가 개별사례의 구체적 사정에 따라 달라진다고 한다. 연방헌법재판소의 범위이론(Sphärentheorie)에 의하면 녹음기녹음과 일기장기록에 대한 증거사용여부도 마찬가지라고 한다.[512]

458 ⓓ 피의자신문의 경우나 전기통신 감청의 경우 절차상의 하자가 문제되는 경우에는 판례에 의하면 (변호인 있는) 피고인이 적시에 형사소송법 제257조의 의미에서의 증거사용을 반대하는 경우에 비로소 증거사용이 금지된다는 점을 주의해야 한다.

459 3. 증거조사의 직접주의를 보장하는 엄격한 증거절차에 관한 규정들(예, 제250조 제2문)도 증거조사를 제한할 수 있다.

460 4. 뿐만 아니라 일부확정력도 확정력이 인정된 사실에 대한 확인을 입증주제로 삼는 증거조사를 제한한다.[513]

---

510 BGHSt 44, 129 (136).
511 BGHSt 24, 124 (131); 42, 73 (76).
512 BVerfGE 34, 238 (245 f.); 80, 367 (373 ff.); BGHSt 19, 235 (326 ff.); 34, 397 (399 ff.); 42, 372 (377); 44, 243 (249).
513 BGHSt 44, 119 (120 f.).

5. 판례에 의하면 증거사용금지는 원칙적으로 *원거리효과(Fernwirkung)*를 가지지 않는다(즉 독수독과이론을 부정 한다: 역자 주)고 한다.[514] 이에 의하면 금지에 위반하여 조사된 증거가 다른 증거를 획득하기 위한 흔적단서 *(Spurenansatz)*로 이용된 경우 이 증거는 사용이 가능하다고 한다.[515]

IV. 증거방법이 접근 불가능한 것이 아니어야 한다. 접근 불가능한 증거방법에 대해 법원이 증거조사를 할 수 없는 것은 당연하고 또 그래야만 한다. 증거가 접근 불가능한 경우란 그 증거의 모든 의미와 가치에 부합하도록 그것을 가져오려는 법원의 노력에도 불구하고 효과가 없어서 장차 예상되는 시간 내에 그것을 가져올 가망성이 없는 경우를 말한다.[516]

인적 증거방법에 관한 한 형사소송법 제251조 제1항 제1호의 제2사례, 제2호, 제2항 제2문의 의미에서의 조서의 낭독이 허용되는 경우, 그 증거방법은 항상 접근불가능하다. 정보원이나 잠입수사관이 형사소송법 제54조, 제96조, 제110b조 제3항에 따라 차단되거나 비공개하는 것으로 결정되면 이들 역시 마찬가지로 접근 불가능한 것으로 인정된다.

V. 법원은 판결에 중요한 사실들을 *입증하기* 위해 원칙적으로 모든 적합하고도 필요한 증거방법을 이용할 수 있고 또 이용해야 한다.

1. 법원이 직권으로 가져와 현출시킨 증거방법의 경우 형사소송법 제245조 제1항 제1문은 그 증거방법이 적합한 것인지 혹은 증거조사가 필요한 것인지의 여부와 상관없이 의무적으로 증거조사할 것을 요구한다. 그와 같은 증거방법이 중간절차나 공판 준비절차에서 법원에 의해 적합하고 필요한 것으로 인정되었다가 사후에 전적으로 부적합한 것으로 드러나는

461

462

463

464

---

514 BVerfG NStZ 2006, 46; BGHSt 27, 355 (358); 32, 68 (71). 이에 대한 예외는 G-10 법률(서신, 우편, 전기통신비밀의 제한에 관한 법률) 제7조 제6항에 따라 유효하다. BGHSt 29, 244 (247).
515 비판으로는 *Beulke* ZStW 101 (1991), 657.
516 BGHSt 22, 118 (122); 29, 390 (391); 32, 68 (73).

일은 드물지만 생길 수 있다. 예컨대 피고인이 예상외로 자백한 경우에는 그 이전에 필요하다고 판단된 증거에 대한 조사가 공판심리에서 불필요한 것으로 드러난다. 이러한 경우 모든 소송관계인들이 제245조 제1항 제2문에 따라 증거조사를 포기하기 때문에 증거조사를 생략할 수 있다. 하지만 이에 대해 의견이 갈리게 되면 법원은 증거조사를 해야 한다.

465   2. 그 밖의 증거들의 경우 법원은 직권으로 그 증거를 조사해야 할지에 대해 스스로 판단해야 한다.

466   a) 어떤 증거방법이 일정한 사실을 입증하기에 전적으로 *부적합하다*고 확인될 경우(감정인으로서 예언자가 지명될 경우), 법원은 이러한 증거의 조사를 포기할 수 있다. 물론 증거 적격성이 전적으로 배제되어 있지 않은 경우라면 법원은 증거가치가 낮을 수도 있다는 지적만 하고 증거조사를 포기해서는 안된다. 이러한 법원의 지적은 법원이 스스로 인지한 것이 아니라 증거 평가를 선취한 결과일 수도 있기 때문이다. 이는 직접주의원칙에 대한 위반이 된다. 따라서 이경우에도 증거에 대한 *예단금지원칙*이 타당하다.

467   b) 법원이 언제 증거조사를 *불필요하다*(überflüssig)고 판단하여 증거조사를 생략할 수 있는지는 쉽게 판단하기 어렵다.

468   ⓐ 어떤 사실이 *공지의 사실*(offenkundig)인 경우에는 증거조사가 필요하지 않다. 공지의 사실이란 일반적으로 알려져 있는 모든 사실, 즉 모든 사람이 일반적으로 접근할 수 있는 원천으로부터 입수할 수 있는 사실을 말한다.[517] 법원에 현저한 사실, 즉 "판사가 자신의 직무상 활동과 관련하여 신뢰할 수 있는 방법으로 경험하게 된 모든 사실"도 공지의 사실에 해당한다.[518] 법원이 스스로 독자적 전문지식을 가지고 있는 경우에는 감정인을 신문할 필요가 없다(제244조 제4항 제1문).[519]

---

517 이에 관한 설명으로는 BGH NStZ 1994, 180.
518 BGHSt 6, 292 (293, 295).

독일 형사소송법

ⓑ 증거조사에서 입증되어야 할 사실이 진실이라고 밝혀진 경우 법원은 동일한 469
내용을 가리키는 다른 증거들을 스스로 조사할 필요가 없다. 하지만 그렇더라도
피고인에게 불리한 대체증거 대신에 원본 증거방법을 사용할 수 있는 경우에는
스스로 그 증거방법을 조사할 필요가 있다. 이는 가능한 한 최상의 증거를 위해
노력해야 할 법원의 의무로부터 나온다.[520]

ⓒ 증거조사에서 입증되어야 할 사실이 진실이라고 밝혀진 경우라고 해서 그것이 470
곧 입증취지가 다르긴 하지만 허용되고 적합하며 접근가능한 두 번째의 증거에 대
한 조사를 생략해도 무방한 이유가 되는 것은 아니다. 이를 두 번째 증거에 대한
조사를 생략할 이유로 인정한다면, 법원이 스스로 인지함이 없이 어떤 증거방법의
증거가치에 대해 판단을 내리는 것이 되기 때문이다. 이러한 결과는 증거예단금
지원칙에 위배가 될 것이다. 물론 언급되고 있는 증거가 그때까지의 증거조사를
거친 후에도 조사가 불가피한 것이 아닐 경우에는 그에 대한 증거조사를 하지 않
더라도 이를 직권에 의한 진실규명의무에 대한 위반이라고 할 수 없다.[521]

VI. 법원이 의심스러울 때는 피고인의 이익으로라는 원칙(Zweifelsgrundsatz) 471
을 적용하여 피고인에게 유리한 판결을 내릴 수 있으려면 요구에 따라
모든 증거방법을 사용하더라도 사실문제가 명백하게 해명될 수 없을 경
우이어야 한다.[522]

VII. 소송관계인은 재판장에 의해 명해진 증거조사가 허용요건을 구비하고 472
있지 않다고 판단할 경우 형사소송법 제238조 제2항에 따라 법원에 불복
할 수 있다.

---

519 감정서와 의견을 달리할 경우 판사는 자신의 전문지식을 별도로 설명해야 한다. *BGH NStZ*
2006, 511 (511 f.).
520 BVerfGE 57, 250 (277) 참조.
521 BGH StV 1981, 164.
522 BGH NStZ 2006, 650 (651).

C. 증거신청권

473   형사소송법 제244조 제3항에서 제5항까지의 규정에 따르면 여기에 열거된 기각사유들 중의 하나가 존재하지 않는 한 소송관계인들은 일정한 사실에 대한 증거조사를 신청할 수 있다.[523]

I. 개념

474   증거신청(Beweisantrag)이라는 개념은 형사소송법 제219조 제1항 제1문에서 나온다.[524] 증거신청권이란 특정한 사실에 관해 절차규정상 허용된 특정한 증거방법을 사용하도록 하는 요청을 말한다.[525] 증인이 증거방법인 경우 연방재판소는 그 증거방법과 입증되어야 할 사실 간의 상호연관성(Konnexität)도 추가적으로 요구하고 있다. 즉 무엇 때문에 거명된 증거방법이 주장된 사실을 입증할 수 있을 것인지에 대한 근거를 요구하고 있다.[526] 하지만 이러한 요구는 어디까지나 간접사실의 입증이 문제되는 경우에 국한된다.[527] 판단기준들 가운데 어느 하나가 결여되어 있는 경우 법원은 형사소송법 제244조 제2항에 의한 제한된 재량의 범위내에서 직권조사신청(Beweisermittlungsantrag)을 기각할 수 있다.[528]

---

523 개관적인 설명으로는 *Beulke* JuS 2006, 597 (599 ff.).
524 RGSt 13, 316 (317).
525 BGHSt 5, 128 (129).
526 BGHSt 40, 3 (6); 43, 321 (329 f.); 비판으로는 *Herdegen* NStZ 1999, 176 (180 f.).
527 자세하게는 *Klesczewski* HRRS 2004, 10 (18).
528 RGSt 64, 432.

II. 기각사유들의 체계

1. 얼핏 보면 법률은 기각사유(Ablehnungsgründe)들을 아무런 내적 구조가 475
없는 것처럼 규정하고 있다.[529] 하지만 자세히 분석해 보면 형사소송법
제244조 이하의 규정들은 다음과 같은 원칙, 예외 그리고 예외의 예외라
는 구조를 가지고 있는 것임을 알 수 있다:[530]

　법원의 직권에 의한 진실규명의무(Rn. 444 참조)가 인정되는 경우에는 증거
신청 또한 기각되어서는 안된다. 뿐만 아니라 허용되고 접근가능한 증거
를 사용해 줄 것을 요구하는 증거신청은 그 적합성 또는 필요성이 - 사전
에 관찰해서 - 의심스러운 것으로 보여지는 경우에도 기각되어서는 안된
다. 하지만 증거조사가 중단없는 공판심리(Rn. 381 이하 참조)라는 주된 이
념과 배치될 경우, 법원은 예외적으로 증거신청을 기각할 수 있다. 법원이
물리적으로 더 멀리 있는 증거방법을 가지고 신청자의 증명목표에 더 신
속하게 도달할 수 있는 경우 또는 제출된 증거 대신에 그와 대체가능한 수
준의 증거를 사용하는 경우가 그러한 예외에 해당한다.

2. 이것이 의미하는 바는 구체적으로는 다음과 같다. 476

a) 신청에 나타난 증거방법이 부적합한 것으로 확인되는 경우에는 신청자가 477
아무런 증거방법을 제공하지 않은 것이 된다. 따라서 거명된 증거방법이
전적으로 부적합한 경우 증거신청이 기각될 수 있다[531](제244조 제3항 제2문
과 제4문, 제245조 제2항 제3문과 제4문). 그 증거의 무용성이 증거신청에서 이미
스스로 드러나는 경우가 특히 그러하다.[532] 이는 형사소송법 제245조 제1

---

529 *Alsberg/Nüse/Meyer* S. 409 f.의 각주 5.
530 *Klesczewski* HRRS 2004, 10 (11 ff.).
531 구체적인 사례군에 관해서는 *Eisenberg* Beiweisrecht, Rn. 215 ff.
532 *Eisenberg* Beiweisrecht, Rn. 216 f.의 예들을 참조.

항 제1문(증거조사는 허용되지 않는 경우가 아닌 한 법원에 의해 구인되거나 출석한 증인과 감정인 및 제21조 제4항에 따라 법원 또는 검찰에 의해 요구된 증거방법에 대해 이루어져야 한다는 증거조사의 범위에 관한 규정임: 역자 주)의 예외가 아니다. 제245조 제1항은 법원의 요구에 의해 현출된 증거방법은 부적합성이 인정되더라도 증거신청을 기각할 수 없다는 규정이다. 하지만 다음과 같은 점을 유의해야 한다. 첫째, 이 조항은 증거방법이 법원에 의해 중간절차나 공판준비절차에서 적합하고 필요한 것으로 판단되었다가 사후에 전적으로 부적합한 것으로 드러난 경우에 관한 조항이 아니다. 그럼에도 불구하고 일단 그렇다고 한다면 대개는 형사소송법 제245조 제1항 제2문에 따라 검찰, 변호인, 또는 피고인의 동의가 있으면 증거조사를 하지 않을 수 있다. 하지만 둘째, 유용성여부에 관한 견해가 서로 갈려서 소송관계인들이 증거조사를 요청하는 경우라면 법원은 증거를 가져오도록 요구할 당시 그 증거방법이 적합한 것으로 미리 판단한 바를 독단적으로 무시해서는 안된다. 따라서 법원은 신청을 인용해야 한다.

478 b) 소송지연의 의도(*Prozessverschleppungsabsicht*)라는 기각사유에 대해서도 마찬가지이다(제244조 제3항 제2문의 제6사례, 제245조 제2항 제3문의 제5사례). 이 경우 제공된 증거방법이 절대적으로 부적합한 것일 필요없이, 오히려 상대적 무용성만 인정되면 증거신청을 기각할 수 있다. 즉 그 증거방법을 통해서는 신청자의 입증목적이 달성될 가능성이 없는 것으로 인정되는 것으로 충분하다.[533] 뿐만 아니라 신청자가 절차를 본질적으로 지연시키기 위해 증거요청을 표명한 것이 분명한 경우에는 문제의 인적 증거나 물적 증거를 증거방법으로서가 아니라 전적으로 소송지연의 수단으로 보고 있는 것이라고 할 수 있다. 따라서 집중심리원칙을 유지하기 위해 법원으로 하여금 그와 같은 증거신청을 기각할 수 있도록 해야 한다. 이 경

---

533 상세히는 *Eisenberg* Beiweisrecht, Rn. 237; 확대경향에 대한 비판으로는 *Fezer* StV 1995, 263.

우도 형사소송법 제245조 제1항 제1문의 예외가 아니다. 이 규정은 법원이 증거조사를 위한 시간을 감안하여 준비절차에서 기일을 지정했음을 전제로 하고 있기 때문에 소송지연의도를 기각사유로 인정하고 있지 않다. 따라서 본질적인 절차지연은 이 규정이 염두에 두고 있는 사정이 아니다.

c) 어떤 사실이 이미 입증된 것으로 간주될 경우에는 *불필요성*(Überflüssigkeit)을 이유로 하여 증거신청을 기각할 수 있다. 공지의 사실의 경우 증거필요성이 결여되어 있음은 분명하다(제244조 제3항 제2문의 제1사례, 제245조 제2항 제3문의 제1사례). 뿐만 아니라 그 사실이 앞서 진행된 증거조사를 통해 이미 *적극적*으로 입증된 경우에도 증거신청이 기각된다(제244조 제3항 제2문의 제3사례, 제245조 제2항 제3문의 제2사례). 피고인이 법정에 현출되어 있지 않은 증거방법을 지목한 경우 법률은 이 경우 중단없는 공판심리라는 주된 이념에 우위를 인정하고 있음이 분명하다. 이에 반하여 법정에 현출되어 있는 증거에 대해서는 경우에 따라 달리 취급해야 한다. 법원의 요구로 가져온 증거방법을 사용하려는 요청에 대해서는 그 입증취지가 이미 입증되었다는 이유로써 기각할 수 없는 반면(제245조 제1항 제1문의 반대논리), 형사소송법 제245조 제2항 제3문은 그 밖의 현출된 증거에 대한 조사는 이미 입증되었음을 이유로 거부하는 것을 허용한다. 그러나 이러한 구별 역시 집중심리원칙에 의해 정당화될 수 있다. 즉 전자의 증거는 법원이 기일지정에서 고려하였던 반면, 후자의 증거에 대해서는 그러한 고려가 불가능하였다. 신청자의 입증목표가 이미 달성되어 있기 때문에 신청자가 불리하게 되지도 않는다.

진실간주(Wahrunterstellung)라는 기각사유(제244조 제3항 제2문의 제7사례)도 마찬가지로 앞에서 설명한 맥락에서 정당화될 수 있다. 이 기각사유는 비현출 증거의 경우에만 타당하다. 하지만 법률은 이렇게 되어도 피고인을 불리하게 하는 것이 아니라는 이유에서 중단없는 공판심리라는 지도이념

에 우위를 인정한다.[534] 현출된 증거의 경우 진실간주가 인정될 수 없음은 진실간주의 전제조건에서 나온다. 진실간주는 법원의 예측에 따를 때 피고인을 유리하게 하는 입증취지가 접근가능하고 허용되는 증거를 통해 반박될 수 없는 경우에만 허용된다.[535] 현출된 증거는 항상 접근가능하기 때문에 그에 대한 증거조사에 우위가 인정되어야 한다.

480   d) 법원이 입증취지와 *반대되는 내용을 입증된* 것으로 인정하는 경우에도 요청된 증거조사가 불필요한 경우라고 할 수 있다. 이 경우 신청자의 입증 목표가 실패할 수 있기 때문에 절차지연이라는 측면을 넘어서 *증거예단 금지원칙*을 파기해야 할 특별한 이유가 필요하다.

481   현출된 증거방법의 경우 공판심리가 중단될 위험은 매우 제한적인 범위 내에서만 존재하기 때문에 입증사실의 정반대가 입증되어 있다는 점은 기각사유가 될 수 없다(제245조). 비현출 증거의 경우에도 법률은 절차지연 외에 요청된 증거가 대체될 가능성도 추가적으로 인정되는 경우에만 기각사유로 인정한다. 이러한 기초위에 반대내용이 이미 입증되어 있음을 이유로 새로운 전문감정인의 진술신청을 기각할 수 있는 권한이 인정되고 있다(제244조 제4항 제2문의 전단).[536] 모든 *전문감정인*은 일반적으로 자신의 전문가 동료들 가운데 한사람과 마찬가지의 정도로 그 분야를 대표한다. 따라서 그의 감정서(Gutachten)는 당대의 전문지식의 수준을 대표하는 것으로 받아들여져야 한다.[537] 전문감정인에 대한 신문이 증거방법으로서 질적으로 불충분한 수준이라는 것이 구체적으로 입증될 수 있는 경우

---

534 *Alsberg/Nüse/Meyer* S. 652. 이에 찬동하는 견해로는 *Eisenberg* Beweisrecht, Rn. 241.
535 *Alsberg*의 평석이 실린 RG JW 1922, 1037; *Alsberg/Nüse/Meyer* S. 671의 BGH
536 RGSt 47, 100 (107 f.).
537 법원의 독자적인 전문지식이라는 기피사유도 이와 유사한 생각에 기초를 두고 있는 것이라고 할 수 있다. 형사소송법 제244조 제4항 제1문

에만 그렇지 않을 수 있다(제244조 제4항 제2문 후단 참조).[538]

법원에 제출된 증거에 대해 *검증(Inaugenscheineinnahme)*이 요청될 경우 482 그 증거신청은 형사소송법 제244조 제5항 제1문에 따라 마찬가지의 이유 에서 기각될 수 있다.[539] 제국법원에 의하면 검증은 전문감정인이라는 증 거방법과 같이 대체가능성을 공통요소로 가진다.[540] 따라서 대체증거(예, 사고차량의 사진)도 다른 증거와 함께 어떤 사실이 존재하지 않는다는 확신 을 법관에게 제공하기에 충분하다. 하지만 이는 부분적으로만 타당하다. 객관적으로 측정가능한 자료 및 사건경과를 그림으로 나타내기만 한 경 우에는 대체증거를 사용해도 무방할 것이다.[541] 하지만 이에 반하여 그때 까지의 증거결과가 서로 독립되어 있는 수 개의 증거를 보강하지 못할 경 우에는 법원은 증거신청을 허용해야 할 것이다. 증인의 진술에 대해 신빙 성이 흔들릴 경우가 특히 그러한 경우에 해당한다.[542]

서증(Urkundsbeweis)의 경우는 예외없이 그리고 증인이 증거방법(Zeugen- 483 beweis)인 경우에는 원칙적으로 증거예단이 배제되어 있다. 그 개별적 특수 성 때문에 이러한 증거방법은 대체불가능하다. 이러한 점을 넘어서서 형사 소송법 제244조 제5항 제2문은 입증취지의 반대내용이 입증되어 있음을 이 유로 국외 체류 중인 증인의 신문을 기각하는 것을 허용하고 있다.[543] 하지 만 이러한 증거예단금지의 예외는 이해가 되지 않는다. 법원이 독자적인 권한을 가지고 증인을 제한해도 무방하다는 것이 이러한 예외를 인정한 입 법이유라고 한다.[544] 하지만 이러한 예외는 꾸준히 강화되고 있는 국제 사

---

538 자세하게는 *Eisenberg* Beweisrecht, Rn. 256 ff.
539 RGSt 47, 100 (107); BGHSt 8, 177 (181).
540 RGSt 47, 100 (107 f.).
541 *Schäfer* Die Praix des Strafverfahrens, § 79 I k
542 RG JW 1930, 933, Nr. 44; JW 1932, 3226, Nr. 17; BGHSt 8, 177 (180 f.).
543 BGHSt 40, 60. 이에 관한 평석으로는 *Kinzig* NStZ 1994, 448; *Perron* StV 2001, 94.

법공조(Rechtshilfe) 때문에 점점 더 시대착오적인 측면을 보여주고 있다. 그럼에도 불구하고 연방헌법재판소는 이에 대해 위헌은 아니라고 한다.[545]

484 e) 증거방법이 *접근불가능*한 경우에는 그에 대한 증거조사의 신청이 기각되어야 한다. 이러한 기각은 극복할 수 없는 것이 분명한 장애의 경우(증인의 사망, 신문무능력, 소환불능, 물건의 침몰, 소재불명, 관계기관의 이유 있는 증인차단)에는 자명하다.[546] 거주지탐지의 가능성이라는 관점에서 소환불능여부에 대한 결론은 일정한 횟수의 거주지 확인 시도가 있은 후에야 내려질 수 있다.[547] 이 경우 증거방법을 예상가능한 시간 내에 가져오기 위해 어떤 노력이 필요하고 적절한 것으로 여겨질 수 있는지는 기대되는 입증결과의 중요성에 따라 달라진다. 따라서 이러한 사례들에서는 어떤 증거방법은 지체없는 공판심리의 이익이 그 중요성에서 우위가 인정될 경우 접근불가능한 것으로 여겨진다.[548] 이러한 점에서 보면 이경우 어느 정도의 증거예단이 인정되고 있다. 하지만 집중심리원칙에 우위를 두려면 증거조사를 통해 뭔가가 바뀌게 될 것이라는 점에 대한 개연성이 거의 없을 경우에만 국한하여 그 경우에만 증거신청을 기각할 수 있도록 해야할 것이다.[549]

485 f) 그 입증하고자 하는 사실(Beweisthema)이 심판 대상에 대해 *무의미*한 경우에도 증거신청이 기각될 수 있다(Rn. 446 이하 참조). 직접적으로 가벌성과 관계되는 사실의 경우 판결에 영향을 미치는 중요성이 저절로 생겨나는 반면, 간접사실의 경우에는 신청자가 원하는 문제의 결론을 법원이 도출

544 BR-Drs. 314/91, 103.
545 *Kinzig*의 비판적인 평석이 실린 BVerfG StV 1997, 1.
546 상세히는 *Eisenberg* Beweisrecht, Rn. 225 ff.
547 BGHSt NStZ 1982, 78; 자세하게는 *ter Veen* Beweisumfang und Verfahrensöim Strafprozeß, 1995, 156 ff.
548 BGHSt 22, 118 (120). 이에 찬동하는 입장으로는 *Eisenberg* Beweisrecht, Rn. 226.
549 *Alsberg/Nüse/Meyer* S. 622 f.

하려고 할 의지가 있는지의 여부에 따라 판결에 미치는 중요성이 달라진다.[550] 이 경우 법원은 중간합의[551]를 통해 증거로 제기된 간접사실이 입증되어 있음을 가정하는지 아니면 그와 다른 입증결과를 인정할 수 있을 것인지를 분명히 해야 하는데, 중간합의의 결론은 판결에 대해 일정부분 예단효과를 가져 온다.[552]

g) 마지막으로 증거조사가 *허용되지 않는 경우*에 증거신청이 기각되어야 한다(제244조 제3항 제1문, 제245조 제1항 제1문, 제2항 제2문(Rn. 447 이하 참조)).

486

h) 지체는 원칙적으로 증거신청 기각사유가 아니다(제244조 제1항). 재차의 극단적인 절차지연의 우려가 있을 경우 재판장은 소송관계인들에 대해 일정한 기한을 정할 수 있고, 그에 따라 법원은 그 기한이 경과한 후에 증거신청에 대해 재판에서 비로소 결정을 내릴 수 있다.[553]

487

III. 절차

증거신청의 기각은 법원의 결정에 의한다(제244조 제6항). 이 기각결정에는 형사소송법 제34조 후단에 따르면 이유가 제시되어야 한다. 기각결정은 늦어도 증거조사를 종결하기 전까지 고지되어야 한다. 법원이 증거신청에 대해 판결이유에서 결정을 해도 무방한 경우는 소송관계인이 최후변론에서 보조적 증거신청(Hilfsbeweisantrag)을 했을 경우에 한한다.[554]

488

---

550 BGH NJW 1988, 502.

551 이에 관해 자세하게는 *Köhler* Inquisitionsprinzip, 1979, S. 31 ff.

552 BGH StV 1996, 648 f.; NStZ 2000, 268.

553 BGH NJW 2005, 2466. 이에 관한 평석으로는 *Bünger* NStZ 2006, 305 (310 f.); 기피사유로서의 남용에 관해서는 *Fezer* FS Weber, 2004, S. 475 (477 ff.).

554 BGHSt 32, 10 (13); 40, 287 (289).

Ⅳ. 상고

489   증거신청의 기각에 이유가 없는 경우 이는 형사소송법 제338조 제8호의 상고이유로 인정된다.

판결과
조서

판결

공판조서

판결의 확정력

상당하지 않은 판결

Strafprozess
-recht

A. 판결

Ⅰ. 일반론

490 판결(*Urteil*)은 법원이 공판심리를 기초로 해서 내리는 당해 심급 종결적 재판이다. 판결이 형식판결(Prozessurteil)이면 절차를 허용하지 않음을 선언하는 것이고, 판결이 실체판결(Sachurteil)이라면 공소제기에서 주장된 유죄와 형벌에 관한 문제에 대해 무죄판결, 형선고판결 혹은 보안처분의 부과로 답한다.[555]

Ⅱ. 대상

491 판결의 대상은 공소제기와 공판개시결정에서 기초로 되어 있는 심판대상(Prozessgegenstand)이다(제155조 제1항). 검찰이 소송상의 한 개의 사건을 넘어서 다른 사건에 대해 공소를 제기하고자 할 경우 형사소송법 제266조에 따라 추가기소를 할 수 있(고 또 해야 한)다.

이와 같은 *추가기소(Nachtragsanklage)*는 네 가지 특징을 가지고 있다. 첫째, 구두로 제기되어야 한다(제266조 제2항 제1문). 둘째, 피고인이 계속 중인 절차 속에 그 사건을 포함시키는 일에 동의해야 한다(제266조 제1항). 셋째, 법원은 그에 따라 심판 대상에 포함시키는 결정을 내려야 한다(제266조 제1항). 넷째, 이 결정은 판사의 재량사항이다. 법원이 추가기소를 계속 중인 절차에 포함시키면 피고인은 공판심리의 정지(Unterbrechung)를 요구할 수 있다(제266조 제3항 제1문).

---

555 자세하게는 *Beulke* Strafprozessrecht, Rn. 488; *Fezer* Strafprozeßrecht, Rn. 17/47 f.

III. 법적인 판단에서의 자유

법원은 검찰이 공소장에서 취한 법적인 판단에 구속되지 않는다(제155조 제2항). 이러한 한 법원은 자신의 공판개시결정에 대해서조차도 구속되지 않는다(제264조 제2항). 법원이 법적인 관점을 달리 판단하면, 법원은 피고인에게 이를 직권으로 고지해야 한다(제265조).[556]

IV. 합의와 표결

a) 공판은 판결의 *선고(Verkündigung)*로 종결된다(제260조 제1항). 합의체법원의 경우 판결의 선고에 앞서 법관과 참심관이 법원조직법 제192조에 따라 제3자를 배제한 채 합의와 표결을 한다. 예외적으로 법원에 위탁된 교육생도 여기에 참여할 수 있다(법원조직법 제193조).[557]

b) 합의와 표결은 재판장이 주도한다. 표결은 이미 정해진 다음과 같은 순서에 따른다: (합의체법원의 경우) 보고자가 절차를 특별히 준비한 경우에는 그가 첫 번째로 투표하고 그에 뒤이어 참심관이 (연장자 순으로) 투표한다. 그 후에 합의부원인 법관이 투표하고 마지막으로 재판장이 투표한다(법원조직법 제197조).

c) 심판대상이 표결을 통해 단번에 해결되지 않는 경우가 많다. 심판대상 문제를 해결하기 위해 다음과 같은 일반적인 원칙이 정해질 수 있다: 먼저 모든 소송조건의 존부에 관해서 투표해야 한다. 이 경우 단순 다수결에 따른다(법원조직법 제196조). 그 다음으로 인적 처벌조각사유를 포함한 유죄문제

492

493

494

495

---

556 *Beulke* Strafprozessrecht, Rn. 384.
557 실무수습생은 이에 속하지 않는다. BGHSt 41, 119 (120).

에 대해 투표가 이루어진다(제263조). 이 경우에는 3분의 2의 찬성이 필요하다(제263조 제1항). 유죄문제에 대한 투표에 이어 전개되는 형에 관한 문제를 투표할 경우에도 3분의 2의 찬성이 요구된다(제263조 제1항). 형에 관한 문제를 투표할 경우 형법 제56조의 집행유예의 문제도 결정되어야 한다. 그 다음으로 이루어지는 소송비용에 관한 투표는 단순 다수결에 따른다.

V. 선고

1. 선고형식

496   판결은 공판심리의 마지막 단계에서 국민의 이름으로(im Namen des Volkes) 선고된다(제268조 제1항). 판결 선고는 두 단계로 이루어진다. 먼저 주문 (*Urteilstenor*)에서 무죄 또는 유죄 및 법효과에 대한 선고가 이루어지고, 그 다음으로 이유(*Gründe*)를 설시한다(제268조 제2항 제1문).

2. 주문

497   a) 유죄선고의 경우 주문에는 법적 근거(범해진 한 개 또는 수개의 범죄구성요건)와 법적 효과(형벌 및(또는) 보안처분)가 제시되어야 한다.

b) 무죄판결을 선고하는 경우 주문에는 무죄판결이라고 기재되어야 한다. 여기에서는 증거의 부족으로 인한 무죄판결과 무죄로 입증된 무죄판결을 구별하지 않는다. 이 구별은 판결이유에서만 밝혀진다(제267조 제5항).

c) 주문 다음에는 적용된 법조항이 열거되어야 한다.

3. 이유

민사소송에서와는 달리 형사소송에서는 판결이유를 구두로 설시할 것이 의   498
무사항이다. 통상적으로 판결이유의 구두설시는 (임시로 서면에 작성된) 이유를
요약적으로 설명함으로써 이루어진다.

VI. 판결서(Urteilsurkunde)

판결은 문서로 증명될 수 있도록 만들어진다.[558] 판결은 지체 없이 선고 후   499
늦어도 5주 내에 활자화되어야 한다(제275조 제1항 제2문). 소송의 규모가 큰 경
우에는 활자화에 소요되는 기간이 더 길게 정해져 있다(제275조 제1항 제4문).

---

558 *Haller/Conzen* Das Strafverfahren, Rn. 681의 예

B. 공판조서

500 공판심리에 관해서는 공판정의 진행 상황을 그대로 기록하는 이른바 공판조서(Sitzungsprotokoll)가 작성되어야 한다. 공판조서의 형식과 내용은 형사소송법 제271조에서 제274조까지의 규정에 따라야 한다.[559]

501 I. 공판조서는 공판진행의 *외적 조건*에 관한 정보를 제공해야 한다. 공판의 장소와 일시, 기소된 범죄, 소송관계인들의 성명, 공판의 공개성 여부 내지 비공개인 경우는 그 이유 등이 기재되어 있어야 한다(제272조).

502 II. 뿐만 아니라 공판조서에는 심리의 진행과정에 대한 절차의 사법정형성과 관련한 중요한 사실이 확인되어야 한다(제273조 제1항).[560]

503 III. 더 나아가 형사소송법 제273조에 의하면 구법원에서 공판조서가 작성된 경우에는 신문의 중요한 결과가 조서에 함께 기재되어 있어야 한다.

504 IV. 마지막으로 발언의 어의(語義)가 결정적으로 중요한 경우에는 조서를 작성하여 이를 제시해야 한다.

505 V. 조서에는 조서작성자(문서담당공무원 또는 사법보좌관Referendar)와 재판장이 각자의 책임 하에 작성하였다는 서명이 있어야 한다(제271조).

VI. 조서에는 중요한 작성방식이 준수되었다는 점이 적극적으로나 소극적

---

559 *Haller/Conzen* Das Strafverfahren, Rn. 390의 예.
560 이와 관한 자세한 내용은 *Kahlo* FS Meyer-Goßner, S. 447.

으로 확인되어 있어야 한다(제274조).

Ⅶ. 조서의 정정은 재판장은 물론이고 조서작성자가 변경에 동의하는 경우   506
에만 가능하다. 조서의 정정이 "불복저해(Rügeverkümmerung)"의 결과를
초래하게 해서는 안된다(Rn. 623 이하 참조).

C. 판결의 확정력

507 확정력(Rechtskraft des Urteils)은 형식적 확정력과 실질적 확정력으로 구별될 수 있다. 전자는 동일한 절차 내에서의 재판에 대한 불복 불가능성과 그에 기초한 재판의 집행가능성을 의미한다(제449조). 후자는 종국판결된 실체관계는 재차 다른 절차의 심판 대상이 될 수 없음 즉 이른바 이중기소(Strafklageverbrauch)가 인정되지 않음을 의미한다.[561]

Ⅰ. 형식적 확정력

508 형식적 확정력이란 동일한 절차 내에서의 재판에 대한 불복 불가능성을 의미한다. 여기에는 다음과 같은 점이 고려되어야 한다.

509 1. 형식적 확정력이 개시되는 *시점*은 소송의 상황에 따라 다르다.

a) 상고심법원의 판결의 경우에는 그 선고의 종료와 함께 즉시 생긴다(법원조직법 제121조, 제135조).

b) 상소기간이 도과한 경우에는 도과된 시점부터 생긴다(제319조 제1항, 제322조 제1항, 제346조 제1항, 제349조 제1항).

c) 상소포기나 상소취하가 있는 경우에는 그 시점부터 생긴다(제316조, 제343조).

d) 불복가능성이 없는 결정이 내려질 경우에는 그것이 결정된 날의 도과와

---

561 자세하게는 *Beulke* Strafprozessrecht, Rn. 501, 503; *Fezer* Strafprozeßrecht, Rn. 17/74.

함께 생긴다(제34a조).

2. 형식적 확정력의 *범위*도 소송의 상황에 따라 달라진다. 510

a) 재판이 어느 부분에 대해서도 그리고 소송관계인들 가운데 어느 누구에 511
의해서도 불복될 수 없는 경우에는 확정력이 절대적이다.

b) 재판의 일부에 대해서만 불복가능성이 없게 되었고 다른 부분에 대해서 512
는 불복가능성이 남아있는 경우, 예컨대 유죄판결에 대해서는 불복되지
않았지만 형벌부분에 대해서만 불복이 이루어진 경우에는 객관적 측면에
따라 상대적 확정력이 존재한다. 재판이 검찰 또는 피고인 가운데 어느 일
방에 의해서만 불복가능하고, 다른 상대방은 (예컨대 상소를 포기하였기 때문
에) 더 이상 불복될 수 없는 경우에는 주관적 측면에 따라 상대적 확정력이
존재한다. 이러한 맥락에서 형사소송법 제301조가 준수되어야 한다.

c) 여러 명의 공동피고인이 있는 경우에는 확정력이 원칙적으로 각각에 대해 513
독자적으로 생긴다. 형사소송법 제357조는 이에 대한 예외를 인정하고 있
다. 이에 따르면 유죄판결을 받았던 한 사람의 피고인이 상고하여 성공하
면, 불복하지 않았던 다른 공동피고인에 대한 판결의 확정력도 실효된다.

3. 형식적 확정력은 여러 가지 *기능*을 한다. 집행의 전제조건으로 기능하기 514
도 하고, 연방중앙기록부에 기재되는 요건이 되기도 하며, 실질적 확정력
의 전제조건으로 기능하기도 한다.

II. 실질적 확정력

실질적 확정력은 동일한 사건이 재차 다른 절차의 심판대상이 되지 못하도 515

록 하는 효력을 가진다.

1. 기능

516   a) 실질적 확정력이라는 제도는 기본법 제103조 제3항의 기본권을 보장하기 위한 안전장치이다. 실질적 확정력은 소송장애로 기능한다. 따라서 재차의 절차가 착오로 개시되면 절차는 중단되고, 착오로 내려진 실체판결은 무효가 된다.

517   b) 유죄판결이나 다른 확정력있는 재판에 대한 실질적 확정력은 무고한 자에 대한 형벌집행도 정당화한다. 정당화의 근거가 어디에 있는지에 대해서는 견해가 일치하지 않는다. 하지만 유죄판결을 받은 무고한 자가 집행처분(예, 형벌집행을 위한 구인)에 대해 저항하더라도 그 저항이 정당방위로 인정될 수 없다는 점에 대해서는 견해가 일치한다.[562]

2. 범위

518   a) 판결의 이유가 아니라 판결의 주문에 대해서만 확정력이 생긴다. 지배적인 견해에 의하면 어떤 피고인에 대해 판결이 확정되었더라도 그것은 다른 피고인에 대한 형사절차에서 법관을 구속하지 않는다. 예컨대 한 피고인 (A)에 대해 절도죄와 관련하여 무죄판결이 선고된 경우에도 다른 피고인 (B)에 대해 재판하는 판사가 그 피고인 (A)에 대해 절도죄가 인정된다는 심증형성에 이를 경우에는 다른 피고인 (B)를 형벌무효화죄 (Strafvereitelung)로 유죄판결할 수 있다.[563]

---

562 자세하게는 LR/*Schäfer* Einl. Rn. 12/54; *Eb. Schmidt* Lehrkommentar I, Rn. 275 ff., 286.
563 RGSt 58, 290; 다른 견해로는 *Zaczyk* GA 1988, 356.

b) 확정력은 당해 사건인 소송상의 사건 전부에 대해 미친다.

소송상의 사건개념에 대해서는 견해가 분분하다. 판례의 이른바 사실적 소송상의 사건개념(sog. faktischer prozessualer Tatbegriff)에서 출발해야 한다.

이에 의하면 "자연적으로 관찰할 경우" "과거의 단일한 사태의 진행과정"으로서 그 진행과정 속에서 피고인이 어떤 범죄구성요건을 실현한 것이라고 할 수 있는 경우를 한 개의 소송상의 사건이라고 한다.[564] "행위자의 개개의 행위 사이에는 그것을 분리해서 서로 다른 절차에서 판단해 보았을 때 그러한 분리가 단일한 하나의 과정에 대한 부자연스러운 분리로 느껴질 정도로 내적인 연관성이 존재하여야 한다"[565]고 한다.

이러한 사건개념은 분명한 윤곽을 가지고 있지 못하기 때문에 판례들도 일관된 결론을 보여주지 못하고 있다.[566] 이 때문에 실무와 학계에서는 다른 기준을 추가하여 이러한 사건개념을 보충하려고 노력하고 있다. 현재의 논의상황을 보면 명백한 결론에 이르기가 어려운 것처럼 보이지만 적어도 다음과 같이 말할 수 있다.[567]: 기소된 사건은 범죄구성요건의 관점에서는 규범적인 구성물이고, 비난가능한 행위로서는 과거에 실제로 일어난 사건이다. 첫 번째 관점에 의하면 사건의 동일성은 실체적인 법적 개념을 통해 범행단일성(TE), 범행다수성(TM), 택일관계(예, 본범과 그 후의 형벌무효화죄) 여부를 알게 된다. 두 번째 관점에 의하면 사건의 동일성은 형사소추기관의 수사가 초점을 맞추고 있는 사건의 장소적·시간적 진행과정을 통해 알게 된다. 이로부터 나오는 결론은 다음과 같다.

ⓐ 범행단일성이 인정되고 시간적·장소적 접착성이 존재할 경우 소송상 한 개의 사건으로 인정된다(예, 백화점내의 생필품코너에서 먼저 절도한 후 연이어 스포츠코너에서 절도한 경우).

---

564 BGHSt 23, 141 (145 ff.).

565 BGHSt 13, 21 (26).

566 자세하게는 *Gilmeister* NStZ 1989, 1 ff., 2. *Heintschel-Heinegg* Prüfungstraining 1, Rn. 715 f.

567 *Beulke* Strafprozeßrecht, Rn. 512 ff.; *Fezer* Strafprozeßrecht, Rn. 18/10 ff.의 설명 참조.

ⓑ 이에 반해 범행다수성이 존재하고 시간적·장소적 접착성이 결여되어 있는 경우 소송상 한 개의 사건으로 인정할 수 없다.[568](예, 음주운전을 하고, 다음날도 음주운전을 하고, 그 다음날도 다시 음주운전을 한 경우).

ⓒ 시간적·장소적 접착성이 존재하는 두 개의 행위 사이에 범행다수성이 존재하는 경우 판례는 예외적으로 소송상 한 개의 사건으로 인정 한다(예, 위험한 운전으로 교통사고를 낸 후 사고 후 도주운전을 한 경우).[569] 이 경우 확립된 원칙은 없다.

ⓓ 택일관계는 한 개의 구성요건에 해당하는 행위가 다른 구성요건적 행위의 소극적 반영인 경우(예, 본범과 그후 절차속에서의 형벌무효화행위)로서, 두 개의 행위태양 사이에 시간적·장소적 접착성이 존재하지 않을 때에는 소송상 한 개의 사건으로 인정되지 않는다.[570]

ⓔ 택일관계로 인정될 경우 시간적·장소적 접착성이 존재하는 때(예, 절도 피고인에 대해 장물죄가 인정된 경우)에는 최근의 판례는 소송상 한 개의 사건으로 인정하는 경향성을 보이고 있다.[571]

ⓕ 계속범의 도중에 일어난 시간적·장소적으로도 멀리 떨어진 서로 다른 사건들이 행위단일성으로 결합되는 경우에는 계속범의 불법내용이 연결된 범죄들과 동일한 정도인 경우에 한하여 소송상 한 개의 사건으로 인정될 수 있다(예, 유괴행위자가 무면허운전을 하는 동안에 성폭력범죄와 강도죄를 범한 경우).[572] 하지만 이에

568 BGHSt 35, 14; *Kindhäuser*의 평석이 실린 BGH JZ 1997, 98.
569 BGHSt 23, 141, (150). 이에 반대하는 평석으로는 *Grünewald* JZ 1970, 330 f.; Beulke Strafprozessrecht, Rn. 520; *Fezer* Strafprozeßrecht, Rn. 18/40.
570 BGH StV 1984, 99. 자세하게는 *Roxin* Strafverfahrensrecht, § 50 Rn. 18.
571 BGHSt 35, 60 (80). 이에 관한 평석으로는 *Roxin* JZ 1988, 260. 다른 견해로는 RGSt 21, 78. 또한 다른 견해로는 *Grünewald* ZStW 86, 1974, Teheran-Beiheft, S. 94 ff. (108).
572 BGH NStZ 1984, 135. 반대로 타당한 것은, 범죄단체의 조직(형법 제129조)이 그 불법내용에 있어서 그 단체를 이끌어나가면서 범한 모살죄와 폭발물관련 범죄보다 경하기 때문에 소송상 한 개의 사건으로 인정될 수 없다. BGHSt 29, 288(vgl. 그밖에 BVerfGE 56, 22). 이는 허용되지 않은 무기소지와 강도에 준하는 공갈 간의 관계에 있어서도 마찬가지로 타당하다. BGHSt 36, 151. 이에 관한 평석으로는 *Neuhaus* StV 1990, 342 및 *Mitsch* JR 1990, 162.

관한 판례의 태도가 항상 일관된 것은 아니다.

ⓐ 집합범(예, 범행의 영업성, 상습성, 직업성)은 개별 범죄행위를 실체법적으로나 526
소송법적으로 한 개의 사건으로 결합하지 못한다.[573]

c) 이상과 같은 범위 내에서의 기소는 당해 형사사건에 대해 일정한 법원에 527
서의 소송계속(*Rechtshängigkeit*)의 효과를 발생시킨다. 동일한 사건에 대
해 다른 법원에 재차 기소를 하게 되면 소송장애사유(*Prozesshindernis*)로
인정된다.

d) 확정력은 심판대상을 분리하지 않는다. 이는 확정력이 하나의 사건을 모 528
든 법적인 관점에서 남김없이 포착한다는 것을 의미한다. 누군가가 유괴
로 유죄판결을 받게 될 경우 유괴가 계속되는 동안에 범해진 성폭력범죄
를 이유로 한 또 다른 형사절차는 더 이상 가능하지 않게 된다(제155조 제2
항, 제207조 제2항 제3호, 제264조 제2항, 제359조, 제362조 참조).[574]

3. 확정력이 인정될 수 있는 재판

모든 재판에 실질적 확정력이 생겨나는 것은 아니다. 529

a) 모든 실체 판결, 종국적인 절차장애를 선언하고 있는 모든 절차중단 판결, 530
즉시항고의 대상이 될 수 없는 모든 결정, 그리고 형사소송법 제349조에
의한 모든 소송종결적 결정(*prozessabschließende Beschlüsse*)에 대해서는 무
제한의 확정력이 인정된다.

---

573 같은 견해로는 *Roxin* Strafverfahrensrecht, § 20 Rn. 12; 다른 견해로는 Eb. Schmidt Lehrkommentar I, einl. Rn. 309-311.
574 BGH NStZ 1984, 135. 이와 관련하여 학설상으로는 그러한 효력을 제한하려는 여러 가지 시도가
있다. *Peters* Strafprozess, § 54 II 3 e) 참조. 추가기소의 가능성을 부정하는 입장으로는 BVerfGE
65, 377. 이에 관한 평석으로는 *Schnarr* NStZ 1984, 325.

531　b) 이에 반해 기소강제절차와 중간절차에서의 법원의 절차중단결정(Einstell-ungsbeschluesse)은 제한된 확정력만 인정된다(제174조 제2항, 제211조). 형사소송법 제153조, 제153a조 제1항 제4문, 제2항에 의한 법원의 절차중단결정에 대해서도 마찬가지이다.[575]

532　c) 보통항고만 인정될 수 있는 법원의 결정(gerichtliche Beschlüsse)에 대해서는 일반적으로 확정력이 인정될 수 없다(제306조 제2항). 검사의 절차중단처분(Einstellungsverfügungen)에 대해서도 마찬가지이다.[576]

4. 확정력의 실효

533　현행법은 다음과 같은 경우 확정력이 실효(Rechtskraftdurchbrechung)된다고 규정하고 있다: 재심절차(제359조 이하), 파기환송의 경우(제44조 이하), 공동피고인에 대한 상고가 인용된 경우(제357조), 헌법소원이 성공하여 판결이 무효로 될 경우(연방헌법재판소법 제95조 제2항), 1992년 12월 29일의 형법상의 복권에 관한 법률(StRehaG)에 의한 복권(Rehabilitierung)의 경우 (BGBl. I S. 1814). 판례에 의하면 결정은 불복할 수 없게 된 경우에도 중대한 절차상의 불법(예, 법률에 의한 법관원칙의 무시)을 제거하기 위해 예외적으로 변경될 수 있다고 한다.[577]

575　구체적인 내용에 대해서는 *Roxin* Strafverfahrensrecht, § 14 Rn. 27 ff.

576　검사가 형사소송법 제153조에 따라(그리고 동법 제153조에 따라[다툼이 있음]) 절차를 중단하는 한, 중단처분은 제한된 확정력을 지닌다. 그 밖의 경우에는 그러하지 아니하다. 자세하게는 *Radtke*, NStZ 1999, 481 (483).

577　OLG Düsseldorf NStZ 1982, 395.

D. 상당하지 않은 판결

확정력 있는 판결은 이른바 상당하지 않은 판결(unbeachtliche Urteile)과 구별   **534**
되어야 한다. 형사소송법 제338조(절대적 상고이유를 열거하고 있는 규정: 역자 주)
를 보면 상당하지 않은 판결의 확정력 인정에 대해 소극적임을 알 수 있다.[578]

Ⅰ. 판결의 외관을 입고 있는 이른바 *판결 아닌 판결(Nicht-Urteile)*은 상당하   **535**
     지 않은 판결이다. 판결 아닌 판결이란 법원에 의해 내려지지 않거나 아
     직도 공포 또는 선고되지 않은 판결을 말한다.

Ⅱ. *무효인 판결(nichtige Urteile)*도 상당하지 않은 판결이다. 형사소송법 제   **536**
     338조가 보여주고 있듯이 무효라는 예외는 극단적인 예외사례로 제한되
     어야 한다. 실체진실과 정의라는 소송과제의 관점을 중요시하여 법적 평
     화라는 소송과제를 무시하면서 법관의 판결에 대해 타당성을 인정하는
     일이 참을 수 없을 정도이고, 합리적인 판단자가 보기에 그 판결에 오점
     이 명백한 경우에만 무효로 인정될 수 있다.[579] 다음과 같은 경우가 이
     에 해당한다.

   1. 예외법원의 재판(예, 혁명재판소, 기본법 제101조 제1항 제1문)

   2. 명백하게 허용되지 않은 내용의 재판(예, 사형판결, 기본권 제102조)

   3. 실제로 법원에 출석한 자가 아닌 자에 대한 재판[580]

---

578   BGHSt 47, 270. 이에 관한 평석으로는 *Radtke* JR 2003, 127.
579   BVerfGE 29, 45 (49); BVerfG NJW 1985, 125; BGHSt 10, 278 (281); 29, 351 (352 f.); 33, 126 (127).
580   BGH NStZ-RR 1996, 9 참조.

4. 사망한 자에 대한 재판[581]

5. 지배적인 견해에 의하면 이미 확정력이 인정된 사건에 대한 재차의 재판
   도 무효에 해당한다.[582] 이는 기본법 제103조 제3항에서 나온다.

537 **III.** 판결이 상당하지 않다는 점은 어떤 방법으로든지 확인이 가능하다. 하지
만 법적으로 분명하게 하기 위해서는 법질서가 예정하고 있는 법적 구제
수단을 이용하는 것이 바람직하고, 긴급한 경우에는 형사소송법 제458조
제1항에 따른 형집행에 대한 이의신청(Einwendung)도 가능한 방법이다.

---

581 OLG Schleswig NJW 1978, 1016.
582 BGH NStZ 1984, 279. 이에 찬동하는 입장으로는 *Beulke* Strafprozessrecht, Rn. 507.

13

법적
구제수단들

일반론

항고

항소

상고

재심절차

538 판결에는 오류가 있을 수 있다. 법원은 예컨대 진실이 아닌 증인의 진술을 신뢰하여 잘못된 답을 제시할 수도 있고, 진실한 사실에 대해 법을 적용하지 않거나 옳지 않은 법을 적용하여 법적 문제에 대해 잘못된 답을 내림으로써 옳지 못한 재판에 이를 수도 있다. 기본법 제19조 제4항이 상소권(Rechtsmittelzug)을 보장하고 있는 조항은 아니지만,[583] 시민적 및 정치적 권리에 관한 국제규약(IPBPR) 제14조 제5항과 유럽인권협약 제7보충의정서 제2항[584]은 형사법원의 재판에 대해서도 법적 구제수단(Rechtsbehelf)을 마련하도록 조약국에 대해 의무를 부과하고 있다.[585]

583 BVerfGE 45, 375; 49, 329 (340).

584 *Grabenwarter* Europäische Menschenrechtskonvention, § 24 Rn. 144.

585 이에 관해 자세하게는 *Matt* MDR 1992, 820 (824).

A. 일반론

I. 들어가는 말

판결의 오류를 제거할 수 있는 가능성은 여러가지이다. 형사소송법에 의하 **539**
면(법원조직법 제121조 제2항, 제132조, 제138조에 의한 구제절차를 제외하면) 항상 소송
관계인들의 신청이 요구되고 그에 따라 (더 상위의) 법원이 그 사건을 처리해
야 하는 것이기 때문에, 형사소송법은 검사, 피고인, 그리고 경우에 따라 다
른 당사자들에게 법원의 재판에 대한 법적 구제수단을 인정하고 있다.

II. 체계

법적 구제수단은 통상적 구제수단과 특별 구제수단으로 나누어진다. 통상적 **540**
구제수단은 확정력의 발생을 *저지한다(hemmen)*. 항고(제304조 이하), 항소(제312
조 이하), 상고(제333조 이하) 그리고 약식절차에 대한 이의제기(Einspruch)(제410
조)가 여기에 속한다. 이에 반해 특별 구제수단은 이미 발생한 확정력을 실효
시킨다(durchbrechen). 재심절차(제359조 이하), 원심에로의 파기환송(제44조 이하)
그리고 헌법소원(기본법 제93조 제1항 제4a호)이 여기에 해당한다.

재판이 유럽인권협약을 위반하고 있는 경우 당사자는 그에 대해 국내의
법적 구제수단을 모두 거친 후에 유럽인권법원(EGMR)에 *개별항고(Individual-
beschwerde)*를 할 수 있다(유럽인권협약 제34조 이하).[586] 여기서 위반이 확인되면
당해 재판에 대해 직접적 효력을 가지는 것은 아니지만 형사소송법 제359조
제6호에 따라 재심절차(Rn. 628 이하)를 진행시킬 권리가 부여된다.

---

586 *Beulke* Strafprozessrecht, Rn. 9c; *Kühl* ZStW 100 (1988), 406 ff., 601 ff. 참조.

III. 상소

1. 개념

541 상소(Rechtsmittel)는 이심효 이외에 정지효가 부여되는 통상적인 법적 구제 수단이다. 여기에는 항고, 항소, 그리고 상소가 있다.

542 a) *이심효(Devolutiveffekt)*란 소송관계인에 의해 사건을 상급법원(예컨대 구법원에서 지방법원)으로 옮겨가는 것을 의미한다. 이러한 효과는 모든 상소수단에 대해 인정되는 것이지만 그 구체적인 내용은 상소종류에 따라 서로 다르다.

543 b) *정지효(Suspensiveffekt)*란 불복된 재판의 효력이 특히 확정력과 집행가능성이 적시의 상소제기에 의해 저지되는 것을 의미한다. 이러한 효과는 항소(제316조 제1항)와 상고(제343조 제1항)에 대해서는 강제적이지만 항고에 대해서는 임의적이다(제307조 제2항).

2. 개별 상소수단의 특징

544 a) 상소는 문제되는 재판의 성격에 따라 달라질 수 있다. 판결(Urteile)은 공판에서 내려지고 심급을 종결하는 재판이다. 결정(Beschlüsse)은 절차를 진행시켜 심급을 결정하는 재판을 하도록 하는 전체 재판부의 재판 및 단독판사의 처분이다.[587] 항고가 결정과 법관의 처분에 대해 인정되는 것인 반면, 항소와 상고는 오로지 판결에 대해서만 인정되는 상소수단이다.[588]

---

[587] 예외적으로 결정도 심급을 종결하는 효력을 지닌다. 형사소송법 제153조 제2항, 제153a조 제2항 제206a조.

[588] 법원이 착오로 재판의 형식을 잘못 표기한 경우(결정을 판결로, 또는 역으로), 통설에 의하면 선고되었어야 할 재판에 대하여 가능한 상소가 제기될 수 있다(따라서 판결로 표기된 결정의 경우에는 항고가 가능). BGH StV 1982, 61.

b) 상고는 판결에 대해 사후심사가 이루어지는 것이지만 항소(또는 항고)에 의
해서는 사건에 대한 새로운 심리가 행해진다는 점에서 양자가 구별된다.
이러한 구별은 다음과 같은 맥락을 가지고 있다.

항소를 통해서는 법적 문제가 아니라 사실문제가 새롭게 제기되어야 한다(제323
조 제3항 참조). 사실문제에 대한 답은 법관의 일신전속적인 심증형성적 요소를 포
함하고 있고(제261조), 이는 심사(Überprüfung)의 대상이 될 수 없다. 지난 80년간
의 법발전에 따르면 사실문제의 답도 삼단논법(Syllogusmus)의 방법으로 이루어
지고 있음을 확인할 수 있다. 그럼에도 불구하고 간접사실(Indiz)을 통해 피고인
을 유죄로 결론내리는 일은 항상 개인적인 심증형성을 통해 사건이 바로 그렇게
발생했다고 하는 확신으로 압축되어가는 일종의 가설적 개연성(hypothetische
Wahrscheinlichkeit)의 문제에 불과한 것임을 보여주고 있다.[589] 이러한 심증형
성의 계기는 심사될 수 있는 것이 아니다. 따라서 어떤 판결이 그 일말이라도 불
복이 허용되어야 하는 것이라면, 몇 가지 의문이 있음에도 불구하고 입법자가
이를 필요한 것으로 인정하였듯이,[590] 그 전체사건이 상급법원에서 새롭게 심리
(neu verhandelt)되는 방법으로만 가능하도록 할 수 있다. 항소는 바로 이러한 일
에 이용된다.

이에 반해 상고는 법위반(Rechtsverletzungen)의 경우에 국한된다(제337조 제1
항). 어떤 판결에서 법률이 적용되지 않았거나 잘못 적용되었는지는 당해 해석기
준에 의해 심사될 수 있다. 뿐만 아니라 앞에서 언급한 법발전은 사실문제에 대
한 답이 상당부분 규범화되어 그 판결에서 내려진 사실 확인이 사고법칙이나 과
학적으로 인정된 경험칙에 위반되고 있는 것은 아닌지, 더 나아가 사실심판사가
간접사실에서 추론한 결론이 가능한 것인지 그리고 증거평가의 결과 사건이 실
제와 다르게 진행되었을 가능성은 없는지에 대해서도 심사할 수 있을 정도까지

---

589 BGHSt 10, 208 (209 f.); 29, 18 (19 f.). 이에 관한 평석으로는 *Peters* JR 1980, 169.
590 *Fezer* Die Reform der Rechtsmittel in Strafsachen hrsg. v. Bundesmisisterium der Justiz, 1974,
   S. 4 ff.

되었다. 이러한 한 상고심에서는 사건에 대해 전적으로 새로운 심리가 이루어지지는 않는다. 오히려 상고법원은 불복된 판결과 그에 선행된 절차가 앞에서 언급한 법적 오류를 가지고 있는지에 초점을 맞추어 그에 대해 심사하는 일에만 초점을 맞춘다.

3. 일반적인 허용요건

546   상소의 제기는 일정한 허용의 전제조건에 구속된다. 상소권자(제296조 이하, 제390조, 제400조), 상소제기법원(제314조, 제341조) 그리고 일정한 방식과 기간 등이 상소의 허용의 전제조건에 해당한다. 이러한 조건들은 상소수단에 따라 서로 다르기 때문에 각 상소수단에 대한 설명 부분에서 별도로 설명한다.

4. 상소이익(Beschwer)

547   상소의 제기는 *권리구제의 이익*이 없으면 허용되지 않는다.[591] 검사가 법률위반을 주장할 때에는 항상 상소이익을 가지고 있지만 사인소추자나 부대공소자는 피고인을 불리하게 하기 위해서만 상소를 제기할 수 있다. 반대로 피고인은 판결주문이 자신에 대해 법적 불이익을 부과하는 경우에만 상소의 이익을 가진다. 따라서 증거불충분을 이유로 내리는 무죄판결에 대해서는 피고인의 상소가 허용되지 않는다.[592]

5. 일부상소(Teilanfechtung)

548   형사소송법 제316조, 제318조, 제327조, 제343조 이하, 제352조를 전체적으로 조망하면 하나의 판결의 일부에 대한 불복도 원칙적으로 허용된다는 것을

---

591 BGHSt 16, 374 (376).
592 BGHSt 7, 153.

알 수 있다. 그 판결의 불복된 부분이 불복되지 않은 부분과 분리될 수 있어야 한다는 점이 그 전제조건이다.[593] 판례는 한 개의 동일한 심판대상안에서도 일부상소가 가능한 것으로 본다. 상소를 법효과 부분에 제한하여 제기하는 것도 원칙적으로 가능하다.[594] 판례는 소송상 한 개의 동일한 사건이라도 실체법적으로 범행다수성이 인정되는 경우 분리를 인정한다(예, 도로교통의 위태화와 그에 뒤이은 사고 후 도주). 뿐만 아니라 연방재판소는 계속범의 연결효과 (Klammerwirkung eines Dauerdelikts)에 의한 범행단일성 사례의 경우에도 일부상소를 인정한다.[595] 법효과의 일부분에만 국한된 상소는 그 재판이 다른 제재부과에 대해 아무런 영향을 미칠 수 없는 경우에 예외적으로만 허용된다. 벌금형의 일수에 대해서나 보호관찰부 자유형 집행유예가 인정되지 않은 점에 대해서만 불복이 있는 경우가 그러한 경우에 해당한다.[596]

불복되지 않은 판결부분에 대해서는 원칙적으로 확정력이 생긴다. 이에 반해 한 개의 동일한 심판대상의 일부에 대해서만 불복이 있는 경우에는 논란이 있다. 유무죄에 대해서 뿐 아니라 형선고에 대해서도 의미가 있을 수 있는 이른바 이중적 관련성을 가진 사실들 때문이다. 예컨대 형량에 대한 항소에서 고살죄로 유죄판결된 자에게 유리하게 형법 제21조(한정책임능력사유)만이 아니라 책임무능력 사유까지 존재하였음이 밝혀진 경우에도 연방재판소는 일부 확정력을 인정하였다. 즉 형법 제211조 제1항과 제21조에 의한 가능한 최소범위안에서만 형벌감경을 인정한 것이다.[597] 이 경우 형사소송법 제357조가 유추(Rn. 627 참조) 적용되어야 하는 것은 아닌지가 문제될 수 있다.

---

593 BGHSt 10, 100 (101).
594 BGHSt 19, 46 (48).
595 BGHSt 39, 390 (391).
596 BGHSt 27, 70 (72); 47, 32 (35).
597 BGHSt 7, 283 (286). 이와는 다른 타당한 입장으로는 *Peters* § 54 I 3.

6. 상소의 포기와 취하 등

549 a) *상소포기(Rechtsmittelverzicht)*: 형사소송법 제302조 제1항 제1문에 의하면 소송능력있는 소송관계인은 상소기간이 경과하기 전에 상소를 포기한다는 선언을 할 수 있다. 포기선언의 방식은 상소제기의 방식과 같아야 한다. 필요적 변호사건인 경우에는 상소포기에 변호인의 조력이 있어야 한다.[598] 상소포기는 협상(Verfahrensabsprache)의 대상이 되어서는 안된다. 피고인이 사전에 고지 받지 않고 변호인과 협의할 기회도 얻지 못하고 포기를 하면 이 포기선언은 효력이 없다.[599]

550 b) *상소취하(Rechtsmittelrücknahme)*: 이미 제기된 상소는 같은 범위내에서 취하가 가능하다(제302조 제1항 제1문). 취하의 경우에도 포기의 경우와 같은 방식이 필요하다. 상소법원에 공판이 개시된 후에 취하하기 위해서는 소송상대방의 동의도 추가적으로 요구된다(제303조). 검사가 피고인을 위하여 상소를 제기한 경우에는 피고인의 동의만으로 상소를 취하할 수 있다(제302조 제1항 제2문).

551 c) *조건부 상소제기 불인정(Bedingungsfeindlichkeit)*: 상소제기에는 원칙적으로 조건을 붙일 수 없다. 상소는 취하될 수 있지만 취하와 포기는 철회될 수 없고 불복될 수도 없다(민법 제119조, 제142조 이하).[600] 하지만 연방재판소는 법원이 피고인에게 변호인과 상의할 수 있는 충분한 가능성을 제공하지 못한 경우에는 예외적으로 취하나 포기의 철회 등도 가능하다고 한다.[601] 뿐만 아니라 협박이나 악의있는 기망에 의해 선언된 상소포기에 대해 불복을

---

598 BGHSt 47, 238 (240). 이에 찬동하는 평석으로는 *Beulke/Angerer* NStZ 2002, 443.
599 BGH NStZ 2006, 464 (465).
600 BGH NStZ 2005, 113.
601 BGHSt 19, 101 (104 f.); 그 외 OLG Düsseldorf NStZ 1995, 147 참조.

허용하는 것은 형사소송법 제136a조 제1항의 법적 취지와 부합한다.[602]

7. 불이익변경금지

불이익변경금지원칙(Verschlechterungverbot, Das Verbot der refomatio in peius) 552
이란 항소나 상고(및 재심)를 제기할 경우 판결이 *법효과*의 종류 또는 정도와
관련하여 피고인에게 불리하게 변경되어서는 안된다는 것을 말한다(제331조
제1항, 제358조 제2항, 제373조 제2항). 물론 이 원칙은 피고인만이 상소를 하였거나
검찰이 피고인을 위하여 상소를 제기한 경우에만 타당하다.[603] 불이익변경
금지원칙은 이에 관한 규정의 명백한 문언의 의미에 따르면 법효과 판결에
대해서만 타당하다.[604] 따라서 항소심은 원래 절도죄로 선고된 벌금형을 그
대로 유지하는 경우에는 유죄판결을 강도죄로 변경할 수도 있다. 그러나 전
체형(eine Gesamtstrafe)에 포함된 개별형의 하나가 높아지는 경우에는 불이익
변경으로 인정된다.[605] 형법 제56a조 이하의 부담(Auflagen)과 지시사항
(Weisungen)을 상소심법원에서 부과하는 경우에도 불이익하게 변경된 것으
로 인정된다.[606] 정신병원 내지 금단시설 수용 명령(제63조 이하)은 형사소송
법 제331조 제2항, 제358조 제2항 제2문에 의하면 불이익변경으로 인정되지
않는다.[607]

---

602 *Eb. Schmidt* JR 1962, 290; 분명하지는 않지만 반대 입장으로는 BGHSt 17, 14 (17 f.)
603 BGH JZ 1978, 245 f.
604 BGHSt 14, 5 (7); 이와 다른 입장으로는 *Peters* § 72 II 2.
605 BGHSt 1, 252 (254).
606 HansOLG Hamburg NJW 1981, 470.
607 이에 관해서는 *Wohlers* GA 2001, 196.

B. 항고

I. 허용요건

1. 항고권자

553 항고(Beschwerde)의 제기는 검찰과 피고인 뿐 아니라 불복된 재판에 관계될 수 있는 자는 누구라도 할 수 있다[제304조 제2항(증인, 감정인 그리고 결정과 처분의 당사자가 되는 기타 관계인은 결정과 처분에 대해 항고를 제기할 수 있다: 역자 주)].

2. 인정범위

554 항고는 불복가능성이 명문으로 배제되어 있지 않는 모든 결정과 *법관의 처분*에 대해 인정된다(제304조 제1항). 수사절차, 중간절차 그리고 공판절차에 따라 다음과 같이 구분될 수 있다.

555 a) *수사절차*에서는 명문으로 달리 규정하고 있지 않는 한 법관의 모든 재판(예, 제98조 제1항 제1문의 제1사례에 의한 명령)은 항고로 불복할 수 있다. 불복된 처분이 임박해 있거나 지속되고 있는 경우에만 당사자에게 불이익이 있는 것이 아니다. 당사자가 특별한 확정의 이익(예, 재범의 우려, 복권)을 주장할 수 있는 경우에는 이미 내려진 처분에 대해서도 불복할 수 있다.[608] 이 경우 소송상의 강제처분만이 항고로 불복될 수 있고, 원칙적으로 검찰 또는 수사관에 의한 강제처분 집행의 방식은 항고대상이 아니다(Rn. 565 이하 참조).

---

608 BVerfGE 96, 27 (41). 이에 관한 평석으로는 *Amelung* JR 1997, 384; *Fezer* JZ 1997, 1062; BVerfG NJW 1998, 2131.

b) *중간절차에서의 법원의 재판도 항고의 대상이 아니다*(제201조 제2항 제2문, 제 **556**
202조 제2문, 제210조, 제305조 제1문). 중간절차에서 법원의 재판의 의미는 절차
를 지체 없이 중단하거나 공판절차를 개시하는 일이다. 형사소송법 제305
조 제2문에 의한 재판만 예외적으로 항고될 수 있다[609](Rn. 373 이하 참조).

c) *공판절차에서도 이와 유사하다*(제305조 제1문). 하지만 형사소송법은 재판 **557**
장의 처분에 대해서는 중간적 법적구제수단(Zwischenrechtsbehelfe)(Rn. 377
참조)을 인정하고 있다. 이 구제수단을 통해 공판심리의 해체, 즉 서로 다
른 심급에서의 심리를 피할 수 있게 되어 판결에 직접적으로 선행하는
처분 등이 이 판결과 함께 전체적으로 (항소나 상고를 통해) 불복될 수 있다.

3. 항고 제기 법원

항고는 불복의 대상이 되는 결정 또는 처분을 한 *원심법원(iudex a quo)*에 제 **558**
기되어야 한다.

4. 기간

보통항고는 *언제든지* 제기할 수 있고, 즉시항고(Rn. 563 참조)는 기간 내에 제 **559**
기해야 한다.

5. 효과

a) 제한된 정지효
보통항고는 그 집행을 자동적으로 저지하지 않는다(제307조 제1항). 정지효 **560**

---

609 그 외 HansOLG Hamburg StV 1998, 639 참조.

는 별도의 명령을 근거로 해서만 발생하는데, 이 경우 별도의 명령은 처분을 한 원심법원의 의무합치적 재량 또는 항고법원(iudex ad quem)이 내리는 별도의 명령을 근거로 해서만 발생한다(제307조 제2항). 형사소송법 제81조 제4항 제2문, 제462조 제3항 제2문에 의한 항고만 예외적으로 별도의 명령이 없더라도 집행을 저지한다.

b) 경정

561 보통항고는 항고가 제기된 원심법원이 즉각적으로 스스로 경정(Abhilfe)할 수 있다. 그렇지 않은 경우 원심법원은 3일 내에 사건을 항고법원에 송부해야 한다(제360조 제2항).[610]

c) 항고법원의 절차

562 항고가 허용요건을 갖추지 못한 경우 항고법원은 이를 각하한다. 항고법원은 수사명령도 할 수 있고 스스로 신문할 수도 있다(제308조 제2항). 항고법원에서는 자유로운 증명원칙이 적용되고, 항고 상대방에게는 법적 청문권이 보장된다(제308조 제1항). 항고재판은 통상적으로 서류에 대한 서면심리로 이루어지고(제309조 제1항), 원칙적으로 사건 그 자체에 대해 이루어진다.[611] 불이익변경금지원칙은 구속을 그대로 인정하기 위한 결정이 문제되는 경우가 아닌 한 적용되지 않는다.[612]

II. 즉시항고

563 즉시항고(sofortige Beschwerde)는 두 가지 점에서 보통항고와 구별된다. 먼저, 언제든지 제기할 수 있는 보통항고와 달리 즉시항고는 항고기간이 일주

---

610 이는 부적법한 항고의 경우에도 타당하다. RGSt 43, 179 (180)
611 반면에 원심법원의 관할이 아니었던 경우에는 환송한다. BGHSt 28, 312 (313).
612 BVerfG wistra 2006, 57

일로 제한되어 있고(제311조 제2항), 다음으로 원심법원이 원칙적으로 스스로 경정조치를 할 수 없다(제331조 제3항). 즉시항고는 법률이 명문으로 항고 가능한 것으로 규정하고 있는 경우에만 인정되는 수단이다(예, 제81조 제4항, 제210조 제2항, 제322조 제2항, 제462조 제2항). 그 밖의 사항은 보통항고의 경우와 동일하다(제304조 제1항, 제311조 제1항).

Ⅲ. 재항고(weitere Beschwerde)

항고법원의 결정에 대해서는 원칙적으로 불복이 불가능하다(제310조 제2항). 하지만 항고의 대상이 체포 또는 가수용에 관한 지방법원 또는 주 고등법원의 결정에 대한 것일 경우에는 불복이 가능하다(제310조 제1항).[613] 564

Ⅳ. 보론: 기관의 명령에 대한 법적 구제

항고는 법원의 결정에 대해서만 인정된다(Rn. 554 이하 참조). 검사, 수사관 또는 경찰의 처분이 문제되는 경우에는 다음과 같다: 565

1. 검찰, 수사관 또는 경찰이 명한 소송상의 강제처분에 대해서 형사소송법은 명문으로 일반적인 법적 구제수단을 인정하지 않고 구체적인 사례에서 법원의 재판을 청구하는 규정을 두고 있을 뿐이다(예, 제98조 제2항 제2문, 제111e조 제2항 제3문, 제128조, 제147조 제5항 제2문, 제161a조 제3항 제1문, 제163a조 제3항 제3문 전단). 명문의 규정이 없는 경우에는 기본법 제19조 566

---

613 형사소송법 제116조에 의한 구속명령 집행의 유예에 관해서는 한편으로는 OLG Düsseldorf NStZ 1999, 248과 다른 한편으로는 판례에 찬동하는 *Hohmann*의 평석이 실린 OLG Koblenz NStZ 1990, 507과 판례에 찬동하는 *Matt*의 평석이 실린 NJW 1991, 1801을 참조.

614 BVerfGE 96, 44 (50); 더욱 상세한 문헌으로는 *Fezer* FS Rieß, 2002, S. 93 (96 ff.).

615 BGHSt 44, 171 (174); OLG Brauschweig NStZ 1991, 551; 판례에 찬동하는 *Katholnigg*의 평석이 실린 OLG Oldenburg NStZ 1990, 504.

제4항이 법률구조의 흠결을 보충할 것을 요구하고 있다.[614] 따라서 이 경우 형사소송법 제98조 제2항 제2문을 유추할 수 있다.[615]

567   2. 당사자가 강제처분의 실행방식에 대해 불복하는 경우에는 어느 주체가 그 강제처분을 명한 것인지가 관건이 된다. 검찰 또는 경찰이 명령하여 직접 집행한 경우에는 특별규정이 없는 한 이 경우에도 역시 형사소송법 제98조 제2항 제2문이 적용되어야 한다.[616] 이들이 판사의 명령을 집행한 경우에는 경우의 수를 나누어 판단해야 한다. 판사의 명령이 집행규정에도 부합하지 않는 경우에도 마찬가지로 형사소송법 제98조 제2항 제2문이 적용되어야 한다.[617] 판사가 집행에 관한 지침을 준 경우에는 견해가 갈린다. 일부는 이 경우에도 형사소송법 제98조 제2항 제2문을 유추적용하는 것이 바람직하다고 하고,[618] 다른 일부 견해는 일관되게 항고(Rn. 554 이하 참조)를 인정해야 한다고 한다.[619]

568   3. 검찰, 수사관, 또는 경찰의 명령에 따라 *이미* 집행된 강제처분에 대해 당사자가 불복하려고 하는 경우에는 특별규정이 존재하지 않는다면 형사소송법 제98조 제2항 제2문이 유추적용 되어야 한다.[620] 당사자가 판사의 명령에 따라 이루어진 집행의 적법성을 사후적으로 심사받으려고 하는 경우에도 마찬가지이다(Rn. 567).

569   4. 당사자의 신청에 대해 재판할 권한이 있는 자는 *수사판사(Ermittlungs-*

616 BGHSt 28, 206 (209).
617 BGHSt 44, 265 (268); 45, 183 (186)
618 같은 입장으로는 *Katholnigg* NStZ 2000, 156.
619 같은 입장으로는 *Amelung*, JR 2000, 481; *Eisele* StV 1999, 300; *Fezer* NStZ 1999, 151; 찬동하는 입장으로는, *Meyer-Goßner* § 105 Rn. 17; 긍정적으로 검토하였지만 이를 미해결상태로 둔 판례로는 BGHSt 45, 183 (186).
620 BGHSt 28, 57 (58); 44, 265 (270).

richter)이다(Rn. 69 참조). 수사판사의 결정에 대해서는 그 불복가능성이 명문으로 배제되어 있지 않는 한(예, 제161a조 제3항 제4문, 제163a조 제3항 제3문), 그에 대해 항고가 가능하다(제304조).

C. 항소

570   항소(Berufung)는 사실문제와 법률문제를 다시 심사하게 만든다. 특징적인 점은 구법원의 재판부의 판결에 대해서만 항소가 인정될 뿐(제312조), 중한 형사사건의 경우에는 피고인에게 두 번째의 사실심을 인정하지 않고 법률심인 상고만 인정하고 있다는 점이다. 이는 1877년의 입법과정에서 이루어진 타협의 결과이다.[621]

571   당시 정부 측은 항소 자체를 인정하지 않으려고 하였다. 사실문제를 다시 심사하게 해서는 안된다는 것이었다. 사실을 재차 심리하는 것은 이미 시간이 경과하였고 제1심 판결의 결과에 증인이 영향을 받을 수 있기 때문에 증거가 악화된다는 것이 그 이유였다. 이 때문에 오히려 재심이 적절한 법적 구제수단이라고 하였다. 재심은 기간의 제한 없이 제기될 수 있기 때문이다. 이에 대해 특히 자유당의 의원들은 만약에 법률위반에 대한 다툼만 가능하도록 한다면 피고인들이 사실심 판사의 재량에 전적으로 맡겨지는 결과가 된다는 점을 주장했다. 이들은 어떤 증거를 법원이 특히 중요하게 취급하였는지는 판결이유에서 비로소 드러나는 경우가 많기 때문에 피고인은 이 판결에 대해 포괄적으로 다툴 수 있어야 한다고 하였다. 하지만 정부 측은 지방법원(LG)의 판결에 대해서는 이러한 반론이 타당하지 않다고 하였다. 지방법원의 판결의 경우 제1심 절차에서 포괄적인 소송상의 보장수단들(당시의 예: 세 명의 직업법관, 필요적 변호제도, 법원의 사전조사 등)이 인정되어 있기 때문이라고 하였다. 그렇지만 정부 측은 구법원(AG)의 절차가 종종 간소화된 성격을 가지고 있음을 인정하였다. 그 결과 구법원의 판결에 대한 항소를 허용하는 데 합의를 보게 된 것이다.

---

621 *Fezer* Reform der Rechtsmittel, S. 4 ff.; 가장 최근의 개정논의에 관해서는 *Basdorf* FS Geiß, 2000, S. 31 (35 ff.); *Becker/Kinzig* ZRP 2000, 321 (322 ff.); *Dahs* NStZ 1999, 321; *Laufhütte* NStZ 2000, 449.

I. 허용요건

1. 항소권자

통상적으로 검찰과 피고인만 항소를 할 수 있다(제296조 제1항). 부대공소자가 절차에 참가한 경우에는 형사소송법 제400조 제1항의 요건이 충족되면 그에게도 항소권을 인정한다. 사소절차에서는 형사소송법 제390조 제1항이 적용된다.

572

2. 인정범위

항소는 구법원의 형사단독판사(Strafrichter)의 판결 내지 참심법원(Schöffen-gericht)의 판결(법원조직법 제24조 이하)에 대해서만 인정된다(제312조).

573

3. 항소제기법원, 기간, 방식

항소는 판결선고 후 *1주일 내*에 *원심법원*에 제기해야 한다(제314조 제1항). *서면으로* 혹은 법원사무과의 서식에 따라 제기해야 하지만 이 단계에서 항소의 이유까지 첨부할 필요는 없다(제317조 참조). 일관된 판례에 의하면 상소제기자가 상소표시부란을 공란으로 비워놓아도 무방하다. 이러할 경우 상고이유서가 제출기한에 맞추어 제출되지 않으면 그 상소는 항소로 간주되어야 한다.[622]

574

II. 관할

성인에 대한 형사절차에서는 지방법원의 소 형사부(kleine Strafkammer)가 항

575

---

[622] BGHSt 2, 63 (69 f.); 5, 338 (339); 13, 388 (390 f.); LR/*Hanack* § 335 Rn. 9.

상 항소법원이 된다(법원조직법 제74조 제3항, 제76조 제1항 제1문 후단). 항소가 확대된 참심법원의 판결(법원조직법 제29조 제2항)에 대한 것일 경우에는 배석판사를 추가하여야 한다(법원조직법 제76조 제3항 제1문).

III. 절차

1. 원심법원의 심사

576 항소가 기간이 도과한 후에 제기되면 원심법원은 결정으로 항소를 허용할 수 없는 것으로 기각한다(제319조 제1항). 그렇지 않은 경우 원심법원이 소송서류를 검찰에 제출하면 검찰은 다시 그 서류를 형사소송법 제320조, 제321조 제1문에 따라 관할 항소법원에 송부한다.[623] 이 경우 소송서류는 일주일 이내에 항소부의 재판장에게 제출되어야 한다(제321조 제2문).

2. 항소법원의 사전심사

577 항소법원의 사전심사는 다음과 같이 진행된다.

578 a) 일반적으로 항소법원은 형사소송법 제322조 제1항의 기준에 따라 항소제기에 관한 규정(Rn. 572 이하 참조)을 준수하지 않은 것으로 판단하면 항소를 기각한다.

579 b) 피고인에 대해 15일 이하의 벌금일수가 선고된 경우, 피고인을 위한 항소는 형사소송법 제313조 제1항 제1문의 전제조건을 필요로 한다. 검사가 단지 30일 미만의 벌금형을 청구하였지만 제1심 법원에서 무죄판결 내지

---

623   이에 관해서는 Hdb-StA/*Wiegner*/*Magnussen* S. 670 f.

절차중단 판결이 선고되어 피고인에게 불리하게 항소가 제기된 경우에 대해서도 마찬가지이다(제313조 제1항 제2문). 이러한 경우들에서 항소가 이유 없는 것임이 분명한 때에는 항소법원은 결정을 통해 항소를 기각한다 (제313조 제2항, 제322a조 제1문).[624] 이 결정에 대해서는 불복이 불가능하다(제322a조 제2문). 항소가 이유 없는 것임이 분명한 때란 판결이유와 항소이유 그리고 조서(Protokoll)에 나타난 바에 의하면 더 이상 심사할 필요도 없이 그 판결이 실체적으로나 법적으로 다툴 수 없고 상고의 이유가 될 만한 절차상의 하자도 없는 것임을 어떤 전문가라도 알 수 있는 경우를 말한다.[625]

3. 공판절차

항소법원은 사전심사에서 항소가 각하되지 않았을 경우 소송장애사유가 존재하지 않는 한 항소심공판을 개정한다. 580

a) *공판준비절차*에 대해서는 원칙적으로 제1심에서와 동일한 규정들이 적용되지만(제213조 이하, 제323조 제1항) 다음과 같은 간소화된 절차로 진행된다. 581

ⓐ 제1심에서 이미 신문된 증인 및 감정인의 소환은 진실규명을 위해 재차 신문할 것이 필요하지 않은 경우에는 생략할 수 있다(제323조 제2항). 물론 피고인이 자신의 항소이유에서 증인이나 감정인을 지목한 경우에는 신문할 것을 "고려해야 한다"(제323조 제4항). 582

ⓑ *새로운 증거방법*은 제한없이 허용된다는 점이 특히 중요하다(제323조 제3항). 583

b) *공판의 진행*은 원칙적으로 제1심에서와 동일하게 전개된다(제226조 이하, 제332조 제1항). 항소심은 새로운 제1심이지만 다음과 같은 점이 바뀐다. 584

---

624 자세하게는 *Fezer* NStZ 1995, 265.
625 BVerfG NJW 1996, 2785.

585   ⓐ 공소문의 낭독 대신에 항소에 대해 중요한 의미가 있을 경우 보고자가 지금까지의 절차를 보고하고, 제1심 판결문을 낭독한다(제324조 제1항).

586   ⓑ 직접주의 원칙도 제한된다. 즉 제1심에서 신문된 증인에 대한 신문조서는 낭독되어도 무방하다. 하지만 직권에 의한 진실규명의무(제244조 제2항) 때문에 그 증인들의 진술이 결정적으로 중요하여 항소법원이 그 증인들을 직접 신문하는 것을 예외적으로 요구하는 경우에는 신문조서를 낭독해서는 안된다.[626] 항소법원이 증인을 소환한 경우 또는 피고인이 그 증인들을 재차 신문할 것을 신청한 경우도 마찬가지이다(제325조).

587   ⓒ 피고인만 항소한 경우에는 변론의 순서가 바뀐다(제326조 제1문). 최후진술은 이 경우에도 피고인이 한다(제326조 제2문).

588   c) 형식판결이 내려지지 않는 한, 원칙적으로 실체에 대해 새로운 재판이 이루어진다.

589   ⓐ 항소법원이 제1심 판결을 정당한 것으로 판단하면 항소를 이유없는 것으로 기각한다.

590   ⓑ 이에 반해 항소법원이 항소를 이유 있는 것으로 판단하면 통상적으로 제1심판결을 파기하고 자판을 해야 한다(제328조 제1항). 제1심법원이 관할을 위반하여 판결한 경우에 대해서만 제1심판결을 파기하고 사건을 관할권 있는 법원에 이송해야 한다(제328조 제2항). 이러한 조치는 피고인이 제1심에서 적시에 장소적 관할권을 형사소송법 제16조 제1문에 따라 다투었거나 구법원이 형벌권의 한계를 이탈한 경우에만 이루어진다.[627]

591   ⓒ 검찰는 물론이고 피고인도 항소를 제기한 경우에는 항소법원은 각자에 대해 독자적으로 판단해야 한다.[628]

626 OLG Frankfurt StV 1987, 524.
627 *Heghmann* NStZ 2000, 574 (577).

ⓓ 피고인이 항소를 제기하였음에도 피고인(또는 대리인)이 항소심리에 출석하지

않고 *이 사실에 대해 충분히 변소하지 않은 경우*,[629] 항소는 원칙적으로 심리 없

이 즉시 기각되어야 한다(제329조 제1항 제1문).[630] 검사가 항소를 제기하고 피고인

내지 피고인의 대리인이 출석하지 않은 경우 재판장은 의무 합치적 재량(제244조

제2항)에 따라 이들 없이 심리할 수 있다(제329조 제2항).

628 자세하게는 *Roxin* Strafverfahrensrecht, § 52 Rn. 21.
629 *Rosenau*의 평석이 실린 BayObLG JR 2000, 80; 그 외 *Rieß* NStZ 2000, 120 (121 f.) 참조.
630 이 점은 유책적으로 야기된 변론무능력의 경우에 대해서도 적용된다. BGHSt, 23, 331 (333).

D. 상고

593 상고(Revision)는 제한된 상소이다. 상고는 법률문제에 대한 사후심이다. 이
는 원칙적으로 판결에 기초되어 있는 심판 대상을 이루는 사실관계가 확정
되어 있음을 전제로 한다는 의미이다. 상고심에서는 사실심법원이 실체법이
나 절차법을 위반하였는지의 여부에 대한 심사만 이루어진다. 이에 관해서
는 보다 자세한 설명이 필요하다.

I. 일반론

1. 상고의 목적

594 지배적인 견해에 의하면 상고의 목적은 법적 통일성과 개별사건의 정의를
유지하는 일에 있다고 한다.[631] 하지만 상고가 판결의 모든 부분에 대해 심
사할 수 있는 것은 아니며 이 때문에 의문이 있는 모든 재판이 상고를 통해
교정될 수 있는 것은 아님을 주의해야 한다. 따라서 상고를 통한 개별사건의
정의는 판결에 대해 심사가 가능한 경우에만 찾을 수 있다는 한계가 있다. 상
소를 제기할 것인지는 오로지 소송관계인에게 달려있는 것이기 때문에 법적
통일성 역시 상고의 최종목적이라고 할 수 없다. 오히려 상고제도의 핵심은
"현실적인 권리구제(realistischer Rechtsschutz)",[632] 더 정확하게 말하자면 실
*체법의 사법정형적 적용*을 보장하는 일에 있다고 할 수 있다.

---

631 *Fezer* Strafprozessrecht, Rn. 20/2; LR/*Hanack* Vor § 333 Rn. 7 ff.

632 같은 입장으로는 *Schünemann* JA 1982, 71 (73 ff.); 이에 찬동하는 입장으로는 *Roxin* Strafver-
fahrensrecht, § 53 Rn. 9.

2. 실체에 대한 불복과 절차에 대한 불복

상호 연관되어 있는 두 가지 요소들 때문에 상고는 실체에 대한 불복(Sachrüge) 595
과 절차에 대한 불복(Verfahrenrüge)으로 나누어진다(제344조 제2항 제1문). 전자
의 경우는 실체법의 위반이 다투어지고, 후자의 경우에는 절차법의 위반에
대한 이의가 제기된다. 절차에 대한 불복은 일정부분 항고와 유사성을 보인
다. 절차법적인 규정들의 해석이 타당한지의 문제에 대한 심사 뿐 아니라 하
급심에서 전제된 소송상의 사실관계가 타당하게 확정되어 있는지의 문제도
해명되기 때문이다(제352조 제1항 후단).

3. 법률위반 개념

상고가 법률문제의 심사로 제한된다는 원칙에 대해서는 보충설명이 필요하다. 596

a) 법률위반은 법률이 적용되지 않았을 경우나 잘못 적용되었을 경우에 인 597
정된다(제337조 제2항). 이 경우 법률은 (외부에 대해 효력을 가진) 모든 법규범
을 가리킨다(형사소송법시행법(EGStPO) 제7조). 실체법과 절차법의 모든 법률
규정들이 여기에 포함된다는 점에 대해서는 의문의 여지가 없다.

b) 절차에 대한 불복에 의해서는 절차법의 위반이 다투어질 수 있다. 절차법 598
은 예컨대 증거금지의 경우 사실관계의 확정을 사법정형적인 틀 속에서
조정하는 일에 기여한다. 상고법원이 불복된 판결에 그러한 절차상의
하자가 있는 것으로 확인하면 이유있는 불복으로 인정되어 증거조사가
적법하지 않은 것으로 되고 따라서 그에 기초한 사실 확정도 받아들일 수
없게 된다.

c) 연방재판소는 경우에 따라 사실문제도 상고에 의해 심사의 대상이 된다 599

고 하였다. 사실문제에 대한 대답은 삼단논법에 의한 법률문제에 대한 대답과 거의 유사하게 이루어진다. 이경우 삼단논법의 전제문(Obersatz)이 사고법칙과 경험칙으로 이루어져 있어서 그 자체만 보면 아무런 법규범적 성격을 가지고 있지 않다.[633] 하지만 사고법칙과 경험칙은 형사소송에서 법관의 심증형성을 주도하여 그 심증형성이 법률의 증거규칙에 구속되지 않고, 자유롭게 이루어지도록 해준다. 따라서 사고법칙과 경험칙은 법관이 형사소송법 제261조(자유심증주의에 관한 규정: 역자 주)를 준수하였는지에 대한 답을 간접적으로 제공해준다. 그 결과 연방재판소가 사고법칙과 경험칙을 법규범과 동치시켜 실체에 대한 다툼으로 판단할 수 있다고 한 태도도 이해할 수 있게 된다.[634] 의사표시(Äußerungen)에 관한 해석에 대해서도 마찬가지가 타당하다.[635]

600   d) 실체형법에는 상대적으로 불확정적인 규범적 구성요건요소들(예, 과실)이 많다. 이러한 요소들은 법학방법론상 여러 가지로 해석될 수 있다. 사실심법원의 해석이 대표될 수 있는 해석의 범위 내에 있을 경우 연방재판소는 이 해석을 수용한다. 이는 양형에 대해서 특히 타당하다. 양형은 형법 구속적이지도 않고 열거적이지도 않은 제46조 제2항의 기준들에 따라 이루어진다. 뿐만 아니라 연방재판소는 양형을 이른바 책임범위이론(sog. Spielraumtheorie)에 따라 사실심법원이 책임에 상응한 형벌의 상한과 하한을 이탈함이 없이 그 범위 내에서 사리에 적합한 고려(특히 일반 예방적 고려 또는 특별 예방적 고려)를 하였는지에 초점을 맞추어 실체에 대한 다툼을 심사한다.[636]

---

633 일반적으로 *Roxin* Strafverfahrensrecht, § 53 Rn. 14.

634 BGHSt 6, 70 (72). 확대경향에 대한 비판으로는 *Schlothauer* StrafFo 2000, 289 (295).

635 BGHSt 21, 371 (372); *Wittig* GA 2000, 267 (284).

636 BGHSt 7, 28 (32); 17, 354 (357); 20, 264 (266 f.); 29, 319 (320). *Bruns*의 평석이 실린 BGH JR 1977 159 (162, 164); 상세한 문헌으로는 *Bruns* Recht der Strafzumessung, S. 105 ff.; 비판적인 견해로는 MüKo/*Radtke* StGB, Vor §§ 38 ff. Rn. 60; 그 외 *Köhler* AT, S. 577 ff. (598 ff.) 참조.

4. 상고이유

a) 일반론

모든 법률위반이 상고이유가 되는 것은 아니다. 법률위반 외에 판결이 그 법률위반에 근거한 것이라는 점이 추가적으로 요구된다(제337조 제1항). 이른바 절대적 상고이유의 경우에는 판결이 형사소송법 제338조에 상세하게 열거된 법률위반에 근거하고 있음이 원칙적으로 반박불가능할 정도로 추정된다. 그 밖의 법률위반의 경우는 그것이 판결의 근거가 되었음을 그때그때 확인하여야 한다.

601

b) 절대적 상고이유(sog. absolute Revisionsgründe)

ⓐ 법원의 구성이 법규정에 위반하여 이루어진 경우(제338조 제1호). 올바른 법원의 구성을 확보하기 위해서 형사소송법 제222a조 및 제222b조는 소송관계인들에게 특별히 그에 대한 다툼이 있음을 주장해야 할 부담(Rügelast)을 부과시키는 특별절차를 예정해두고 있다. 이러한 절차가 준수되었고 법원의 구성에 대한 이의제기가 사건에 대한 피고인의 신문이 있을 때까지 이루어지지 않았을 경우에는 하자있는 법원구성을 근거로 하여 상고가 제기될 수 없다.

602

ⓑ 판결이 법관직의 수행에 관한 법률상 형사소송법 제22조 이하의 제척사유가 인정되는 *법관*이나 참심관의 관여에 의해 성립되었을 경우(제338조 제2호).

603

ⓒ 판결이 형사소송법 제24조 이하에 따른 *선입견에 대한 우려*를 이유로 *기피된* 법관이나 참심관의 관여에 의해 성립된 경우(제338조 제3호).[637]

604

ⓓ 하급심의 *관할위반*이 있는 경우.

605

ⓔ 법률이 출석할 것을 요구하고 있는 자가 본질적인 절차단계[638]에서 불출석한

606

---

637 이에 관해서는 BVerfG NJW 2005, 3410; Meyer-Goßner의 평석이 실린 BGH NStZ 2006, 51 (52 f.).
638 BGHSt 26, 84 (91).

상태에서 진행된 공판심리인 경우(제338조 제5호).

607 ⓕ 판결이 재판을 한 법원의 귀책 때문에 *공개주의*에 관한 규정[639]을 위반한 공판심리에서 내려진 경우(제338조 제6호).[640]

608 ⓖ 판결이 *판결이유*를 기재하고 있지 않은 경우(제338조 제7호 전단) 내지 형사소송법 제275조 제1항 제2문과 제4문에 규정된 *기간*에 위배하여 서류로 작성된 경우(제338조 제7호 후단).

609 ⓗ 재판에 본질적인 부분과 관련하여 피고인에 대한 *변호*가 법원의 결정에 의해 부당하게 제한된 경우(제338조 제8호). 이 경우 상고는 절차규정 위반을 근거로 하는 것이 아니라 구체적으로 절차상 하자있는 결정(예, 제238조 제2항, 제244조 제6항에 따라)을 근거로 해야 한다. 단순히 변호가 방해를 받은 정도로는 충분하지 않고 *본질적인* 부분에서 제한되어야 하기 때문에, 판결이 근거로 삼았다고 할 수 없는 모든 하자있는 결정들이 여기에 해당하는 것은 아니다. 이 때문에 판례는 형사소송법 제338조 제8호를 상대적 상고이유와 같이 취급하고 있다.[641]

c) 상대적 상고이유(Relative Revisionsgründe)

610 상대적 상고이유의 경우 절차상의 하자가 있다는 구체적인 주장 외에도 불복된 판결이 이 절차위반에 근거하고 있다는 점이 다투어질 것이 추가로 요구된다. 판결이 문제의 절차위반에 근거하여야 할 것이라는 요건의 충족은 절차위반에 근거하였을 가능성이 인정되는 것으로 족하다.[642]

상고인이 재판장의 처분에 대해 형사소송법 제238조 제2항에 따른 중간적 법적구제수단을 사용하지 않았던 경우, 판례는 제1심에서 다투어지지 않았던 절차상의 하자에 그 판결이 근거하였음을 부정하고 있다.[643] 피고인 신

---

639 BGHSt 21, 72 (74).
640 이에 관해 자세하게는 Gössel NStZ 2000, 181
641 RGSt 44, 338 (345); BGHSt 30, 131 (135).
642 BGHSt 1, 346 (350); 13, 265 (268); BGH StV 2006, 285.

문시 절차위반이 문제되는 경우, 연방재판소는 (변호인 있는) 피고인이 그와 같이 획득된 증거의 사용에 대해 형사소송법 제257조에서 인정되는 동의권의 범위 내에서 적시에 이의를 제기하였는지의 여부에 따라 증거사용금지여부에 대한 판단을 달리하고 있다.[644]

.

II. 허용요건

1. 상고권자

항소에 관해 언급한 내용과 동일하다(Rn. 572 참조).   611

2. 인정 대상

a) 상고심판결이 아닌 모든 판결은 상고대상이 될 수 있다(제333조, 제335조). 이에 관한 예외는 소년법원법 제55조 제2항 제1문이 규정하고 있다.   612

b) 구법원의 판결은 *비약상고(Sprungrevision)*의 대상이 될 수 있다(제335조). 상소제기자가 어떤 상소수단을 사용하고 있는지를 표시하지 않은 경우 항소에 관해서 언급한 앞의 내용(Rn. 574)이 그대로 타당하다. 한 당사자가 항소를 제기하였지만 다른 당사자가 상고를 제기한 경우에는 절차에 맞게 제기된 상고가 항소로 처리된다(제335조 제3항 제1문).   613

3. 상고 제기 법원

상고는 *원심법원*에 제기해야 한다(제341조 제1항).   614

---

643 RGSt 71, 21 (23); BGHSt 1, 322 (325); 3, 368 (369 f.); 제한적으로는 BGH NStZ 1984, 371 f.
644 BGHSt 38, 214 (225); 39, 349 (352 f.); 42, 15 (23).

4. 방식과 기간

615   상고제기 그 자체의 경우와 상고에 의무적으로 요구되는 상고이유(제344조
제1항)의 경우를 구별해야 한다.

616   a) 상고의 *제기*는 판결 선고 후 일주일 이내에 서면으로 혹은 법원사무과의
서식으로 제기되어야 한다(제341조 제1항).

617   b) *상고이유*는 상고인에 의해 *일개월* 내에 제출되어야 하는데, 이 기간은 상
고제기기간의 만료시점부터 시작한다(제345조 제1항 제1문). 판결이 (제275조
제1항 제2문의 사유 때문에 종종 그러하듯이) 이 시점까지 상고인에게 송달되지
않은 경우 상고이유서 제출기간은 판결이 그에게 송달된 날로부터 시작
한다(제345조 제1항 제2문). 상고이유서는 항상 변호사의 서명이 있어야 하거
나 원심법원의 서식으로 작성되어야 한다(제345조 제2항). 절차에 대한 다툼
인 경우에는 특별히 엄격한 방식이 추가로 준수되어야 한다.[645] 즉 절차
규범에 대한 위반사실이 드러날 정도로 전반적인 소송의 진행이 묘사되
어야 한다(제344조 제2항 제2문).[646] 이러한 높은 요건을 요구하는 것은 헌법
위반이 아니다.[647] 상고이유서의 형식은 다음과 같다.

---

645 이에 관해 자세하게는 *Dahs/Dahs* Die Revision im Strafprozess, Rn. 104 ff.; 463 ff.; Hdb FA
Strafrecht/*Mutzbauer*, Teil C. Rn. 46 ff., 59 ff.
646 BGH NJW 1998, 2229; StV. 2006, 62; 상세히는 *Fezer* FS Hanack, 1991, S. 331 ff.
647 BVerfGE 112, 185.

상고이유서의 형식

Ⅰ. 상고신청

Ⅱ. 사유

    A. 소송조건의 결여

    B. 절차에 대한 다툼

      1. 절대적 상고이유

      2. 상대적 상고이유

    C. 실체에 대한 다툼

      1. 일반적인 실체에 대한 다툼

      2. 실체에 대한 다툼에 관한 구체적인 설명

Ⅲ. 절차

1. 관할

주 고등법원 외에 연방재판소도 상고법원이 된다(Rn. 70 참조).　　　618

2. 원심법원의 심사와 절차

원심법원은 *기간*이 준수되지 않았거나 형사소송법 제345조 제2항에 규정된 　619
*방식*을 결하고 있는 경우에는 상고를 허용하지 않는 것으로 기각한다. 두 가
지 요건이 모두 준수되어 있으면 상고장(Revisionsschrift)을 상고 상대방에게
송달한다(제347조 제1항 제1문). 상고 상대방은 일주일 내에 반대서면을 제출할

권리를 가진다(제347조 제1항 제2문).648 그 후 원심법원은 검사를 경유하여 서류를 상고법원에 송부한다(제347조 제2항).

3. 상고법원의 사전심사와 사전절차

620   a) 형사소송법 제349조 제1항에 언급된 상고의 허용요건이 충족되지 않으면 상고법원은 결정으로 상고를 허용되지 않는 것으로 기각한다. 수소법원이 스스로 기능적으로 관할권이 없는 것으로 판단할 경우에는 결정으로 이를 선언하고 관할권이 있는 법원을 지명한다(제348조 제1항, 제2항). 이 경우 서류는 검찰을 경유하여 지명된 법원에 송부된다(제348조 제3항). 소송장애가 존재하는 경우 상고법원은 형사소송법 제206a조에 따라 절차를 중단한다. 형사소송법 제153조 제2항, 제154조 제2항, 제154a조에 따라 절차를 중단할 수도 있다. 이에 반해 피고인의 상고가 허용되고 이유 있는 것으로 인정되면 불복된 판결은 결정에 의해 파기된다(제349조 제4항). 이 결정에서는 형사소송법 제354조에서 언급된 다른 사항에 관해서도 판단되어야 한다.649

621   b) 검찰이 상고를 명백히 이유 없는 것으로 보아 기각해 줄 것을 청구하는 경우에는 특별한 절차가 준수되어야 한다(제349조 제2항). 확장해석 이긴 하지만 헌법합치적인 연방재판소의 해석650에 의하면 재판부가 공판심리를 진행하더라도 아무런 새로운 사실을 기대할 수 없는 것이 분명한 것으로 의견이 일치되는 경우는 그 상고가 명백히 이유 없는 것으로 본다.651 검사는 이 청구에 이유를 붙여 상고 상대방에게도 통지해야 한다(제349조 제3항 제1문). 이 경우 상고 상대방에게는 2주일 이내에 서면의 반대의견을 상

648 자세하게는 Hdb-StA/*Wiegner/Magnussen* S. 682 ff.

649 HansOLG Hamburg NJW 1966, 1277.

650 BVerfG NStZ 2002, 487.

651 BGH NStZ 2001, 334. 이에 대한 비판적인 논평으로는 *Dahs* NStZ 2001, 298; 전체적으로 비판하는 입장으로는 *Fezer* StV 2007, 40 (43 f., 45 f.).

고법원에 제출할 권리가 인정된다(제349조 제3항 제2문). 그 후 상고법원이 상고를 일치하여 명백히 이유 없는 것으로 판단할 경우에는 결정을 통해 상고를 기각해야 한다(제349조 제2항).

c) 상고법원에의 공판심리는 상고법원의 결정에 의한다(제349조 제5항).　　**622**

4. 공판심리

상고법원에서의 공판심리는 상고법원의 자체규칙에 의한다. 공판심리의 진　　**623**
행은 다음과 같다: 보고자의 설명에 이은 상고인의 변론이 있고, 그 다음에 그 상대방의 변론이 있은 후, 마지막으로 피고인의 최후진술이 이루어진다 (제351조). 출석권과 출석의무는 완화된다(제350조 제2항).[652] 엄격한 증명절차가 아니라 자유로운 증명절차가 적용된다. 전심법원의 공판에서 절차상의 하자가 있었는지에 대한 입증이 문제될 경우 증거는 원칙적으로 조서를 통해서만 들어올 수 있다(제274조). 종래의 판례는 조서의 사후적 정정을 통해서는 절차에 대한 다툼의 근거를 제거할 수 없다고 하였다. 조서의 원본을 상고법원의 대 형사부(Grosse Senat)에 제출하게 한 것도 이러한 판례의 태도와 부합시키려는 노력이었다.[653] 하지만 이렇게 되면 조서의 증거력이 전적으로 없어지게 될 우려가 있다는 지적이 타당하다.[654]

5. 판결

a) 공판에서 비로소 소송장애사유가 있음이 확인되면 판결을 통해 절차를　　**624**

652　*Meyer-Goßner* § 353 Rn. 6.
653　BGH JR 2006, 162(이에 반대하는 *Jahn/Widmaier*의 평석이 실림). 이에 반대하는 평석으로 *Fezer* StV 2006, 290; 또한 이에 대한 비판으로는 *Gaede* HRRS 2006, 409 (410 ff.); 찬동하는 입장으로는 *Lampe* NStZ 2006, 367.
654　*Beulke* Strafprozessrecht, Rn. 564.

중단해야 한다(제260조 제3항). 그 외에는 상고법원이 전심법원에서와 마찬가지로 결정을 통해 절차를 중단할 수 있다(Rn. 620 참조).

625   b) *실체에 대한 다툼*과 관련해서는 실체법의 적용 뿐 아니라 사실인정에 적용된 사고법칙과 경험칙에 대해서도 포괄적인 심사가 이루어진다. 이에 반해 *절차에 대한 다툼*과 관련해서는 형사소송법 제344조 제2항 제2문이 말하는 방식에 맞게 다투어지는 절차상의 하자만 조사된다(제352조 제1항). 이경우 절차위반에 대한 이의신청이 방식에 맞게 제기되어 입증된 경우에만 절차에 대한 다툼이 이유 있는 것으로 인정된다.[655]

626   c) 방식에 맞지 않게 제기되고 이유 없는 것으로 인정된 상고는 허용되지 않는 것으로 기각된다. 그 밖의 경우에는 실체 판결이 내려진다. 실체 판결은 상고를 이유 없는 것으로 기각하거나 불복된 판결을 파기하여 원칙적으로 사건을 새로운 심리에 환송하기도 한다(제354조 제2항). 형사소송법 제353조 제1항에 따른 형선고의 경우 자판의 가능성은 형사소송법 제354조 제1a항에서 확대되어 있다. 상고법원은 명백하게 주어진 법효과에 대한 재판 외에도 책임상응성과 관련한 비교형량도 할 수 있다.[656] 유죄판결에 대한 광정(匡正, Schuldsspurchberichtigung)도 인정된다.[657]

627   d) 피고인이 상고를 통해 실체에 대한 다툼을 성공적으로 하면 동일성이 인정되는 사건의 공동피고인으로서 상고하지 않은 자에 대해서도 예외적으로 판결의 확정력이 실효된다(제357조).[658]

---

655   BGHSt 16, 164 (167).
656   BGHSt 49, 371; BGH NStZ-RR 2005, 320; *Maier/Paul* NStZ 2006, 82 (82 f.).
657   BGHSt 12, 28 (30); 16, 316 (321); 합헌성에 관해서는 BVerfG wistra 2000, 216.
658   BGHSt 10, 137 (141).

| 개관 5 |

상고의 요건

A. 허용요건

1. 형사소송법 제333조, 제335조 제1항에 따른 인정 대상: 지방법원과 주고등 법원의 제1심판결 그리고 지방법원의 항소심판결에 대해 상고 인정 또는 구법원의 판결에 대해서는 비약상고로 인정(예외: 소년법원법의 적용을 받는 사건의 경우; 소년법원법 제55조 제2항 제1문, 제59조 제1항; 질서위반법 사건의 경우; 질서위반법 제79조 이하)

2. 상소권이 있을 것(특히 상소포기가 없을 것)

3. 상소이익: 불복된 판결주문에서 나오는 법적인 이익의 모든 직접적인 침해

   피고인의 경우   (+) 모든 불리한 재판

   검사의 경우   (+) 판결이 부당하다고 여길 경우 또는 법적안정성 차원에서 상급법원의 판결을 통해 해명이 필요한 것으로 보이는 경우

                   (형사절차 및 벌과금부과절차에 관한 지침 제147호 참조)

   부대공소의 경우   부대공소범죄와 관련해서만 인정(BGH NJW 1970, 205 참조)

4 적법한 제기, 특히 신청(제344조 제1항), 방식(서면 혹은 법원사무과의 서식)과 기간(제341조의 일주일 이내의 기간)

5. 적법한 상고이유(제출기간의 경과이후 일개월 이내 원심법원에 제출)(제345조 제1항): 통상적으로 변호인이 — 서면의 내용에 대해 전적으로 책임을 지는 것으로 — 서명한 서류에 의함(제345조 제2항)

6. 몇가지 (유효한) 제한, 예컨대 형사소송법 제339조에서 검사에 대해 법률 상 부과된 제한, 그렇지 않은 경우 이른바 분리가능성공식(BGHSt 29, 359 참조)에 의함:

   a) 사실적인 관점과 법적인 관점에서 분리된 평가가 가능함

b) 새로운 재판과 불복되지 않은 판결의 일부 사이에 모순이 있을 가능성은 배제되어 있음; 재판이 서로 분리되는 것이 불가능한 경우는 상고가 전체에 대해 제기된 것으로 봄

B. 상고가 이유 있는 것으로 인정될 것

1. 절차상의 하자가 있는 경우에는 직권으로 상고제기를 위한 다툼요건 없이 상고가 가능

2. 절차에 대한 다툼이 성공하려면 a) 허용요건에 맞게 제기되고 b) 이유가 있어야 함

   a) 구체적인 절차위반이라는 주장("단순한 주의규정"에 대한 위반은 아님) 이 타당하려면,

   ⓐ 그 위반이 존재한다는 점이 입증되고

   ⓑ 그 위반이 치유되지 않았으며

   ⓒ 위반이라는 주장이 받아들여져 있지 않고

   ⓓ 그 위반이 상고인에게 불이익한 것으로 인정되어야 함

   b) 주장된 위반사실의 존재가 확인되고 판결이 그 위반에 근거하여야 함, 즉 절차상의 하자와 판결 사이에 잠재적 인과관계가 존재해야 함

   (제338조의 사례에서는 논박불가능한 것으로 추정되어야 함)

3. 실체에 대한 다툼이 성공하려면, 그 판결이

   a) 적절한 증거평가에 근거하지 않고

   ⓐ 즉 그 증거평가가 판결확정과 모순되거나 불명확하거나 흠결이 있는 것이고

   ⓑ 사고법칙과 경험칙에 대한 위반이 존재하거나

   ⓒ 전체적 취지를 평가할 때 설득력이 없으며

   b) 실체법에 대한 옳지 못한 적용에 근거하여야 함

   ⓐ 유죄판결과 관련한 실체법의 적용오류

   ⓑ 법효과판결과 관련한 실체법의 적용오류

E. 재심절차

I. 일반론

재심(Wiederaufnahme des Verfahrens)은 실체적 정의에 이바지한다.[659] 재심은 청구 자체도 드물고, 판례가 그 허용요건을 매우 제한적으로 인정하고 있기 때문에 많은 경우 성공하지도 못한다.[660] 재개된 공판심리에서 무죄로 귀결되는 성공한 재심건수[661]는 한눈에 파악될 정도로 드물다.

628

II. 재심사유

재심은 법률에 제한적으로 열거된 사례군에 대해서만 허용된다. 유죄판결을 받은 자를 유리하게 하기 위한 재심(제359조 제1호-제6호, 연방헌법재판소법 제79조)과 유죄판결을 받은 자를 불리하게 하는 재심(제362조, 제373a조)으로 구별될 수 있다. 특히 새로운 사실 또는 새로운 증거방법이 존재할 경우의 재심은 유죄판결을 받은 자에게 매우 중요하다. 새로운 사실이나 증거방법이 그 자체로 혹은 다른 사실이나 증거방법과 함께 무죄선고나 보다 경한 법률에 의한 처벌 또는 보안처분에 대하여 본질적으로 다른 재판의 근거가 될 수 있기 때문이다(제359조 제5호).

629

---

659 BVerfG NStZ 1995, 43 f.; 또한 BVerfG in NJW 1993, 2735 (2736).

660 *Strate* Der Verteidiger in der Wiederaufnahme,
      http://www.strate.net/d/publikationen/wiederaufnahme.pdf 참조.

661 드문 사건들 중 하나에 관해서는 *Herbort* Bis zur letzten Instanz, 1996.

Ⅲ. 허용요건

630 1. 재심절차의 *관할*은 통상적으로 원판결을 내린 법원(Ausgangsgericht)과 동일한 사물관할을 가진 다른 법원에게 인정된다(제367조 제1항 제1문, 법원조직법 제140a조).

631 2. 청구는 *서면*으로 혹은 청구자가 피고인이나 그 가족 중의 한 사람인 경우에는 법원의 사무과의 서식으로 제기해야 한다. 청구기간은 별도로 인정되어 있지 않기 때문에 피고인의 사망 후나 형벌집행이 종료된 후에도 재심청구가 가능하다.[662]

Ⅳ. 절차

632 재심절차는 세 단계, 즉 선행절차(제368조), 사전심사절차(제369조 이하) 그리고 새로운 공판심리절차(제370조, 제373조)를 거친다.

633 1. 선행절차(Aditionsverfahren)은 "선행herangehen, 부탁bitten, 착수angreifen"를 의미하는 라틴어 동사 "adire"에서 나온 말이다. 이 절차에서는 재심청구의 방식과 재심청구의 *논리적 일관성(Schlüssigkeit)*의 심사가 주된 과제이다. 재심법원은 새롭게 주장된 사실이 진실하다는 점을 가정하고서[663] 이를 원판결에서 법원이 확정한 사실과 비교한다. 이 단계에서 재심법원은 먼저 사실심법관이 확인한 사실에 구속된다.[664] 이때 재심법원은 새로운 사실이나 증거방법이 진실하다는 가정하에서 원판결을 내린 법원의 관점에서 보더라도 유죄판결의 당부에 대해 진지한 의심을 불러일으키기

---

662 BGH NJW 1993, 1481 ff.("Weltbühneprozess")
663 BGHSt 17, 303 (304).
664 BVerfG NStZ 1995, 43 (44); *Meyer-Goßner* § 368 Rn. 9.

에 적합한 경우에는 재심을 허가하는 결정을 내린다.[665] 그렇지 않은 것으로 판단할 경우 재심법원은 청구에 대해 허용요건이 구비되지 않은 것으로 기각한다(제368조 제1항). 청구가 종국적으로 기각되면, 동일한 이유의 재차의 재심청구는 불허된다. 대부분의 절차는 이 장애물을 건너가지 못한다.

2. 사전심사절차(Probationsverfahren)에서는 제출된 새로운 사실이나 증거방법이 조사된다(제369조). 이 단계에서 법원은 특히 청구에서 제기된 주장이 충분히 증명되었는지를 심사한다(제370조 제1항). 여기서도 원판결법원의 관점에서 심사해야 한다.[666] 불복된 판결에 대한 단순한 의심만으로는 아직 재심을 이유 있는 것으로 볼 수 없다. 오히려 유죄판결을 받은 자가 새로운 공판심리에서 보다 유리한 재판을 받게 될 충분한 개연성이 인정되는 경우에야 비로소 재심 이유를 인정할 수 있다.[667] 물론 이러한 예측을 함에 있어서 의심스러울 때에는 피고인에게 유리하게 재판이 이루어질 수 있음을 고려에 넣어야 한다.[668] 이와 같은 충분한 개연성이 입증되지 않을 경우 재심청구는 이유없는 것으로 기각된다(제370조 제1항). 청구가 이유있는 것으로 인정되는 경우에는 재심이 명해지고, 그 명령의 효과로서 사건이 다시 소송계속의 상태에 이르게 되어[669] 새롭게 심리된다.

634

3. 새로운 공판심리에 대해서는 형사소송법 제373조가 적용된다. 새로운 공판심리에서는 사건이 종래의 판결에 구속됨이 없이 모든 관점에서 새롭게 심리된다.[670] 이에 따라 형사소송법 제213조 이하와 제226조 이하가

635

---

665 OLG Brauschweig NJW 1959, 1984; OLG Düsseldorf GA 1980. 393 (396).
666 BGHSt 19, 365 (366).
667 OLG Frankfurt a.M. StV 1996, 138
668 OLG Stuttgart StV 1990, 539; 자세하게는 LR/*Gössel* § 370 Rn. 23.
669 계속적으로 형을 집행하는 것은 허용되지 않는다. *Beulke* Strafprozessrecht, Rn. 588.
670 BGHSt 19, 280 (282).

적용된다. 새로운 판결에 대해서는 일반적으로 인정되는 상소가 허용된다(Rn. 570 이하, 제593조 이하 참조).

636   4. 재심청구를 허용요건이 미비되었거나 또는 이유 없는 것으로 기각하는 결정에 대해서는 즉시항고가 인정된다(제372조 제1문). 이에 반하여 재심명령에 대해서는 불복할 수 없다(제372조 제2문).

신속처리 절차

과형 명령 절차

637 형사소송법은 통상절차 외에 특별한 종류의 절차를 인정하고 있다. 그 중에서도 가장 중요한 것이 과형명령절차(제407조 이하)와 신속처리절차(제417조 이하)이다.

A. 신속처리절차

Ⅰ. 일반론

형사소송법 제417조 이하에 의하면 법원절차는 경한 범죄 내지 중간 정도의   **638** 범죄의 경우 및 사실관계가 단순한 경우 공판개시절차를 위한 중간절차를 거치지 않고 통상적으로 6주 이내(제418조 제1항)에 공판심리절차로 이행하고, 공판절차의 방식 또한 단순화된 방식으로 진행한다.[671]

신속처리절차(Das beschleunigte Verfahren)는 사건을 보다 신속하게 처리하는 장점을 가지고 있다. 신속처리절차는 신속재판의 원칙에 기반을 두고 있다.[672] 물론 신속성이라는 장점 대신에 사법정형성은 극소화되는 대가를 치른다.[673] 따라서 신속처리절차는 피고인이 자백한 경우 그의 인적관계에 대한 조사를 생략할 수도 있으며[674] 특히 피고인이 간소화된 증거조사에 동의할 경우에만 인정될 수 있다.[675] 하지만 법률이 신속처리절차의 대상을 광범위하게 허용하고 있음은 문제가 없지 않다.

Ⅱ. 허용요건

구법원의 재판부에서의 신속처리절차(법원조직법 제24조 이하)는 다음과 같은   **639** 전제조건하에서 허용된다.

---

671 자세하게는 *Fezer* ZStW 106, 1994, 1; *Loos/Radtke* NStZ 1995, 569 ff., 1996, 7. ff.; *Ranft* Jura 2003, 382.
672 *Loos/Radtke* NStZ 1995, 569 ff.
673 *Loos/Radtke* NStZ 1995, 569 (572); 1996, 7 (11 f.); 또한 비판으로는 *Ambos* Jura 1998, 281 (289); *Scheffler* GS Meurer, S. 347.
674 같은 견해로는 *Roxin* Strafverfahrensrecht, § 59 Rn. 1.
675 합의 시점에 관해서는 *Hellmann* Strafprozessrecht, Rn. 1006.

640   1. *사건*이 사실관계의 단순성 또는 증거사정의 명백성 때문에 즉각적으로 심리하기에 *적합한* 경우이어야 한다(제417조). 신속처리절차의 적합성이 결여된 경우는 다음과 같다. 즉 피의자가 소년인 경우(소년법원법 제79조 제2항), 피의자에 대해 수개의 범죄혐의가 인정되는 경우, 피의자의 인적관계에 대해 조사해야 할 경우, 광범위한 증거방법이 조사되어야 할 경우 또는 많은 증거방법들 가운데 하나만이라도 법정으로 가져오면 즉각적인 심리에 방해가 되는 경우 등이다.[676]

641   2. 구체적으로 예상되는 형이 *자유형 1년을 초과하여서는* 안된다(제419조).

642   3. 검찰이 신속처리절차에서의 재판을 별도로 *청구하여야* 한다(제417조). 이 규정에 따라 검찰은 앞에서 언급된 전제조건이 충족된 경우에는 신속처리절차를 청구해야 할 의무를 진다.

III. 절차

643   1. 형사소송법 제417조에 의하면 신속처리절차는 검찰의 *청구*에 의해 개시된다. 검사의 청구는 소송조건이기 때문에 검사가 이를 철회하게 되면 신속처리절차가 중단된다. 판례에 의하면 신속처리절차 청구의 철회는 증거조사가 종결된 후에도 가능하다고 한다.[677]

644   2. 사건이 신속처리절차로 처리하기에 적합하지 않은 경우 판사는 불복할 수 없는 결정으로 검찰의 청구를 기각하거나(제419조 제2항 제2문) 충분한 범죄혐의가 있는 경우 통상적인 공판절차를 개시하여야 한다(제419조 제3항 전단). 신속처리절차로 처리하기에 적합한 경우 판사는 검찰의 청구에 따

---

676   *Meyer-Goßner* § 418 Rn. 14-17.
677   BayObLG NJW 1998, 2152. 이에 반대하는 평석으로는 *Schroer* NStZ 1999, 213.

라야 한다(제419조 제1항 제1문, 제417조).[678]

3. 신속처리절차의 단축된 *공판심리절차*는 다음과 같다. 645

a) 신속처리절차에의 청구는 공판심리에서 구두로 제기될 수도 있다(제417조, 646
제418조 제3항). 청구가 있으면 중간절차는 생략된다(제418조 제1항). 소환기
간은 24시간으로 단축되고(제418조 제2항 제3문), 피고인이 출석하지 않으면
형사소송법 제408a조에 따라 약식명령이 내려질 수 있다(제418조 제3항 제3
문)(Rn. 653 이하 참조).

b) 증거조사의 *직접주의*는 다음과 같이 수정된다(제420조): 증인, 감정인 또는 647
공동피고인의 신문조서 내지 이들의 그 밖의 서면진술은 해당 소송관계
인의 동의가 있는 한 관청의 보고가 있는 경우와 마찬가지로 낭독이 허용
된다(제420조 제1항-제3항).

c) 법원조직법 제25조 제2호, 형사소송법 제419조 제1항 제2문에 따라 대부 648
분 그러하듯이 형사단독판사가 공판심리를 개시한 경우에는 단독판사가
*진실규명을 위한 의무합치적 재량*에 의해 증거조사의 범위를 결정한다(제
244조 제2항). 이 경우 단독판사는 형사소송법 제245조 제1항에 따라 직권
으로 가져온 증거방법에까지 증거조사를 확장해서도 안되고, 증거신청을
기각할 경우에는 형사소송법 제244조 제3항에서 제5항까지의 목록에 구
속되지도 않는다.

4. 신속처리절차에서도 특별한 경우에는 *필요적 변호사건*이 된다. 즉 최소 649
한 6개월의 자유형이 예상될 경우 법원은 피의자에게 국선변호인을 선정

---

678 이에 관한 상세한 판례는 OLG Düsseldorf NStZ 1997, 613 f.

해야 한다(제418조 제4항).

650 5. 항소심에서는 항소의 일반적인 내용이 그대로 타당하다(Rn. 570 참조).

Ⅳ. 법정구속

651 1. 신속처리절차의 절차확보를 위해서 법률은 특별한 *법정구속제도*(Haupt-verhandlungshaft)를 인정하고 있다(제127b조 제2항).[679] 법정구속을 위해서는 문언의 의미를 넘어 일정한 전제조건이 충족되어야 한다.[680] 첫째, 유력한 *범죄혐의*가 존재해야 한다. 둘째, 신속처리절차에서 *지체 없는 재판*을 받을 개연성이 있어야 한다(제127b조 제1항). 셋째, 체포된 자가 공판에서 출석하지 않을 우려가 구체적 사실을 근거로 하여 인정될 수 있어야 한다. 마지막으로 구속으로 인한 자유박탈과 예상되는 형의 *비례성이 부정되어서는 안된다*.[681]

652 2. 이러한 법정구속의 특별한 전제조건에 맞추어 형사소송법 제127b조 제1항은 특별한 *체포권*(Festnahmerecht)을 인정하고 있다.

---

679 이에 관한 비판으로는 HK-StPO/*Lemke* § 127b Rn. 3; LR/*Hilger* § 127b Rn. 7.
680 *Roxin* Strafverfahrensrecht, § 59 Rn. 8; 비판으로는 *Herzog* StV 1997, 215 ff.
681 이 요건때문에 법정구속이 불가능할 수 있는 경우에 관해서는 *Stinzing/Hecker* NStZ 1997, 567 (573)을 참조. 형사소송법 제230조 제2항, 제232조, 제408a조에 의해 허용된 처분이 예상되는 경우도 비례성이 부정되는 보다 경한 처분에 해당할 수 있을 것이다. 또한 이에 관한 의문으로는 *Hellmann* Strafprozessrecht, Rn. 230.

B. 과형명령절차

Ⅰ. 일반론

형사소송법 제407조 이하는 형벌은 공판심리를 통해서만 부과되어져야 한다 는 원칙에 대해 실제적으로 매우 의미있는 예외를 인정하고 있다.[682] 과형명 령절차(Strafbefehlverfahren)는 경미하고 중간정도의 단순한 범죄사례를 처리 하기 위한 중요한 절차이다. 벌금형(및 그와 유사한 경미한 제재), 운전면허박탈 혹은 1년 이하의 자유형의 집행유예의 경우 법원은 검찰의 서면의 청구에 따 라 기소된 자(Angeschldigte)에 대해 *사전 심문없이*도 그와 같은 형을 명할 것 을 선고할 수 있다(제407조).

이와 같은 절차의 필요성은 공판심리절차에서 피고인의 약점을 노출시키는 일을 피하고 비용절감 효과를 도모할 수 있다는 점에 있다. 이러한 절차형식을 반대하 는 입장에서는 피고인에게 법정에서의 법적 청문권을 인정되고 있지 않고(제407 조 제3항 참조), 법원도 검찰의 청구에 응하여 피고인으로 하여금 불복하지 못하게 하기 위해 특별히 가벼운 형벌을 부과하는 경향이 있음을 비판한다. 따라서 과형 명령절차는 첫째, 검찰이 (특히 형사소송법 제407조 제2항 제2문의 경우) 피고인의 인 적 관계를 충분히 해명하였거나 둘째, 피고인이 검찰의 기소에 대해 실제로 의견 을 표시한 경우 그리고 셋째, 법원이 피고인의 자백이 있거나 그 밖의 다른 이유 에서 피고인의 방어권에 문제가 없다는 확신에 이를 수 있는 경우에 한하여 인정 될 수 있다.[683] 하지만 현재의 실무는 이러한 적용범위를 넘어서까지 과형명령

---

682 1992년에 공소가 제기된 사건은 431,444건, 약식명령사건은 513,681건으로 그 중 3분의 2가 확 정되었다. 더욱 자세한 내용으로는 *Böttcher* FS Odersky, 1996, S. 299 ff. 참조.

683 마지막에 언급한 기준과 관련해서 판례는 형사소송법 제265조에 의한 법적 지시가 필요없다고 한다. 예컨대 BGH NStZ 1983, 358.

절차를 활용하고 있다.

II. 허용요건

654   과형명령절차는 *경죄의 경우에만* 허용된다. 이 뿐 아니라 검찰이 *공판심리를 불필요한 것으로* 판단해야 한다(제407조 제1항). 더 나아가 다음과 같은 경한 제재로 국한된 판결이 선고되는 경우이어야 한다.

1. 형면제(제407조 제2항 제1문 제3호)
2. 벌금형 또는 일정한 부수형벌 또는 부수효과(제407조 제2항 제1문 제1호)
3. 운전면허박탈(제407조 제2항 제1문 제2호)
4. 1년 이하의 자유형에 대한 보호관찰부 집행유예(제408b조)(Rn. 658 참조)

III. 관할

655   *구법원의 재판부가 관할권을 가진다.* 경미한 사례의 경우는 형사단독판사의 관할이고(법원조직법 제25조), 그 외 참심법원의 경우는 재판장이 관할권을 가진다(법원조직법 제30조 제2항). 참심법원의 재판장이 형사단독판사의 관할이라고 판단하는 경우에는 검찰을 경유하여 사건을 형사단독판사에게 송부한다. 반대의 경우는 형사단독판사가 검찰을 경유하여 사건을 참심법원의 재판장에게 송부한다(제408조 제1항).

IV. 절차

656   과형명령절차는 본래적인 서면의 약식절차(Rn. 657)와 구법원의 각 재판부의 통상절차(Rn. 664 이하)로 나누어진다. 통상절차는 판사의 결정 또는 피고인의 이의제기(Einspruch)라는 법적 구제수단에 따른 것이다.

1. 좁은 의미의 과형명령절차

a) 과형명령절차는 다섯 가지 관점에서 통상의 절차가 간소화된 것이다. 첫
째, 공소장 대신에 *과형명령청구서*(제407조 제1항 제4문)로 대체된다. 이 청
구서는 공소장과는 달리 일정한 법효과를 청구(구형)하고 있어야 한다. 둘
째, *공판개시 결정이 생략*된다. 셋째, 피고인에 대한 판사의 *심문을 요하
지 않는다*(제407조 제3항). 넷째, 과형명령은 *공판심리 없이 결정된다*(제408조
제3항). 다섯째, 과형명령은 서면으로 *송달된다*(제409조 제2항).

657

b) 과형명령절차는 자유형에 대한 보호관찰부 집행유예에 대한 청구가 있을
때 특별히 필요적 변호사건으로 되는 경우가 있다(제407조 제2항 제2문). 피
고인에 대해 변호인이 없는 경우 검찰은 과형명령청구서에 국선변호인의
선정까지 청구해야 한다(제141조 제3항 제2문, 제408b조 제2문). 판사가 과형명
령청구에 응할지에 대해 결정전에 숙고기간을 가질 경우에는 변호인부터
먼저 선정해야 한다(제408b조 제1문). 이 경우 선정된 변호인에 대해서는 결
정전에 형사소송법 제201조 제1항을 유추하여 접견을 위한 적절한 *기한
을 부여해야 한다.*[684]

658

c) *과형명령*은 동시에 집행의 기초가 되기도 하는 결정이다(제410조 제3항).
과형명령의 *방식*은 공소장과 유사하지만 공소장과는 달리 법효과에 대한
선고와 법적 구제수단에 대한 고지를 추가로 포함하고 있다(제409조 제1항).
과형명령의 확정력은 판결의 확정력보다 더 쉽게 파기될 수 있다. 형사소
송법 제373a조는 판결의 경우에 비해 더 광범위하게 피고인에게 불리한
*재심*을 인정하고 있기 때문이다. 즉 당해 행위를 중죄로 인정할 수 있게
하는 새로운 사실이나 증거가 나타나는 경우에는 항상 재심을 인정한다.

659

---

684 *Meyer-Goßner* § 408a Rn. 3.

660   d) 판사가 과형명령의 선고에 대해 의문을 가지고 있는 경우 취할 수 있는 세 가지 가능성이 있다.

661   ⓐ 판사가 과형명령 청구의 허용요건이 충족되지 않거나 범죄혐의가 충분하지 않다고 인정하는 경우는 과형명령청구의 선고를 전적으로 거부할 수 있다(제408조 제2항 제1문). 이는 공판심리의 개시를 거부하는 결정에 상응한다(제408조 제2항 제2문)(Rn. 369 참조).

662   ⓑ 판사가 범죄혐의를 충분하다고 여기면서도 서류에 나타난 바에 의할 때 사안에 대한 충분한 해명이 없어 과형명령을 내리는 것이 적절하지 않다고 여기는 경우에는 공판심리의 기일을 지정한다(제408조 제3항 제2문).

663   ⓒ 판사가 검찰의 구형과 다른 법효과를 인정하려고 할 경우, 검찰과의 합의를 시도해야 한다(제408조 제3항 제1문과 제2문). 이 합의가 실패할 경우에도 마찬가지로 공판심리의 기일을 지정해야 한다.

2. 통상절차에로의 변경

664   판사가 청구에 따라 과형명령을 선고한 경우, 피고인은 *이의제기(Einspruch)*를 통해 통상절차로 변경 할 수 있다(제410조 제1항, 제411조 제1항 제2문).

665   a) 이의제기는 2주 이내에 서면으로 혹은 *원심법원* 사무과의 서류로 제기되어야 한다(제410조 제1항). 상소의 경우와 마찬가지로 *제한*(제410조 제2항)이 있고 *취하*(제411조 제3항 제1문 및 제2문)도 허용된다.

666   b) 먼저 사건을 담당한 판사가 이의제기의 *허용요건*을 심사한다(제411조 제1항 제1문). 이의제기가 기각되지 않고 검찰이 청구에서 언급한 형벌을 철회하지 않는 한(제411조 제3항 제1문), 공판심리절차로 회부된다(제411조 제1항 제2문).
    공판심리에 대해서는 원칙적으로 일반적인 규정이 적용된다. 하지만 중거조사에서의 *직접주의*는 신속처리절차에서와 유사하게 완화된다(제411조 제2항 제2문, 제420조)(Rn. 645 이하 참조). 출석의무도 항소심 공판절차와 같이 수정된다(제412조, 제329조)(Rn. 588 이하 참조). 판결의 방식은 제1심 절차의 판결과 동일하다. 불이익변경금지원칙은 적용되지 않는다(제411조 제4항).

이의제기 또는 그 밖의 공판심리의 기일지정과 관련하여 내려진 판결에 대해서는 항소와 *비약상고*가 인정된다(제312조, 제335조). 판사가 이의제기에 대해 형사소송법 제412조에 따라 부당하게 기각한 경우, 소 형사부는 피고인의 항소에 따라 사건을 환송해야 한다.[685]

c) 공판이 이미 개시되었으나 *공판심리*의 진행이 (예컨대 증인[686]이나 피고인이 출석하지 않아) 불가능한 것으로 인정될 경우, 법원은 검찰의 (구두) 청구로 형사소송법 제407조 제1항 제1문과 제2문, 제408조 제3항 제1문의 조건하에 약식명령을 선고해야 한다(제408a조 제1항 제1문, 제2항 제1문). 이러한 경우 절차는 과형명령절차로 전환된다(Rn. 657 이하 참조).

667

---

685   Vgl. BGHSt 36, 139 (144 f.). 이에 관한 평석으로는 *Gössel* JR 1990, 302.
686   *Meyer-Goßner* § 408a Rn. 4.

15

형사소송에서
피해자의 지위

사소절차

부대공소

배상명령절차

피해자의 그 밖의 권리

가해자-피해자-조정

Strafprozess
-recht

668 형사절차는 피고인만을 대상으로 하는 절차가 아니다. 범죄피해자도 이 절차의 결말에 특별한 관심을 보인다. 여기서 피해자에게는 손해배상이 최우선적 관심사가 아니다. 물론 손해배상도 형사절차에서 얻어낼 수 없는 것은 아니다(Rn. 688 이하). 하지만 오히려 피해자는 중죄든 경죄든 범죄에 의해서 재산상의 손해만 입는 것이 아니라 인간으로서의 존엄에 손상도 입는다. 피해자는 개인적으로 이와 같은 일을 직접 당하였기 때문에 형사법원이 내리는 범죄자에 대한 유죄판결에 대해서도 특별한 관심을 가지는 것이다. 형사소송법은 피해자가 겪은 불법에 대해 만족효과를 얻을 수 있는 두 가지 방법을 제공하고 있다. 하나는 피해자가 검찰 대신 공소제기자로서 사소절차(Privatklageverfahren)에 등장하는 방법이고(제374조 이하)(Rn. 669 이하), 다른 하나는 검찰의 공소제기 절차에 부대공소자(Nebenkläger)로서 관여하는 방법이다(제395조 이하)(Rn. 677 이하). 이 뿐 아니라 피해자는 단순한 증거방법에 불과한 증인으로만 취급되지 않고 소송주체로 인정되도록 요청할 수도 있다. 이 때문에 형사소송법은 어느정도는 수동성을 가진 피해자에 대해 특별한 권리들을 인정하고 있다(특히 제406d조 이하 참조)(Rn. 690 이하).

A. 사소절차

오늘날의 형사소송에서는 사소(Privatklage)는 부차적인 역할을 하고 있을 뿐 669
이다. 하지만 사소에 관한 규정들은 부대공소(Nebenklage)에 대해 일정한 모델적 기능을 가지고 있기 때문에 먼저 사소에 관해 살펴보기로 한다.

I. 일반론

사소절차는 형사소송법 제374조 제1항에 규정된 *사소범죄(Privatklagedelikte)* 중 670
의 하나에 대해 판결이 내려져야 하는 경우에만 인정된다. 검찰은 공공의 이익을 위한 기관이므로 사소범죄의 경우에도 검사가 공소를 제기하지 않는 한, 피해자 등(Rn. 358 참조)이 스스로 검찰 대신에 개입할 수 있다. 형사소송법 제374조 제2항과 제3항은 사소를 제기할 권한 있는 자의 범위를 확장하고 있다.

II. 개시와 진행

1. 통상적인 경우 피해자는 사소범죄에 대해서도 먼저 단순히 신고를 하거 671
나 고소를 제기한다. 검찰은 이에 대해 형사소추를 할 공공의 이익이 존재
하는지를 검토한다(제376조). 형사소추를 할 공공의 이익은 당해 범죄행위
에 의해 피해자 개인의 차원을 넘어서 법적 평화가 파괴되고 형사소추가
일반인의 당면 관심사로 나타나는 경우에 존재한다(형사절차 및 벌과금부과
절차에 관한 지침 제86조 제2항).

뺨을 한차례 때리는 행위에 대해서는 통상적으로 공소를 제기할 공공의 이익이
존재하지 않는다. 하지만 예컨대 유죄판결을 선고받은 자가 심리 후에 자신에게
불리한 진술을 하였다는 이유로 증인의 뺨을 한차례 때리는 경우는 다르다. 이

경우는 법정에서의 증인의 불가침성이 도전을 받고 있기 때문에 피해자의 생활 영역을 넘어서고 있다.

공공의 이익이 부정되면 검찰은 형사소송법 제170조 제2항에 의해 절차를 중단한다(Rn. 357 이하 참조). 동시에 검찰은 피해자에게 사소의 방법을 고지해 주어야 한다.

672   2. 하지만 피해자가 곧바로 사소절차로 나아가서는 안된다. 사소범죄의 경우 피해자는 즉각적으로 스스로 사소를 제기할 수 있지만, 피해자가 사소의 방편을 취하기 위해서는 먼저 주 사법행정의 지시를 받아 화해기관에서 피의자와의 *화해시도(Sühneversuch)*를 거친 후 이것이 실패한 경우이어야 한다(제380조 제1항). 이에 관한 자세한 내용은 주법이 규정하고 있다.[687]

673   3. *사소범죄가 비사소범죄(Offizialdelikte)*와 소송상 한 개의 사건을 이루는 경우에는 사소가 인정되지 않는다. 사소범죄는 비사소범죄와 결합되면 특별한 공공의 이익을 고려함이 없이 소추된다. 검찰이 형사소송법 제153조 이하에 의해 절차를 중단한 경우에도 마찬가지로 사소는 배제된다.

674   4. 사소는 법원사무과의 양식 또는 *서면*으로 제기되어야 한다. 사소장에 기재되는 내용은 공소장에 대해 요구되는 정도에 상응해야 한다(제381조). 사소제기자는 절차에서 널리 검찰과 같은 지위를 가진다. 하지만 상소의 경우(제390조 제1항 제1문) 사소제기자는 피고인을 불리하게 하는 경우에만 제기할 수 있다.[688] 형사소송법 제379조, 제379a조에 따라 사소제기자는 비용을 선납해야 하고, 담보를 제공해야 한다.

---

687 *Meyer-Goßner* § 380 Rn. 2의 문헌 참조.
688 이와 같은 견해로는 HansOLG Hamburg NJW 1958, 1313.

5. 그럼에도 불구하고 검찰은 재량에 따라 절차의 어떤 단계에서도 확정력
   이 인정되기 전까지라면 공소를 *인계받아* 절차를 공소절차로 바꿀 수 있
   다(제377조 제2항 제1문).

675

6. 사소는 *형사단독판사*의 관할이다(법원조직법 제25조 제1호). *법원절차*는 원칙
   적으로 형사소송법 제213조 이하, 제226조 이하, 제384조 제1항 제1문에 따
   른다. 사소절차의 특유한 절차는 형사소송법 제383-제389조, 제392조-제394
   가 규정하고 있다.[689] 사소제기자는 형사소송법 제390조에 따라 판결에 대
   해 일반적인 상소수단을 이용할 수 있다(Rn. 570 이하 및 Rn. 593 이하 참조).

676

---

689 이에 관해 자세하게는 *Schellenberg* Die Hauptverhandlung, S. 294 ff.

B. 부대공소

677 피해자는 부대공소(Die Nebenklage)를 통하여 검찰에 의해 제기된 공소에 참가할 수 있다.[690] 이러한 점에서 부대공소는 종속적이다.[691] 물론 부대공소권자는 공소에 성공적으로 참가한 이후에는 자신의 권리를 행사함에 있어 독립적이다.[692] 부대공소는 특히 권리자의 개인적 만족이익과 변상이익(Genugtungs- und Restitutionsinteresse)에 기여한다. 부대공소는 통제기능과 진실규명기능도 가지고 있지만 검찰이 당해 절차를 만족스럽게 진행하지 않고 있다는 인상을 막아주는 기능도 한다.[693]

Ⅰ. 부대공소의 제기

678 1. 모든 형사절차에서 피해자가 부대공소를 제기할 권한을 가지는 것은 아니다. 피해자의 참가할 권한은 형사소송법 제395조에서 열거된 범죄 가운데 하나가 기소의 대상인 경우에 국한한다. *부대공소범죄*가 만취한 상태에서 행해진 경우에는 명정범죄(Vollrausch)(형법 제323a조)도 참가대상 범죄에 해당한다.[694] 부대공소권자의 범위는 사망의 결과가 발생한 범죄의 경우 피해자 외에 예컨대 일정한 범위의 친족에까지 확대된다(제395조 제2항 제1호). 반대로 형법 제395조 제3항은 과실치상의 경우(형법 제229조) 참가할 권한에 대한 제한을 가하고 있다. 이 경우 피해자가 참가하기 위해서는 (형법 제226조에 언급된 것과 유사한) 중대한 건강손상[695]과 같은 특별한 사유

---

690 자세하게는 *Fabricius* NStZ 1994, 257.

691 *Gollwitzer* FS *K. Schäfer*, 1980, S. 65 ff.

692 BGHSt 28, 272 (273).

693 *Gollwitzer* FS *K. Schäfer*, 1980, S. 65 ff.

694 BGH NStZ-RR 1998, 305.

695 *Beulke* DAR 1988, 114 (116) 참조.

를 추가적으로 요구한다. 이러한 제한을 통해 도로교통에서 빈발하는 과실치상사건들에 대해서는 부대공소를 배제하려는 것이 입법자의 의사라고 할 수 있다.[696]

2. 참가는 절차의 모든 *단계*에서 가능하다(제395조 제4항 제1문). 판결 선고 후에도 상소를 제기할 목적으로 참가가 이루어질 수 있다(제395조 제4항 제2문). 고소가 미리 있어야 할 필요도 없다.[697] **679**

3. 참가의 의사표시는 사건이 계속되어 있는 법원에 *서면으로* 행해져야 한다(제396조 제1항 제1문). **680**

4. 참가의 의사표시가 있으면 당해 사건이 계속되어 있는 법원은 참가권의 존부를 심사하여 결정의 형식으로 참가여부를 결정한다. 형사소송법 제395조 제3항에 의한 참가가 인정될 경우에는 (두 번째 결정에서) 필요한 특별한 사유가 존재하는지에 대해서도 결정해야 한다. 이 두 번째 결정에 대해서는 불복할 수 없지만(제396조 제2항), 첫 번째 결정에 대해서는 피해자가 항고할 수 있다(제304조).[698] **681**

II. 부대공소자의 권리

1. 부대공소자는 공판심리에 출석할 권리를 가진다. 이러한 권리는 부대공소자가 (후에) 증인으로 신문될 경우에도 마찬가지이다(제397조 제1항). **682**

---

696 BT-Drs. 10/5305, S. 12 참조
697 BGH NStZ 1992, 452.
698 하급심에서 부대공소가 기각된 경우 상소심에서의 부대공소의 허용여부에 관하여 이를 부정하는 견해로는 OLG Düsseldorf NStZ-RR 1996, 310, 이를 긍정하는 견해로는 *Beulke* Strafprozessrecht, Rn. 595.

683 2. 중한 부대공소범죄의 경우 형사소송법 제397a조 제1항은 소송비용보조
청구와 별도로 국고부담으로 피해자변호인(Opferanwalt)을 선정하는 것을
허용한다.

684 3. 뿐만 아니라 부대공소자는 검찰과 독립하여 상소를 제기할 권한을 가진
다(제401조 제1항)(Rn. 570 이하와 Rn. 593 이하 참조). 하지만 부대공소자는 부대
공소범죄가 아닌 범죄에 대해서도 유죄판결을 받도록 하기 위해 유죄가
내려지지 아니한 부분의 판결에 대해서 불복을 할 수는 없다(제400조 제1항
제2문). 마찬가지로 양형부분에 대해서만 상소를 제한하는 것도 허용되지
않는다(제400조 제1항 제1문). 상소의 이익이 없기 때문에 부대공소자는 피고
인의 이익을 위해서는 상소를 제기할 수 없다.[699]

685 4. 형사소송법 제397조 제1항 제3문은 부대공소자의 그 밖의 다른 권리의 목
록을 열거하고 있다.

---

699 BGHSt 37, 136.

C. 배상명령절차

I. 피해자 또는 피해자의 상속인은 피고인의 범죄행위로 인해 생긴 재산상   **686**
의 청구권을 형사소송법상의 배상명령절차(Adhäsionsverfahren, 제403조-
제406c조)에서 행사할 수 있다. 하지만 이 청구가 이미 다른 법원에 계속
되어 있지 않아야 하고 당해 법원의 관할범위 내에 있어야 한다.[700] 법원
조직법 제23조 제1호의 경우와 같은 소송가액의 제한은 존재하지 않는
다(제403조 제1항 제2문).

II. 절차는 *서면의* 신청에 의해 개시된다(제404조 제1항). 이 신청의 요건은 민   **687**
사소송법 제253조 제2항 제2호의 요건에 따른다.[701] 신청은 피고인에 대
해서만 가능하다. 예컨대 교통사고에 공동책임을 지는 보험업자에 대해
서는 이 방법으로 배상을 청구할 수 없다.[702]

III. 화해가 이루어지지 않거나(제405조) 신청이 철회되지 않은 경우(제404조 제   **688**
4항)에는 원칙적으로 형사법원은 피고인에 대한 형사판결에서 신청에 관
해 재판을 한다. 신청의 허용요건이 구비되어 있지 않거나 이유가 없는
경우에 한하여 재판을 기각한다. 위자료가 문제되지 않는 한, 신청이 예
컨대 중대한 절차지연으로 인해 형사절차에서 해결되기에 적합하지 않
은 경우에도 마찬가지이다(제406조 제1항 제4문-제6문). 재판이 기각되면 청
구의 계속도 종결되고, 청구는 다른 방법으로 행사할 수 밖에 없게 된다
(제406조 제3항 제3문). 청구의 원인을 인정하는 원인판결(Grundurteil)만 내
려진 경우에는, 민사법원이 형사법원의 확정에 구속된다. 이에 따라 민

---

700 예컨대 노동법원사건(노동법원법 제2조 제1항 제3호의 d)은 배제된다.
701 *Meier-Dürre* JZ 2006, 18 (20).
702 *Meyer-Goßner* § 403 Rn. 7.

사소송법 제318조가 적용된다.[703]

형사법원에서의 재판은 민사판결과 동일하게 된다(제406조 제3항 제1문). 확정력은 형사소송법 제449조에 의해 발생하지만 그 효력은 반대로 민사소송법에 의해 발생한다.[704] 재판의 집행의 경우도 마찬가지이다(제406b조).

689 **Ⅳ.** 피고인은 재판에 대해 — 민사적 배상부분만에 대해서도 — 형사소송법의 상소의 방법으로 불복할 수 있다(제406a조 제2항 제1문)(Rn. 570이하, 제593이하 참조). 이에 반해 배상명령신청권자는 재판의 기각에 대해서만 즉시항고(Rn. 564 참조)로 불복할 수 있다(제406a조 제1항 제1문).

---

703 BGHSt 47, 378 (379). 이에 찬동하는 평석으로는 *Groß* JR 2003, 258.
704 *Beulke* Strafprozessrecht, Rn. 601.

D. 피해자의 그 밖의 권리

1987년 피해자보호법[705]의 시행된 이래 피해자(Rn. 358 참조)에 대해서는 사소   690
및 부대공소와 무관하게 법률상 명시적으로 소송관계인으로서의 독자적 지
위가 인정되고 있다.

Ⅰ. 서류열람권

a) 서류열람권(Akteneinsicht)은 형사소송법 제406d조 이하에 열거된 권리 가   691
운데 가장 중요한 권리에 해당한다. 물론 이 권리는 *변호인*을 통해서 행사
해야 하고 열람에 대한 *정당한 이익*이 존재해야 인정될 수 있다(제406e조 제
1항 제1문). 하지만 이 경우에도 열람등사권은 피의자의 이익이 우월한 경
우(제406e조 제2항 제1문),[706] 수사의 목적을 위태롭게 할 우려가 있는 경우
(예, 증인의 진술 짜맞추기)[707] 또는 절차가 현저하게 지연될 우려가 있는 경우
(제406e조 제2항 제2문)에는 거부될 수 있다.

b) 수사절차에서 서류열람권의 인정여부에 관해서는 검찰이 결정하고, 중간   692
절차나 공판절차에서는 수소법원의 *재판장*이 결정한다(제406e조 제4항 제1
문). 재판장의 결정에 대해서는 불복할 수 없고, 검찰의 결정에 대해서는 형
사소송법 제161a조 제3항 제2문-제4문, 제406e조 제4항 제1문에 따른다.
피의자가 서류열람권에 대해 방어하려고 할 경우에는 검찰의 결정에 대해
법원의 재판을 청구할 수 있다(제406e조 제4항 제2문의 전단 유추).[708]

---

705 이에 관해서는 *Schünemann* NStZ 1986, 193 (196 ff.)
706 BVerfG wistra 2002, 335.
707 Vgl. OLG Düsseldorf StV 1991, 202.
708 BGHSt 39, 112 (115 ff.). 이에 찬동하는 평석으로는 *Otto* NStZ 1993, 352.

II. 그 밖의 피해자의 권리들

693 1. 피해자의 신청이 있을 경우, 절차의 *결과*에 대해 통지해야 한다(제406d조). 뿐만 아니라 피해자에게는 일정한 폭력범죄와 성범죄 및 그 밖의 정당한 이익이 존재할 경우 자유박탈적 처분의 부과, 집행종료 및 최초의 집행 가 종료 등에 대해서도 통지해야 한다(제406d조 제2항).

694 2. 피해자는 *변호인의 조력*을 받을 수 있다(제406f조 제1항). 피해자가 신문을 받을 경우 피해자의 변호인(제406f조 제2항) 또는 피해자의 신청에 따라 신 뢰관계자(제406f조 제3항)가 신문에 동석할 권리가 있다.

695 3. 피해자가 동시에 부대공소권도 가진 경우(Rn. 678 참조), 피해자는 그가 (후에) 부대공소를 제기하는지의 여부와 무관하게 그 밖의 다른 권리를 가진 다. 부대공소제기자와 마찬가지로 피해자는 *공판심리에 출석할 수 있다*(제406g조 제1항 제1문). 부대공소권있는 피해자가 *피해자변호인을 이용하는* 경우 그 변호인은 수사절차에서 판사의 조사행위 뿐 아니라 공판심리에 도 참여할 권리를 가진다(제406g조 제2항). 형사소송법 제406g조 제3항과 제4항에 따라 피해자변호인을 청구할 권리도 인정된다(Rn. 683).

696 4. 피해자구조법(Opferentschädingsgesetz)에 의하면 일정한 범죄의 피해자에 대해서는 연방구조법(Bundesversorgungsgesetz)상의 청구권도 인정된다. 뿐만 아니라 피해자청구권보전법률(Opferanspruchssicherungsgesetz)은 대중매체에서 자신의 행위를 돈벌이 수단으로 하여 획득한 피고인의 재산 가액에 대해 피해자의 손해배상청구의 확보를 위한 법률상의 청구를 인 정한다.709

697 5. 피해자는 자신의 권리들을 고지받을 권리를 가진다(제406h조).

E. 가해자-피해자-조정

피해자는 소송행위들을 통해 형사절차에 일정한 영향을 미칠 수 있을 뿐 아니라 자신의 개인적 만족이익과 원상회복이익에 도움이 될 수 있도록 하기 위해 다른 방법으로도 범행에 능동적으로 대응할 수 있다. 여기서 특히 언급해야 할 것은 가해자-피해자-조정(Täter-Opfer-Ausgleich)이다. 성공적인 가해자-피해자-조정은 가해자에 대해서만 자신의 범죄에 대해 책임을 인정하고,[710] 절차종결 후에도 혜택을 받을 만한 의미있는 사후행위를 통해 양형상의 이익을 얻을 수 있는 가능성을 인정하는 것이 아니다. 가해자-피해자-조정은 피해자에 대해서도 가해자와 조정을 시도함으로써 피해자의 역할을 능동적으로 수행할 가능성을 만들어준다.

698

I. 가해자-피해자-조정의 *전제조건*은 조정에 *적합한 형사사건*이다. 형법 제46a조에 의하면 가해자가 자신의 행위로 인한 비물질적 결과를 원상회복하거나(제1호), 혹은 피해자가 입은 물질적 피해를 복구(제2호)하는 노력을 해야 하고, 피해자는 조정에 동의를 해야 한다(제155a조 제3문).[711] 뿐만 아니라 가해자와 피해자 사이에 범죄로 인해 야기된 결과를 포괄적으로 조정하는 일을 목표로 삼는 *의사소통의 과정*이 있어야 한다.[712]

699

II. 가해자-피해자-조정이 성공하면 법원은 모든 경우 재량에 따라 법정형을 감경할 수 있다(형법 제46a조 제2문 전단, 제49조 제1항). 1년 이하의 자유형이 선고될 경우에는 그 형을 *면제*할 수도 있다(형법 제46a조 제2문 후단). 2년 이

700

---

709 피해자보호에 관한 개관으로는 *Stöckel* JA 1998, 599.

710 BT-Drs. 12/6853, 21.

711 SK-StPO/*Weßlau* § 155a Rn. 2.

712 BGHSt 48, 134 (143 ff.). 이를 비판하는 평석으로는 *Götting* StraFo 2003, S. 248; *Kaspar* JR 2003, 423.

하의 자유형인 경우에는 그 *집행*을 유예할 수 있다(형법 제56조 제2항 제2문). 가해자-피해자-조정을 이유로 형면제가 될 수 있는 경우에는 형사소송법 제153b조에 따라 절차를 *중단*할 수도 있다. 뿐만 아니라 경죄의 경우 형사소송법 제153a조 제1항 제2문 제5호에 따라서도 절차중단이 가능하다.

701   **Ⅲ.** 형사절차가 진행 중인 경우 가해자-피해자-조정은 다음과 같이 진행될 수 있다.

702   1. 조정에 적합한 사건이 있을 경우 검찰은 수사절차에서부터 직권으로 가해자-피해자-조정이 개시되도록 노력을 해야 한다(제155a조 제2문). 이를 위해 검사는 가해자-피해자-조정을 *조정기관(Ausgleichstell)*에 위탁할 수 있다(제155b조 제1항 제1문). 위탁받은 조정기관은 주법에 규정된 *조정절차(Mediationsverfahren)*를 진행할 수 있다.[713] 이를 위해 조정기관은 형사소송법 제155b조 제1항에 따라 검찰에 대해 정보를 청구할 수 있다. 조정기관은 연방정보보호법(BDSG) 제12조 이하에 따르든 혹은 형사소송법 제155b조 제3항과 결부된 연방정보보호법 제27조 이하에 따르든 자료보호(Datenschutz)를 해야 한다. 형사소송법 제153a조 제1항 제1문에 해당하는 사례의 경우 검찰은 법원과 피의자의 동의를 얻어 피의자에게 가해자-피해자-조정에 참여할 것으로 부담(Auflage)으로 부과한다. 그에 따라 조정이 이루어지면 검사는 형사소송법 제153a조 제1항에 따라 절차를 종국적으로 중단해야 한다.

703   2. *중간절차와 공판절차*에서는 수소법원에게 주도권이 주어진다. 피고인과 피해자가 동의하면 법원은 가해자-피해자-조정의 진행을 조정기관에 위

713 BT-Drs. 14/1928, S. 6.

탁한다. 공판심리 도중에 조정이 이루어지면 법원은 공판심리를 정지한다. 이 경우 법원은 형사소송법 제229조의 기간을 준수해야 한다(Rn. 381 이하 참조). 형사소송법 제153a조 제1항 제1문의 경죄가 문제되어 가해자-피해자-조정이 성공하는 경우에도 절차가 종국적으로 중단된다. 중한 형사사건이 문제되는 경우 법원은 가해자-피해자-조정이 성공한 후에 그 결과를 공판심리로 가져와 소송관계인과 상의하여 조정의 형감경적 효력에 상응하도록 판결에서 고려하여야 한다(Rn. 700 참조). 가해자-피해자-조정이 실패한 경우 법원은 피고인의 진지한 노력을 양형에서 유리한 사유로 참작하여야 한다(형법 제46조 제2항 제2문 후단).

Strafprozess
-recht

참고문헌

2007년 이후 독일 형사소송법의 변화

찾아보기

Achenbach, Hans	Alte Und neue Fragen der Pressbeschlagnahme, in: NStZ 1999, S. 123
Alwart, Heiner	Darf ein Angeklagter aus Mangel an Beweisen verurteilt werden? in: GA 1992,545
Amelung,Knut	Rechtsschutz gegen strafprozessuale Grundrechtseingriffe; Berlin, 1976; *zitiert nach Seiten*
Ders.	Die Entscheidung des BVerfG zur »Gefahr im Verzuge« I. S. des Art. 13 II GG, in: NStZ 2001, S. 337
Baumann, Jürgen	Neue Haftgründe, JZ 1962, 649
Bender, Rolf/ Nack, Armin	Tatsachenfeststellung vor Gericht, 2 Bände, 2. Auflage unter Mitwirkung von Susanne Röder, München 1996
Berliner Kommentar zum Telekommunikationsgesetz	hrsh. v. Franz Jürgen Säcker, Frankfurt/Main 2006; *zit.*: BerlKommTKG/*Bearbeiter*
Beulke, Werner	Strafprozeßrecht, 9. Auflage, München 2006; *zit.*: *Beulke* Strafprozeßrecht, Rn.
Bischoff, Georg	Die Praxis des Klageerzwingungsverfahrens, NStZ 1988, 63.
Bloy, René	Zur Systematik der Einstellungsgründe im Strafverfahren, in: GA 1980, 161
Böttcher, Reinhard	Der Strafbefehl auf dem Vormarsch? In: Festschrift für Walter Odersky zum 65. Geburtstag, München 1996, S. 299; *zit.*: *Verf.* Odersky-FS
Bruns, Hans-Jürgen	Strafzumessungsrecht, Gesamtdarstellung, 2. Auflage, Köln/Berlin/Bonn 1974; *zit.*: *Bruns* Strafzunessungsrecht, S.

Dahs, Hans	Rechtsmittelreform in Strafsachen? In: NStZ 1999, 321
Ders.	Das Auskunftsverweigerungsrecht des § 55 StPO - immer Wieder ein Problem, in: NStZ 1999, 386
Ders.	»Schriftliches Verfahren« statt »offensichtlich unbegründet« (§ 349 II StPO), in: NStZ 2001, 298
Dahs, Hans/ Dahs, Hans jr.	Die Revision im Strafprozeß, 6. Auflage, München 2001; *zit.: Dahs* Revision in Strafsachen
Eisenberg, Ulrich	Das Beweisrecht der StPO, Spezialkommentar, 5. Auflage, München 2006; *zit.: Eisenberg* Das Beweisrecht der StPO, Rn.
Eser, Albin	Das rechtliche Gohör im Strafbefehls- und Strafverfügungsverfahren, JZ 1966, 660.
Feuerbach, Paul Johann Anselm von	Lehrbuch des peinlichen Rechts, 1. Auflage, Gießen 1801, *zitiert nach* §
Fezer, Gerhard	Grundfragen der Beweisverwertungsverbote, Heidelberg, 1995; *zitiert nach* §
Ders.	Reform der Rechtsmittel in Strafsachen: Bericht über die Entstehung er gegenwärtigen Rechtsmittelvorschriften und die Bemühungen um ihre Reform; Bonn 1974
Fezer, Gerhard	Grundfälle zum Verlesungs- und Verwertungsrechtverbot im Strafprozeß, in: JuS 1978, S. 325
Ders.	Zum Verständnis der sogenannten Annahmeberufung, in: NStZ 1995, 265
Ders.	Strafprozeßrecht, 2. Auflage, unter Mitarb. von Wolfgang Wohlers, München 1995; *zit.: Fezer* Strafprozeßrecht, Rn.
Ders.	Pragmatismus und Formalismus in der revisionsgerechtlichen Rechtsprechung, in: Festschrift für Ernst-Walter Hanack zum 70. Geburtstag am 30. August 1999 hrsg. v. Udo Ebert, Peter Rieß, Claus Roxin u. Eberhard Wahle, Berlin New York 1999, S. 331.: zit.: Verf. FS Hanack

참고문헌

Füßer, Klaus/ *Viertel, Katrin*	Der Anspruch auf Abschlußverfügung im Ermittlungsverfahren und seine Durchsetzung, in: NStZ 1999, 117
Gerland, Heinrich	Der deutsche Strafprosess. Eine systematische Darstellung; Mannheim 1927; *zit.: Gerland* Strafprozeß, S.
Gillmeister, Ferdinand	Zur normativ faktischen Bestimmung der strafprozessualen Tat, in: NStZ 1989, 1
Gössel, Karl Heinz	Über die revisionsrichterliche Nachprüfung von Beschlüssen über den Ausschluß der Öffentlichkeit, in: NStZ 2000, 181
Grabenwarter, Christoph	Europäische Menschenrechtskonvention, 2. Auflage, München 2005
Grünwald, Gerald	Das Beweisrecht der Strafprozeßordnung, Baden-Baden 1993
Heintschel-Heinegg, Bernd	PrüStrafrecht Band 1: Methodik der Fallbearbeitung, Neuwied Kriftel 1992, *zit.: Heint- schel-Heinegg*, Prüfungstraining Strafrecht 1, Rn.
Hellmann, Uwe	Strafprozessrecht, 2. Auflage, Berlin 2006
Herdegen, Gerhard	Das Beweisantragsrecht, in: NStZ 1998, 444; 1999, 176; 2000, 1.
Hellmann, Uwe	Strafprozessrecht, 2. Auflage, Berlin 2006
Herzog, Felix	Symbolische Untersuchungshaft und abstrakte Haftgründe, StV 1997, 215
Helger, Hans	Neues Strafverfahrensrecht durch das OrgKG, in: NStZ 1992, 524
Ders.	Zum Strafverfahrensänderungsrecht 1999 (StVÄG 1999), in: NStZ 2000, 561; 2001, 15
Hruschka, Joachim	Strafrecht nach logisch-analytischer Methode, systematisch entwickelte Fälle mit Lösungen zum allgemeinen Teil, 2. Auflage, Berlin [u.a.], 1988; *zit.: Hruschka*, Strafrecht nach logisch-analytischer Methode

Jakobs, Günther	Strafrecht, Allgemeiner Teil, die Grundlagen und die Zurechnungslehre, Lehrbuch, 2. Auflage, Berlin [u.a.], 1991; *zit.: Jakobs* AT, Rn.
Kahlo, Michael	Der Begriff der Prozesssubjekrivität und seine Bedeutung im reformierten Strafverfahren, besonders für die Rechtsstellung des Beschuldigten, in: KritV 80, 1997, 183
Ders.	Soll es dem Staat rechtlich erlaubt sein, Verdachtsklärungen durch Täuschungshandlungen zu unternehmen? In: Festschrift für E. A. Wolff zum 70. Geburstaf am 1. 10. 1998 hrsg. v. Michael Kahlo, Michael Köhler und Rainer Zaczyk, Berlin, Heidelberg, New York 1998, S. 153; *zitiert: Verf.* FS E. A. Wolff
Ders.	Über den Begriff der wesentlichen Förmlichkeit im Strafverfahren (§273 Abs. 1 StPO), in: Strafverfahrensrecht in Theorie und Praxis. Festschrift für Lutz Meyer-Goßner zum 65. Geburtstag hrsg. v. Albin Eser, Jürgen Goyde, Kurt-Rüdiger Maatz und Dieter Meurer, S. 447; *zit.: Verf.* FS Meyer-Goßner
Kaiser, Günther/ Meinberg, Volker	»Tuschelverfahren« und »Millionärsparagraph«? In: NStZ 1984, 343
Keller, Rainer	Polizeiliche Observation und strafprozessuale Wahrheitserforschung, in: StV 1984, 521
Ders.	Verwissenschaftlichung versus Rationalität der strafprozessualen Beweiwürdigung, in: GA 1999, 255
Kindhäuser, Urs	Strafprozessrecht, Baden-Baden 2006
Kleinknecht, Theodor/ Müller, Hermann/ Fezer, Gerhard/ Paulus, Rainer (Hrsg.)	Kommentar zur Strafprozeßordnung, KMR; Neuwied, Kriftel, Berlin; Darmstadt (bis Lfg. 41 (2006)); *zit.: KMR/Bearbeiter* § 309 Rn.
Kleinknecht, Theodor/ Meyer-Goßner, Lutz	Strafprozeßordnung mit GVG und Nebengesetzen, 49. Auflage, München 2006; *zit.: Meyer-Goßner* § Rn.
Klemke, Olaf/ Elbs, Hansjörg	Einführung in die Praxis der Strafverteidigung, Heidelberg 2007

Klesczewski, Diethelm	Das Auskunftsersuchen an die Post - Die wohlfeile Dauerkontrolle des Fernmeldeverkehrs? In: StV 1993, 382
Ders.	Das Ende des Auskunftsersuchen nach § 12 FAG, in: JZ 1997, 719
Köhler, Michael	Prozeßrechtsverhältnis und Ermittlungseingriffe, in: ZStW 107, 1995, 10
Ders.	Strafrecht, Allgemeiner Teil; Berlin; Heidelberg New York, 1997; *zit.: Köhler AT*
Kramer, Bernhard:	Grundbegriffe des Strafverfahrensrechts, 6. Auflage, Stuttgart 2004
Krey, Volker	Deutsches Strafverfahrensrecht; Band 1, Stuttgart, Berlin, Köln 2006; Band 2, Stuttgart, Berlin, Köln 1990 unter Mitarb. von Bastian Endrulat, Klaus Freudenberg, Rolf Pohl, *zit.: Krey*, strafverfahrens- recht Band, Rn.
Kühl, Kristian	Der Einfluss der Europäischen Menschenrechtskonvention auf das Strafrecht und das Strafverfahrensrecht der Bundesrepublik Deutschland, in: ZStW 100, 1988, 406, 601
Kühne, Hans-Heiner	Strafprozeßrecht, 7. Auflage, Heidelberg 2007
Lackner, Karl/ Kühl, Kristian	Strafgesetzbuch, mit Erläuterungen, 25. Auflage, München 2004; *zit.: Lackner/Kühl* § Rn.
Laser, Andrea	Das Rechtsschutzsystem gegen strafprozessuale Zwangsmaßnahmen, in: NStZ 2001, 120
Laufhütte, Heinrich Wilhelm	Überlegungen zur Diskussion über die Reform des Instanzenzuges in Strafsachen, in: NStZ 2000, 449
Lemke, Michael/ Julius, Karl-Peter/ Krehl, Christoph/ Kurth, Hans-Joachim. Rautenberg, Erardo Cristofero/ Temming, Dieter (Hrsg.)	Heidelberger Kommentar zur Strafprozessordnung, 3. Auflage, Heidelberg 2001, *zit.: HK-StPO/Bear- beiter* § Rn.

Lesch, Keiko H.	Strafprozeßrecht, 2. Auflage, Neuwied/Kriftel 2001; *zit.: Lesch* Strafprozeßrecht, Rn.
Loos, Fritz/ *Radtke, Henning*	Das beschleunigte Verfahren (§§ 412-420 StPO) nach dem Verbrechensbekämpfungsgesetz, NStZ 1995, 569; 1996, 7
Mangoldt, Hermann von/ *Klein, Friedrich/* *Starck, Christian*	Kommentar zum Bonner Grundgesetz, München, Band 1, 5. Auflage, 2005, B?nde 2 und 3, 4. Auflage, 1999-2001
Matt, Holger	Zu Problemen der Haftbeschwerde und des Haftprüfungsantrages, JA 1991, 85
Maunz, Theordor/ *Dürig, Günter/* *Herzog, Roman/* *Scholz, Rupert*	Grundgesetz. Kommentar, München, Stand: Juni 2006; *zit.:* Maunz/Dürig/Herzog/Scholz/*Bearbeiter* GG, Art. Rn.
Meurer, Dieter	Strafprozeßrecht, 3. Auflage, Marburg/Lahn 1991
Pawlak, Klaus	Ablehnung des Sachverständigen im Strafverfahren wegen Befangenheit ?, eine Untersuchung zur Berechtigung des § 74 StPO; Hamburg 1999
Pawlik, Michael	Der disqualifizierte Staatsanwalt, NStZ 1995, S. 309
Peters, Karl	Strafprozeß, Ein Lehrbuch, 4. Auflage, Heidelberg 1985; zit.: Peters Strafprozeß, §
Pfeiffer, Gerd/ *Fischer, Thomas (Hrsg.)*	Karlsruher Kommentar zur StPO und zum GVG, 5. Auflage, München 2003; *zit.:* KK-StPO/Bearbeiter § Rn.
Prittwitz, Cornelius	Der Mitbeschuldigte im Strafprozess, Frankfurt am Main 1984; zitiert nach Seiten
Rieß, Peter (Hrsg.)	*Löwe/Rosenberg*, Die Strafprozeßordnung und das Gerichtsverfassungsgesetz mit Nebengesetzen, Großkommentar, 25. Auflage, Berlin 1997 ff.; zit.: LR/Bearbeiter § Rn.
Ders.	Unentschuldigtes Ausbleiben des Angeklagten, Privatklägers oder Nebenklägers in der Berufungshauptverhandlung, in: NStZ 2000, 120

Roxin, Claus	Strafverfahrensrecht, Ein Studienbuch, 25. Auflage, München 1998; *zit.: Roxin* Strafverfahrensrecht, § Rn.
Roxin, Claus	Gegenwart und Zukunft der Verteidigung im rechtstaatlichen Strafverfahren, in: Festschrift für Ernst-Walter Hanack zum 70. Geburtstag am 30. August 1999 hrsg. v. Udo Ebert, Peter Rieß, Claus Roxin u. Eberhard Wahle, Berlin/New York 1999, S. 1; *zit.: Verf.* FS Hanack
Rudolphi, Hans J./ Frisch, Wolfgang/ Rogall, Klaus/ Schlüchter, Ellen/ Wolter, Jürgen/ Paeffgen, Hans U.	Systematischer Kommentar zur Strafprozeßordnung und zum Gerichtsverfassungsgesetz, Loseblattausgabe; Frankfurt am Main, 50. Lieferung, Oktober 2006; *zit.:* SK-StPO/*Bearbeiter* § Rn.
Schäfer, Gerhard	Die Praxis des Strafverfahrens, 6. Auflage, Stuttgart/ Berlin/Köln 2000
Schellenberg, Frank	Die Hauptverhandlung, 2. Auflage, Köln 2000
Schmidhäuser, Eberbard	Freikaufverfahren mit Strafcharakter im Strafprozeß? In: JZ 1973, 529
Schmidt, Eberhardt	Die Verletzung der Belehrungspflicht gem. § 55 II StPO als Revisionsgrund; in: JZ 1958, 596
Ders.	Verhaftungsantrag, Rechtsmittelerklärungen und § 136a StPO, in: JR 1962, 290
Ders.	Lehrkommentar zur Strafprozeßordnung und zum Gerichtsverfassungsgesetz, Erläuterungen zur Strafprozeßordnung und zum Einführungsgesetz zur StPO; Teil 1, 2. Auflage, Göttingen 1964; Teil 2. Göttingen 1957; Teil 3, Göttingen 1960; *zit.: Eb. Schmidt* Lehrkommentar Band, § Rn.
Ders.	Einführung in die Geschichte der deutschen Strafrechtspflege, 3. Auflage, Göttingen 1967; *zitiert nach* §

Schöch, Heinz	Wird in der Bundesrepublik zu viel verhaftet? Versuch einer Standortbeschreibung anhand nationaler und internationalen Statistiken; in: Festschrift für Karl Lackner zum 70. Geburtstag am 18. Februar 1987 hrsg. v. Wilfried Küper, Berlin New York 1987, S. 191; *zit.: Verf.* FS Lackner
Schroeder, Friedrich Christian	Strafprozeßrecht, 4. Auflage, München 2007
Schünemann, Bernd	Grundfragen der Revision im Strafprozeß, in: JA 1982, 71, 1982, 123
Schwarz, Joachim	Die unterlassene Verbrechensanzeige, Zugleich e. Beitrag zur Lehre vom Unterlassungsdelikt, Neuwied a. Rh./ Berlin 1968.
Schwinge, Erich	Grundlagen des Revisionsrechts, 2. Auflage, Bonn 1960; *zit.: Schwinge,* Grundlagen des Revisionsrechts
Seebode, Manfred	Der Vollzug der Undersuchungshaft, 2. Auflage, Bonn 1960; *zit.: Schwinge,* Grundlagen des Revisionsrechts
Ders.	Schleierfahndung. Zum Spannungs- und Abhängigkeitsverhältnis von Feiheir und Sicherheit im sich einigenden Europa, in: Strafrecht-Freiheit-Rechtsstaat. Festschrift für G.-A. Mangakis hrsg. v. G. Bemmann, D. Spinellis, 1999, S. 693; *zit.: Berf.* FS Mangakis
Seelmann, Kurt	Zur materiell-rechtlichen Problematik des V-Mannes, ZStW 95, 1983, 797
Stinzing, Heike/ Hecker, Bernd	Abschreckung durch Hauptverhandlungshaft, NStZ 1997, 569
Volk, Elisabeth	Haftbefehle und ihre Begründungen, gesetzliche Anforderungen und Praktische Umsetzung; Frankfurt am Main/Berlin/Bern/New York/Paris/Wien 1995
Volk, Klaus	Strafprozessrecht, 3. Auflage, München 2002; *zit.: Volk* Strafprozessrecht, § Rn.
Ders.	Grundkurs StPO, 5. Auflage, München 2006

Vordermayer, Helmut/ *v. Heintschel-Herinegg,* *Bernd (Hrsg.)*	Handbuch für den Staatsanwalt, 3. Auflage, Neuwied 2007; *zit.: Bearbeiter,* in: Hdb-StA
Wassermann, Rudolf *(Hrsg.)*	Reihe Alternativkommentare; Neuwied, Darmstadt, Band 1, 1998, Band 2, Teilband 1, 1992; Band 2, Teil- band 2, 1993, Band 3, 1996; *zit.:* AK-StPO/*Bearbeiter* § Rn.
Weigend, Thomas	Eine Prozeßordnung für abgesprochene Urteile? In: NStW 1997, 57
Wolter, Jürgen	U-Haft, Vorbeugehaft und vorläufige Sanktionen, in: ZStW 93, 1981, 452
Ders.	Beweisverbote und Umgehungsverbote zwischen Wahrheitserforschung und Ausforschung; in: 50 Jahre Bundesgerichtshof. Festagbe aus der Wissenschaft hrsg. von Claus-Wilhelm Canaris, Andreas Heldrich, Klaus J. Hopt, Claus Roxin, Karsten Schmidt, Günter Widmaier, München 2000, S. 963; *zit.: Verf.* FS BGH

1. 2011년 7월 1일 시행

    강제적 결혼 방지와 강제결혼의 피해자 보호에 관한 법률 및 그 밖의 체류와 난민에 관한 규정의 개정을 위한 법률(2011년 6월 23일) 제5조에 따라 형사소송법 제397a조 개정

2. 2011년 2월 1일 시행

    형사소송법에서 변호인과의 신뢰관계 보호 강화에 관한 법률(2010년 12월 20일) 제1조에 따른 형사소송법 제160a조 개정

3. 2011년 1월 1일 시행

    보안감호에 관한 법 개정과 그에 부수된 규정의 개정을 위한 법률(2010년 12월 22일) 제2조에 따라 형사소송법 제140조, 제141조, 제268d조, 제275a조, 제454조, 제462a조, 제463조, 제463a조의 개정.

4. 2010년 3월 10일 시행

    전기통신법 제113a조와 113b조 및 형사소송법 제100g조 제1항 제1문에 대한 연방헌법재판소 결정의 공포(2010년 3월 10일)에 따라 형사소송법 제100g조의 개정

5. 2010년 1월 1일 시행

    미결구금법 개정에 관한 법률(2009년 7월 29일) 제1조에 따라 형사소송법 제98조, 제114a조, 제114b조, 제114c조(신설), 제114d조(신설), 제114e조(신설), 제115조, 제115a조, 제116b조(신설), 제117조, 제119조, 제119a조(신설), 제126조, 제126a조, 제127조, 제127b조, 제140조, 제141조, 제147조, 제148조, 제162조, 제163c조, 제275조, 제406e조, 제453c조, 제477조의 개정

6. 2009년 10월 1일 시행

    피해자권리 개정법률(2009년 7월 29일) 제12조에 따라 형사소송법 제48조, 제57조, 제58조, 제58a조, 제60조, 제68조, 제68a조, 제68b조, 제81c조, 제111 (1)조, 제112a조, 제138조, 제142조, 제147조, 제154f조(신설), 제158조, 제161a조, 제163조, 제163a조, 제200조, 제201조, 제214조, 제222조, 제241a조, 제243조, 제247조, 제255a조, 제395조, 제397조, 제397a조, 제406d조, 제406e조, 제406f조, 제406h조, 제473a조(신설), 제478조의 개정 및 폭발물에 관한 법개정을 위한 제4차 법률(2009년 7월 17일) 제3조에 따라 형사소송법 제492조 개정

7. 2009년 8월 4일 시행

국가를 위태롭게 하는 중대한 폭력범죄의 예비를 소추하기 위한 법률(2009년 7월 30일) 제3조에 따라 형사소송법 제100a조, 제100c조, 제103조, 제111조, 제112a조, 제443조의 개정 및 형사절차에서의 협상에 관한 법률(2009년 7월 29일) 제1조에 따라 형사소송법 제35a조, 제44조, 제160b(신설), 제202a조(신설), 제212조에서 제212b조, 제212(신설), 제243조, 제257b조(신설), 제257c조(신설), 제267조, 제273조, 제302조의 개정

8. 2009년 8월 1일 시행

국회의원 압수보호의 확대를 위한 형사소송법 개정을 위한 법률(2009년 6월 26일) 제1조에 따라 형사소송법 제53조, 제97조의 개정

9. 2009년 6월 18일 시행

SIS-II 법률(2009년 6월 6일) 제4조에 따라 형사소송법 제163e조의 개정

10. 2008년 11월 5일 시행

아동 성착취와 아동포르노 방지를 위한 유럽연합 의회의 이행조치(Rahmen-beschluss)의 이행을 위한 법률(2008년 10월 31일) 제2조에 따라 형사소송법 제100a조, 제255a조의 개정

11. 2008년 7월 12일 시행

소년형법상의 사후적 보안감호의 도입을 위한 법률(2008년 7월 8일) 제2조에 따라 형사소송법 제275a조의 개정

12. 2008년 3월 19일 시행

원소감시법(Grundstoffüberwachung) 개정을 위한 법률(2008년 3월 11일) 제2조에 따라 형사소송법 제100a조의 개정

13. 2008년 1월 1일 시행

전기통신감시와 그 밖의 비밀 수사처분의 변경 및 2006/24/ 유럽지침의 이행을 위한 법률(2007년 12월 21일) 제1조에 따라 형사소송법 제58a조, 제97조, 제98조, 제100조, 제100a조, 제100b조, 제100c조, 제100d조, 제100e조, 제100f조, 제100g조, 제100h조, 제100i조, 제101조, 제108조, 제110조, 제110b조, 제110d조, 제110e조, 제155b조, 제160a조(신설), 제161조, 제162조, 제163d조, 제163e조, 제163f조, 제304조, 제374조, 제476조, 제477조, 제478조, 제479조, 제480조, 제481조의 개정

14. 2007년 11월 30일 시행

　　연방법무성의 권한범위에서 연방법의 배제에 관한 제2차 법률(2007년 11월 23일)
　　제78조에 따라 형사소송법 제100a조의 개정

15. 2007년 7월 20일 시행

　　정신병원과 금단시설 수용에 관한 법률(2007년 7월 16일) 제2조에 따라 형사소송법
　　제126a조, 제246a조, 제358조, 제463조의 개정

16. 2007년 6월 1일 시행

　　변호사의 자율관리의 강화에 관한 법률(2007년 3월 26일) 제5조에 따라 형사소송법
　　제138조, 제142조의 개정

17. 2007년 4월 18일 시행

　　행장감독 개정 및 사후적 보안감호에 관한 규정의 개정을 위한 법률(2007년 4월 13
　　일) 제2조에 따라 형사소송법 제406d조, 제463조, 제463a조의 개정

18. 2007년 3월 31일 시행

　　끈질긴 구애(스토커)의 처벌에 관한 법률(제40차 형법개정법률, 2007년 3월 22일)
　　제2조에 따라 형사소송법 제112a조, 제374조, 제395조의 개정

19. 2007년 1월 1일 시행

　　2006년 12월 17일의 연방 사법국의 설치와 과제에 관한 법률(2006년 12월 17일) 제
　　2조에 따라 형사소송법 제492조의 개정 및 범죄에 대한 재산박탈 및 환부원조의
　　강화를 위한 법률(2006년 10월 24일) 제1조에 따라 형사소송법 제111b조, 제111e
　　조, 제111f조, 제111g조, 제111h조, 제111i조, 제111k조, 제111l조, 제291조, 제292조,
　　제293조, 제310조, 제371조, 제409조의 개정

20. 2006년 12월 31일 시행

　　제2차 사법현대화법률(2006년 12월 22일) 제14조에 따라 형사소송법 제47조, 제
　　116a조, 제176조, 제267조, 제357조, 제379조, 제454조, 제454a조, 제454b조, 제459a
　　조의 개정

찾아보기

| ㄱ |

가수용 129
가해자-피해자-조정 319
감정인 104
거주지탐지를 위한 수배명령 126, 127
검문 150
검문정보 전산망입력 152
검증 105
검증보조인 105
검찰 68~74, 90, 109, 124
결정 260
경찰 73, 74, 90, 92, 94
고등법원 50, 187
공개수배 127
공개주의 40, 41, 43, 197, 202~204, 208
공소 171
공지의 사실 230
공판조서 246
과형명령절차 301
관찰기록 명령 153
관찰을 위한 수용 140
구두변론주의 40
구두주의 202
구법원 49, 51, 52, 55, 61, 119, 122, 171,
　　272, 276, 283
구속사유(Haftgrund) 114
구속영장항고 122
구속적부심사청구 121
구인 125
국가소추주의 27, 28
국선변호인 86. 87, 173, 189, 200

국제형사재판소 63
기각사유 235
기능적 관할 51, 54, 55, 205
기소강제신청 187
기소강제절차 186
기소법정주의 27, 33, 41, 67, 68~70, 186,
　　208
기술적 수단의 투입 161
기피 59, 61, 62, 72
긴급 압수 132

| ㄷ |

대 도청 156
대형사부 49, 50, 52, 55

| ㅁ |

몰수 132
무죄추정 45, 113, 212
무효인 판결 255
미결구금 113

| ㅂ |

박탈 132
배상명령절차 315
법관유보 107
법관유보 원칙 107
법률에 의한 법관의 원칙 27, 30, 31
법원절차 21, 80, 85, 297, 311
법의 회복 16, 26, 41, 208

법적 청문을 받을 기본권 34
법적 평화 17, 19, 20, 26, 28~31, 38, 39,
    139, 180, 255, 309
법정증거주의 44
변호인 82~87, 107, 109
보조적 증거신청 239
부대공소 312
분자유전학적 검사 137
불고불리의 원칙 33
불이익변경금지원칙 265
비례성원칙 108

| ㅅ |

사물관할 30, 51, 54, 195, 292
사법정형성 17~19, 26, 41, 179, 205, 246,
    297
사소 309
사소범죄 309
사실상의 소송상 사건개념 172
사실인정절차 21
상고 261, 280
상당하지 않은 판결 255
상대적 상고이유 282
상대적 친고죄 29
상소 260
상소이익 262
상소취하 264
상소포기 264
서류열람권 317
서증 105
선고 244
소 도청 162
소송상의 사건개념 251
소송조건 183

소형사부 50, 55
소환기한 195
수사관 66, 73, 126, 127, 146, 152
수사절차 21, 36, 38, 66, 71, 76, 80, 84,
    86, 90~93, 96, 110, 119, 170, 266, 317,
    320
수사판사 55, 77, 108, 119, 124, 271
수색 148
신뢰관계인 101
신속재판의 원칙 38, 39, 206, 297
신속처리절차 297
신체검사 134
신체의 검사 134
실질적 직접주의 42, 213, 214
실질적 피의자개념 76
실질적 확정력 249
실체관결 242

| ㅇ |

압수 143
압수금지 144
엄격한 증명절차 212
연방재판소 50, 53, 55, 56, 67, 69, 75, 79,
    108, 144, 155, 206, 209, 226
우연한 획득물 149
우편물압수 146
운전면허의 박탈 130
"유동적" 관할 56
유럽인권재판소 63, 183
유럽재판소 63
음향시설을 이용한 주거감시 163
이심효 260
이유 245
이중기소 248

일부상소 262
일사부재리원칙 39
일제검문 151
임시적 운전면허의 박탈 130
임시적 직업금지 130
임시체포 123
입증주제 238

| ㅈ |

자기부죄금지원칙 36, 37, 77
자료통합 168
자유심증주의 43~45
잠입 수사관 78, 166, 219
장기 관찰 161
재심 291
재항고 269
전기통신 154
전기통신의 감청 155
절대적 상고이유 281
절대적 친고죄 29
절차의 병합 57
절차의 분리 57
절차중단 174
절차확보변호인 87
정보요청 157
정보원 219
정지 199
정지효 260
제척 59, 61, 62, 72, 87
조건부 상소제기 불인정 264
주문 244
중간절차 191
중단 200
즉시항고 62, 141, 191, 268, 269, 294

증거신청 232
증거조사금지 225
증인 100~105
지방법원 49~52, 55, 85, 164, 195, 272, 273
직권(탐지)주의 41, 42
직권조사신청 232
직권주의 68, 224
직업금지 130
직접주의 42, 71, 167, 213, 230, 276, 305
진실간주 235
진실규명의무 222
집중심리원칙 199
집행절차 21, 22, 113

| ㅊ |

참심관 49, 50, 189, 199, 243
참심법원 49, 51, 273, 302
체포를 위한 수배명령 126
촉탁증거조사 195
추가기소 242
출석권 80, 287
출석의무 200

| ㅌ |

탄핵주의 27, 31, 32, 171
토지관할 51, 53, 54
통신비밀 154

| ㅍ |

판결 242, 260
판결 아닌 판결 255

판결서 245

표결 243

피의자 75~86

피의자 신문 96

피의자 신문 절차 97

피의자에 대한 신체검사 134

필요적 변호 86, 87, 173

| ㅎ |

합의 243

합의부 50

항고 266

항소 261, 272

혐의없는 자에 대한 신체검사 135

협력의무 204

협상 207

형사부 49, 122, 273

형식적 직접주의 42, 213

형식적 확정력 248

형식적-실질적 피의자 76

형식적인 피의자 개념 75

형식판결 242

화해시도 310

확정력의 실효 254

독일 형사소송법

1판 1쇄 인쇄 2012년 2월 10일
1판 1쇄 발행 2012년 2월 25일

지은이   디텔름 클레스제브스키
옮긴이   김성돈
펴낸이   김준영

출판부장   박광민
편집   신철호 · 현상철 · 구남희
디자인   김숙희
마케팅   유인근 · 송지혜
관리   조승현 · 김지현
외주디자인 김수영

펴낸곳   성균관대학교 출판부
주소   110-745 서울특별시 종로구 성균관로 25-2
등록   1975년 5월 21일 제1975-9호
전화   02) 760-1252~4
팩스   02) 762-7452
홈페이지   http://press.skku.edu